高校转型发展系列教材

教育政策与法规

郝世文　主　编

贾春明　费騋闯　副主编

清华大学出版社
北　京

内　容　简　介

本书分为"基础篇""主体篇""学前教育篇"三个部分，系统介绍了现行所有法律中涉及教育政策与法规的相关内容。"基础篇"介绍了教育政策、教育法概述，教育法律关系，教育法的制定、实施与监督，法律责任与法律救济等内容；"主体篇"介绍了教育基本制度，各教育法律主体(国家及其行政机关、学校、教师、学生)；"学前教育篇"介绍了有关学前教育的政策法规。

在设计理念上，本书以提高学习者运用教育政策与法规的能力为出发点，以全新的、具有代表性与典型性的案例来支撑对政策法规的解读；在编写体例上，本书体现了启发式教学的特征，不仅在每章设置了"学习目标"以及"知识结构图"，还设置了"小结"和"课后练习"，条理清晰，重点明确。

本书可作为高等院校师范类的专业课教材，也可作为各级教育行政部门公务员、广大教育工作者依法治教的重要参考书。

本书封面贴有清华大学出版社防伪标签，无标签者不得销售。
版权所有，侵权必究。举报：010-62782989，beiqinquan@tup.tsinghua.edu.cn。

图书在版编目(CIP)数据

教育政策与法规 / 郝世文主编. —北京：清华大学出版社，2022.8（2024.4重印）
高校转型发展系列教材
ISBN 978-7-302-61253-7

Ⅰ.①教…　Ⅱ.①郝…　Ⅲ.①教育政策—中国—高等学校—教材 ②教育法—中国—高等学校—教材　Ⅳ.①D922.16

中国版本图书馆 CIP 数据核字(2022)第 113816 号

责任编辑：施　猛
封面设计：常雪影
版式设计：孔祥峰
责任校对：马遥遥
责任印制：刘　菲

出版发行：清华大学出版社
网　　址：https://www.tup.com.cn，https://www.wqxuetang.com
地　　址：北京清华大学学研大厦A座　　邮　编：100084
社 总 机：010-83470000　　邮　购：010-62786544
投稿与读者服务：010-62776969，c-service@tup.tsinghua.edu.cn
质 量 反 馈：010-62772015，zhiliang@tup.tsinghua.edu.cn

印 装 者：三河市天利华印刷装订有限公司
经　　销：全国新华书店
开　　本：185mm×260mm　　印　张：19.75　　字　数：421千字
版　　次：2022年8月第1版　　印　次：2024年4月第4次印刷
定　　价：68.00元

产品编号：074484-01

前言

教育部颁布的《幼儿园教师专业标准》《小学教师专业标准》《中学教师专业标准》《教师教育课程标准》《中小学和幼儿园教师资格考试标准》，将"教育政策法规"列入中小学和幼儿园教师职前教育的课程体系，给教育政策与法规课程改革提出了新的要求。高校必须按照这些标准的要求深化教育政策与法规课程改革，面向所有师范生开设教育政策与法规课程，这对教育政策与法规课程改革提出了巨大挑战。

在教育政策和法规课程改革进程中，高校必须完善现有课程，适应新的要求，编写适应新要求的教育政策和法规教材。本书从当前教育法制建设的实际需要出发，系统且简明地介绍了教育政策、法规的基础知识与基本理论，具有综合性、趣味性、实用性和典型性。综合性是指本书从多个角度对教育政策与法规进行解读，力求全面、具体；趣味性是指书中穿插了相关的新闻时事，能够激发学生学习兴趣，引发其思考；实用性是指本书紧密结合"三大标准"，为学生将来参加教师资格考试、教师编制考试和从事教育教学工作奠定基础，并且每章设有小结和习题，能够巩固本章所学，提高学生运用知识的能力；典型性是指教材选取的案例具有代表性，能够让学生真实地感受教育法制的重要性。

本书由郝世文担任主编，负责统稿和主要撰写工作，由贾春明、费骎闯担任副主编，同时参与编写的还有谢佳丽、韩青青、张雅娴、张诗妍等。本书具体分工情况如下：

郝世文　第一章、第二章、第三章
韩青青　第四章
贾春明　第五章、第七章
费骎闯　第六章、第九章
张雅娴　第八章
张诗妍　第十章
谢佳丽　第十一章

另外，本书在成书过程中，刘郅青、卢阳、王紫东、杨雪娇、高启姝等参与了书籍前期编写、案例收集和文字整理工作。

  本书得以成书，首先要感谢沈阳大学"转型发展教材建设专项支持计划"的实施，感谢教务处姜俊和处长、马毅副处长对教材出版的支持。同时感谢清华大学出版社以及编辑施猛老师的帮助。此外，借教材成书之际，我还要特别感谢一下我的父母，他们是郝万雨先生、于淑玲女士，感谢他们对我无私的爱，对我工作的支持。

  在编写过程中，编者引用了相关书籍的观点和内容，限于篇幅仅列举了主要参考书目，在此对相关书籍的作者表示衷心的感谢！由于编者时间和水平的限制，本书难免存在不足之处，敬请专家学者及广大读者提出宝贵意见。反馈邮箱：wkservice@vip.163.com。

郝世文
2021年5月于沈阳

目录

第一篇　基础篇

第一章　教育政策概述……2

第一节　教育政策的定义和基本特征……4
一、政策与教育政策的定义……4
二、教育政策的基本特征……9

第二节　教育政策的类型与体系结构……11
一、教育政策的类型……11
二、教育政策的体系结构……13

第三节　教育政策的制定……15
一、教育政策议题的确定……15
二、教育政策决定……17

第四节　教育政策的执行……22
一、教育政策的执行原则……22
二、教育政策的执行方式……23
三、教育政策的执行过程……24

第五节　教育政策的评估……30
一、教育政策评估的含义……30
二、教育政策评估的类型……31
三、教育政策评估的程序……32
四、教育政策评估的模式……33
五、教育政策评估的方法……35

第六节　教育政策与教育法规的关系……36
一、教育政策与教育法规的联系……36

二、教育政策与教育法规的区别…………………………………………36
　　三、对教育政策与教育法规的关系的把握………………………………38
第七节　教育政策与教育法规的地位及功能………………………………39
　　一、教育政策在国家政策体系中的地位…………………………………39
　　二、教育法规在国家法律体系中的地位…………………………………40
　　三、教育政策与教育法规的功能…………………………………………43

第二章　教育法概述……………………………………………………50

第一节　教育法的含义及特性………………………………………………51
　　一、教育法的含义…………………………………………………………51
　　二、教育法的特性…………………………………………………………52
第二节　教育法体现的基本准则……………………………………………54
　　一、公益性，教育法存在的基础…………………………………………54
　　二、平等性，教育权与受教育权得到保障的前提………………………54
　　三、终身性，受教育者发展的需求………………………………………57
第三节　教育权与受教育权…………………………………………………58
　　一、教育权…………………………………………………………………58
　　二、公民的受教育权………………………………………………………60
　　三、教育权与受教育权的相互关系………………………………………61
第四节　教育法的渊源与体系………………………………………………63
　　一、教育法渊源的含义……………………………………………………63
　　二、教育法的法律渊源……………………………………………………63
　　三、教育法的体系…………………………………………………………68
第五节　教育法律规范………………………………………………………71
　　一、教育法律规范的含义及结构…………………………………………71
　　二、教育法律规范的类型…………………………………………………72
　　三、教育法律规范与教育法、教育法律条文的关系……………………73

第三章　教育法律关系…………………………………………………76

第一节　教育法律关系的含义、类型及特性………………………………77
　　一、教育法律关系的含义…………………………………………………77
　　二、教育法律关系的类型…………………………………………………78
　　三、教育法律关系的特性…………………………………………………80

第二节 教育法律关系的要素 ……………………………………………… 82
一、教育法律关系的主体 …………………………………………… 82
二、教育法律关系的客体 …………………………………………… 85
三、教育法律关系的内容 …………………………………………… 86

第三节 教育法律关系的形成、变更与消灭 ……………………………… 89
一、教育法律关系的形成、变更与消灭的含义 …………………… 89
二、教育法律关系的形成、变更与消灭的条件 …………………… 90

第四节 教育权利主体及其相互关系 ……………………………………… 91
一、教育权利主体 …………………………………………………… 91
二、教育权利主体的相互关系 ……………………………………… 92

第四章 教育法的制定、实施与监督 ………………………………………… 100

第一节 教育法的制定 ……………………………………………………… 101
一、教育立法的含义 ………………………………………………… 101
二、教育立法的原则 ………………………………………………… 102
三、教育立法权限的划分 …………………………………………… 103
四、教育立法的基本程序 …………………………………………… 105
五、教育立法的基本要求 …………………………………………… 107

第二节 教育法的实施 ……………………………………………………… 108
一、教育法实施的含义 ……………………………………………… 108
二、教育法实施的方式 ……………………………………………… 108
三、教育法的解释 …………………………………………………… 110
四、教育法的效力 …………………………………………………… 111
五、教育法实施与教育法实现的关系 ……………………………… 112

第三节 教育法制监督 ……………………………………………………… 113
一、教育法制监督的含义及基本构成要素 ………………………… 114
二、教育法制监督的作用 …………………………………………… 114
三、教育法制监督的主体 …………………………………………… 115

第五章 法律责任与法律救济 ………………………………………………… 119

第一节 法律责任 …………………………………………………………… 120
一、法律责任的含义及特征 ………………………………………… 120
二、法律责任的归责原则 …………………………………………… 121

三、法律责任的构成要件 ⋯⋯⋯⋯⋯⋯⋯⋯⋯⋯⋯⋯⋯⋯⋯⋯⋯⋯⋯⋯⋯ 123
　　　四、法律责任的类型 ⋯⋯⋯⋯⋯⋯⋯⋯⋯⋯⋯⋯⋯⋯⋯⋯⋯⋯⋯⋯⋯⋯⋯ 125
　　　五、法律责任的实现 ⋯⋯⋯⋯⋯⋯⋯⋯⋯⋯⋯⋯⋯⋯⋯⋯⋯⋯⋯⋯⋯⋯⋯ 128
　　　六、教育法对法律责任的规定 ⋯⋯⋯⋯⋯⋯⋯⋯⋯⋯⋯⋯⋯⋯⋯⋯⋯⋯ 129
　　　七、义务教育及未成年人保护的法律责任规定 ⋯⋯⋯⋯⋯⋯⋯⋯⋯⋯ 139
　　　八、学生伤害事故责任 ⋯⋯⋯⋯⋯⋯⋯⋯⋯⋯⋯⋯⋯⋯⋯⋯⋯⋯⋯⋯⋯ 143
　　第二节　法律救济 ⋯⋯⋯⋯⋯⋯⋯⋯⋯⋯⋯⋯⋯⋯⋯⋯⋯⋯⋯⋯⋯⋯⋯⋯⋯ 149
　　　一、法律救济的含义 ⋯⋯⋯⋯⋯⋯⋯⋯⋯⋯⋯⋯⋯⋯⋯⋯⋯⋯⋯⋯⋯⋯ 149
　　　二、法律救济的特征 ⋯⋯⋯⋯⋯⋯⋯⋯⋯⋯⋯⋯⋯⋯⋯⋯⋯⋯⋯⋯⋯⋯ 149
　　　三、法律救济的途径 ⋯⋯⋯⋯⋯⋯⋯⋯⋯⋯⋯⋯⋯⋯⋯⋯⋯⋯⋯⋯⋯⋯ 150

第二篇　主体篇

第六章　教育基本制度 ⋯⋯⋯⋯⋯⋯⋯⋯⋯⋯⋯⋯⋯⋯⋯⋯⋯⋯⋯⋯⋯⋯⋯ 160

　　第一节　学校教育制度 ⋯⋯⋯⋯⋯⋯⋯⋯⋯⋯⋯⋯⋯⋯⋯⋯⋯⋯⋯⋯⋯⋯ 161
　　　一、学前教育制度 ⋯⋯⋯⋯⋯⋯⋯⋯⋯⋯⋯⋯⋯⋯⋯⋯⋯⋯⋯⋯⋯⋯⋯ 162
　　　二、初等教育制度 ⋯⋯⋯⋯⋯⋯⋯⋯⋯⋯⋯⋯⋯⋯⋯⋯⋯⋯⋯⋯⋯⋯⋯ 163
　　　三、中等教育制度 ⋯⋯⋯⋯⋯⋯⋯⋯⋯⋯⋯⋯⋯⋯⋯⋯⋯⋯⋯⋯⋯⋯⋯ 164
　　　四、高等教育制度 ⋯⋯⋯⋯⋯⋯⋯⋯⋯⋯⋯⋯⋯⋯⋯⋯⋯⋯⋯⋯⋯⋯⋯ 165
　　第二节　义务教育制度 ⋯⋯⋯⋯⋯⋯⋯⋯⋯⋯⋯⋯⋯⋯⋯⋯⋯⋯⋯⋯⋯⋯ 167
　　　一、义务教育的性质 ⋯⋯⋯⋯⋯⋯⋯⋯⋯⋯⋯⋯⋯⋯⋯⋯⋯⋯⋯⋯⋯⋯ 167
　　　二、义务教育的学制 ⋯⋯⋯⋯⋯⋯⋯⋯⋯⋯⋯⋯⋯⋯⋯⋯⋯⋯⋯⋯⋯⋯ 169
　　　三、义务教育的对象及其权利 ⋯⋯⋯⋯⋯⋯⋯⋯⋯⋯⋯⋯⋯⋯⋯⋯⋯⋯ 170
　　　四、国家、学校、家庭及社会的义务 ⋯⋯⋯⋯⋯⋯⋯⋯⋯⋯⋯⋯⋯⋯ 173

第七章　国家及其行政机关 ⋯⋯⋯⋯⋯⋯⋯⋯⋯⋯⋯⋯⋯⋯⋯⋯⋯⋯⋯⋯⋯ 179

　　第一节　国家及其行政机关的教育权利与教育义务 ⋯⋯⋯⋯⋯⋯⋯⋯⋯ 180
　　　一、国家及其行政机关的教育权利 ⋯⋯⋯⋯⋯⋯⋯⋯⋯⋯⋯⋯⋯⋯⋯ 181
　　　二、国家及其行政机关的教育义务 ⋯⋯⋯⋯⋯⋯⋯⋯⋯⋯⋯⋯⋯⋯⋯ 183
　　第二节　国家及其行政机关违反教育法的法律责任 ⋯⋯⋯⋯⋯⋯⋯⋯⋯ 185
　　　一、与举办学校相关的法律责任 ⋯⋯⋯⋯⋯⋯⋯⋯⋯⋯⋯⋯⋯⋯⋯⋯ 186
　　　二、与学校建设相关的法律责任 ⋯⋯⋯⋯⋯⋯⋯⋯⋯⋯⋯⋯⋯⋯⋯⋯ 186

三、与经费管理相关的法律责任 ………………………………………… 186
四、与考试及入学相关的法律责任 ………………………………………… 187
五、与教师权益保障相关的法律责任 ……………………………………… 189

第八章 学校 …………………………………………………………………… 192

第一节 学校的法律地位 ……………………………………………………… 193
一、学校法律地位的含义 …………………………………………………… 193
二、学校法律地位的特点 …………………………………………………… 193
三、现行法对学校法律地位的界定 ………………………………………… 194

第二节 学校的设立 …………………………………………………………… 197
一、学校设立的基本条件 …………………………………………………… 197
二、学校设立的基本程序 …………………………………………………… 199

第三节 学校的权利和义务 …………………………………………………… 199
一、学校的权利 ……………………………………………………………… 199
二、学校的义务 ……………………………………………………………… 202

第四节 学校内部权力划分及其运行 ………………………………………… 204
一、学校内部权力的划分 …………………………………………………… 204
二、学校内部权力的运行 …………………………………………………… 207

第九章 教师 …………………………………………………………………… 210

第一节 教师的法律地位 ……………………………………………………… 211
一、教师法律地位的含义 …………………………………………………… 211
二、现行法对教师法律地位的界定 ………………………………………… 212

第二节 教师的权利和义务 …………………………………………………… 214
一、教师的权利 ……………………………………………………………… 214
二、教师的义务 ……………………………………………………………… 218

第三节 教师的专业化及管理制度 …………………………………………… 219
一、教师专业化的含义 ……………………………………………………… 219
二、教师资格制度 …………………………………………………………… 219
三、教师职务制度 …………………………………………………………… 221
四、教师聘任制度 …………………………………………………………… 222

第四节 教师的考核、奖惩与培训 …………………………………………… 224
一、教师的考核 ……………………………………………………………… 224

二、教师的奖惩 226
三、教师的培训 227

第十章 学生 232

第一节 学生的法律地位 233
一、学生法律地位的含义 233
二、现行法对学生法律地位的界定 233

第二节 学生的权利和义务 235
一、学生的权利 235
二、学生的义务 237

第三节 未成年学生的法律保护 238
一、人身权的保护 238
二、受教育权的保护 241

第四节 未成年学生犯罪及其预防 243
一、未成年学生犯罪的界定 243
二、未成年学生犯罪的特点与成因 243
三、未成年学生犯罪的预防 246

第三篇 学前教育篇

第十一章 学前教育政策法规 252

第一节 我国学前教育政策和法规 253
一、学前教育概述 253
二、学前教育政策 255
三、对我国学前教育主要政策的解读 256
四、学前教育法规 265
五、对我国学前教育主要法规的解读 268

第二节 幼儿园的管理和运行 272
一、《幼儿园管理条例》 272
二、《幼儿园工作规程》 278

第三节 儿童权利保护与幼儿教师资质 287
一、《儿童权利公约》 287

二、《幼儿园教师专业标准(试行)》 ··· 292

三、《幼儿园园长专业标准》 ··· 296

参考文献 ·· 303

第一篇　基础篇

第一章 教育政策概述

学习目标

1. 了解教育政策的定义
2. 学习教育政策的利益倾向、目标倾向、合法性与权威性等基本特征
3. 了解不同分类标准下的教育政策的类型和体系结构
4. 学习教育政策的制定过程
5. 掌握教育政策的执行原则、执行方式和执行过程
6. 了解教育政策评估的含义和类型
7. 了解教育政策与教育法规的关系
8. 掌握教育政策与教育法规的功能

知识结构图

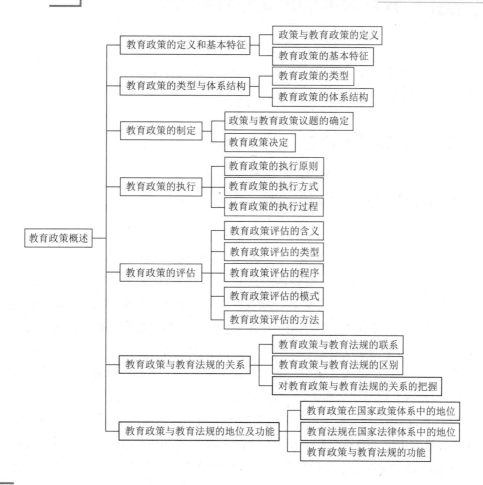

引言

在日常生活中，我们经常在各种媒体报道中看到或听到"教育政策法规"一词。如果有过在教育系统工作的经验，那更是对这个词耳熟能详。在日常语境的表达中，人们通常以这个词语来概括所有由党政机关制定的关于处理教育事务的规范性文件，包括中共中央、全国人大及其常委会、国务院及其他部门制定的法律、法规、条例、规章、决定、办法、准则和通知等。但是如果我们以一种更为严谨的态度对"教育政策法规"进行概念的规范性审视，则会发现这种表述在逻辑上的问题。就"法律"和"法规"两个概念而言，前者是属概念，后者是种概念，也就是说"教育法规"不能包括"教育法律"。"教育政策法规"的内涵则通常根据制定主体、制定程序和效力范围的差异而分别归入"教育政策"和"教育法律"这两个概念中。在学术表达中，当确有必要对这两个概念进行统合分析时，严谨的做法是将两者复合为"教育政策与法律"。虽然日常语境中的"教育政策法规"和学术语境中的"教育政策与法律"具有相同的概念内涵，但出于对相关知识进行系统学习和分类讨论的必要，本书采用"教育政策与法规"这一表述方式。

第一节 教育政策的定义和基本特征

教育政策是国家政策总系统中的一个子系统，了解教育政策的内涵，自然应先从总体上把握政策的定义。

一、政策与教育政策的定义

(一) 中国文化中关于政策的定义

在中国古代，"政""策"两字少有连用，多是分属其义。《说文解字》解释："政，正也。"《论语·学而》云："夫子至于是邦也，必闻其政，求之与？抑与之与？"《韩非子·五蠹》则曰："今欲以先王之政，治当世之民，皆守株之类也。"由此可见，政，即政治与政事，与朝政、施政相联系，主要与国家的权力、制度和法令等相关。漫长的封建制度使"政"字蒙上了浓厚的封建专制的色彩与特征。而"策"的本义为"马鞭"，引申为策动、鞭打、促进之意。"策"通"册"，中国古代用竹片或木片记事著书，连编诸简名为"策"，故有"计策"之义。"策"的另一含义则为谋略。《吕氏春秋·简选》曰："此胜之一策也。"这里的"策"即谋术之意。

"政""策"两字合成"政策"一词始于现代。"政策"一词具有鲜明的现代意蕴。在现代社会中，"政策"是一个使用频率极高的词。从社会生活的各种重大事件到普通民众的日常生活，无不与政策发生着深刻的联系。《辞海》将"政策"定义为："国家、政党为实现一定时期的路线和任务而规定的行动准则。"《简明政治学辞典》对"政策"的定义为："国家、政党在一定历史时期为实现一定任务而规定的行动依据和准则。"这两种定义十分强调政策的政治性。中国学者对"政策"的定义与前两种有相近或相异之处。例如，孙光认为："政策是国家和政党为了实现一定的总目标而确定的行动准则，它表现为对人们利益进行分配和调节的政治措施和复杂过程。"陈振明在其主编的《政策科学》一书中则把政策定义为："政策是国家机关、政党及其他政治团体在特定时期为实现或服务于一定社会政治、经济、文化目标所采取的政治行为或规定的行为准则，它是一系列谋略、法令、措施、办法、方法、条例等的总称。"这一定义在强调政党、政府及政治团体作为政策主体的同时，也强调了政策特有的时限性及其构成要素。而张世贤认为："政策是指政府选择作为或不作为的行为。"伍启元认为："公共政策是政府所采取对公私行动的指引。"

(二) 西方学者关于政策的定义

西方学者对于政策的界说是与把政策作为一门科学来进行研究相联系的。历史上，对政策的研究虽然古已有之，但将政策作为一门科学进行研究，即政策科学的兴起，则始于20世纪50年代。第二次世界大战后，社会经济的发展、科技革命的展开和政治学理论的发展，最终促成了现代政策科学的诞生。对政策科学的诞生起奠基作用的著名学者被公认为是美国学者哈罗德·拉斯韦尔(Harold D. Lasswell)。他和另一著名学者拉纳主编的《政策科学：范围和方法的新近发展》一书被看成政策科学诞生的标志。拉斯韦尔首先创立了政策科学的基本范式。他认为政策科学的目标是追求"合理性"，它具有时间的敏感性，重视对未来的研究，要求采取一种全球观点，并认为政策科学具有跨学科的特性，它要依靠政治学、社会学、心理学等学科的知识来确立自己崭新的学术体系，同时是一门需要学者和政府官员共同研究的学问。自拉斯韦尔创立政策科学并建构起政策科学的基本范式之后，西方的政策科学研究在不断向前推进。20世纪60年代，政策科学作为一个独立研究的领域趋向成熟，并在培养政府决策、管理和政策分析人才方面发挥了积极的作用。20世纪70—80年代，政策科学在政策系统与政策过程的研究方面取得了显著成就，特别是在政策评估、政策执行和政策终结方面形成了各种理论。进入20世纪80年代中期后，政策科学研究出现了一些新趋向，例如重视加强政策价值观的研究，比较公共政策研究有了新的发展，政策研究的视野有了进一步拓宽等。政策科学研究出现的新趋向反映出这一科学研究正在走向深入。

在政策科学诞生并不断发展的背景下，西方学者对政策科学的核心词"政策"也存在着多样化的诠释与理解。例如，政策科学的创立者拉斯韦尔认为：政策是"一种含有目标、价值与策略的大型计划"。美籍加拿大学者戴维·伊斯顿(David Easton)认为："公共政策是对全社会的价值作有权威的分配"。罗伯特·艾斯顿(Robert Eyestome)认为：公共政策就是"政府机构和它周围环境之间的关系"。

美国学者伊根·古巴(Egon G. Guba)曾将形形色色的政策定义作了归纳与分类，概括出关于政策的8种定义。政策是关于目的或目标的断言；政策是行政管理机构作出的积累起来的长期有效的决议，管理机构可以对它权限内的事务进行调节、控制、促进、服务，同时也对决议发生影响；政策是自主行为的向导；政策是一种解决问题或改良问题的策略；政策是一种被核准的行为，它被核准的正规途径是通过当局决议，非正规途径是逐渐形成的惯例；政策是一种行为规范，在实际行动过程中表现出持续和有规律的特征；政策是政策系统的产品，所有行动累积的结果、决议，在官僚政治中成千上万人的活动，从进入议事日程到政策生效整个周期的每个环节，都在产生着、形成着政策；政策是被当事人体验到的政策制定和政策实施系统的结果。伊根·古巴概括的8种政策定义是从不同的角度对政策的不同表述。政策科学本身在不断发展，政策的定义也可能随着政策科学的发展和对政策研究的深化而有所变化。

英语中普遍认为"政策"(policy)一词是随着近代西方政党政治的发展，由"政治"(politic)一词演变而来的，包含"政治""策略""谋略""权谋"等含义，一般指政府或政党组织为某一特定目的所采取的行动。对于政策的理解，综合目前一些政策专家的观点，我们主要从以下4个方面来界定其含义。

(1) 政策是由政府或政党所制定的计划或规划，如政策科学的创立者拉斯韦尔和卡普兰(A. Kaplan)认为，政策是一种含有目标、价值与策略的大型计划。

(2) 政策是政府或政党的一系列活动过程。如詹姆斯·安德森(James Anderson)认为，政策是一个有目的的活动过程，这些活动是由一个或一批行为者，为处理某一问题或事物而进行的。

(3) 政策是执政党和政府采取的用以规范、引导有关机构团体和个人的行为准则和行动指南。

(4) 政策是国家机关、政党及其他政治团体在特定时期为实现或服务于一定社会政治、经济、文化目标所采取的政治行为或规定的行为准则，它是一系列谋略、法令、措施、办法、条例等的总称。

(三) 教育政策的定义

"在近代国家出现之前，教育被看成私事，因而不时兴教育政策。随着近代国家公共教育制度的确立，国家的教育政策变得重要了。"这里我们所谈的教育政策，是具有强烈的现代化意蕴与指谓的。

教育政策的定义可以从政策的定义演绎而来。根据我国《辞海》对政策的诠释，我们可以把教育政策定义为：教育政策是一个政党和国家为实现一定历史时期的教育发展目标和任务，依据党和国家在一定历史时期的基本任务、基本方针而制定的关于教育的行动准则。

在有关教育学及教育政策学的教科书中，我们也可以见到对教育政策的不同定义。例如："教育政策乃是实现教育目的的公共方针之体系。""教育政策是一个政党或国家为实现一定历史时期的教育任务而制定的行为准则。不同的政党有着不同的教育政策，我们这里所说的教育政策具有特定的含义，是指在中国共产党及其领导下的国家为实现一定时期的教育任务而制定的指导原则和行为准则。"

我国学者刘复兴认为："在现象形态上，教育政策是教育领域政治措施组成的政策文本及其总和；在本体形态上，教育政策是关于教育公共利益的分配，其本质是在一定价值形态下的公共选择；在过程方面，教育政策是一个动态连续的主动选择的过程；在特殊性质方面，教育政策在活动过程和利益分配方面具有不同于一般公共政策的特殊性，教育政策对受教育者进行的利益分配并不体现为金钱、物质、权力、地位等利益，而是表现为对个体身心发展机会与条件的分配以及对个体身心发展水平的权威性认定，受教育者凭借这些'认定'可以进一步获得其他的物质利益和精神利益。"

综上，教育政策可以简单地说是教育领域中的政策。在现代国家，教育早已超越家庭内部，发展成为具有社会公共性质的事务，国家具有举办和管理教育事业的权责，教育政策属于公共政策的范畴。但同时，作为教育领域的"政策"，教育政策有其区别于其他类型政策的特征。

上述有关教育政策的定义虽各不相同，但并无绝对的正误之分。定义之间的差异体现了不同研究者出于各自的研究视角，在学术讨论的过程中对教育政策不同方面特征的强调。综合这些定义的相通之处，我们可以得出教育政策的内核：用以规范和调整教育领域的政策。

进一步从外延上对教育政策的概念予以澄清，我们可以看到当前国内学界对于教育政策存在广义和狭义两种理解。从广义上理解，凡是由公权力行使机构制定的用以指导、规范教育领域的相关规定都是教育政策，包括由立法部门制定的具有法律约束力、可直接作为司法依据的教育法律；由各级政府和教育行政部门制定的规章、制度、条例及其他规范性文件；由执政党制定的有关教育事业的相关规定。在教育政策学的研究中，研究者通常采取这种广义的理解方式对有关教育的公权力规范进行统合的分析。从狭义上理解，教育政策仅指由执政党和各级政府制定和颁布的，用以规范和调整教育活动的规范性文件。在法学的研究中，出于区分立法和行政两类权力的实质及其行使方式的目的，通常采取狭义的方式来理解教育政策。对于教育政策的广义和狭义的区分，是学者出于不同的研究需要，从不同的理论标准出发所进行的划分。作为一线教育教学实践工作者，我们既有必要认识两者的广泛联系，也有必要对两者的区别进行一定的了解。因此，在本书的编写中，我们将两种理解都予以呈现。但为了将教育法律和教育政策进行区分，我们以狭义的概念讨论教育政策，即将教育政策理解为除教育法律之外的，由执政党和各级政府及教育行政部门制定的，用以规范和调整教育领域内各项事务和各种关系的规范性文件。

把握教育政策的这一概念，需要明晰以下几个要点：第一，明晰政策目的。教育政策的目的在于确定和调整教育关系，实现特定阶段的教育目的；第二，明晰政策制定主体。教育政策的制定机构主要是执政党、各级政府和教育行政部门；第三，明晰政策原则和依据。教育政策的制定要以相关法律为依据，同时遵循教育规律。

(四) 教育政策的相关概念

如同对政策的定义有着"仁者见仁，智者见智"的理解一样，要对教育政策下一个确切的定义并不容易。这里我们不拟对定义本身进行继续讨论。为了深入理解教育政策的含义，我们觉得有必要将与教育政策相近的一些概念同教育政策本身进行简要区分。

1. 教育路线与教育政策

在现实生活中，我们通常把路线、方针、政策联合起来使用。我们习惯于说"在党的教育路线、方针、政策的指引下"，或说"贯彻执行党的教育路线、方针、政策"，等等。为此，我们先分析教育路线与教育政策的关系。

路线，顾名思义，本义是指从一地到另一地所经过的道路，引申到社会政治生活与社会实践活动中，则被定义为"人们在认识世界、改造世界中采取的基本准则"。路线从内容上可分为政治路线、经济路线、革命路线、文艺路线、教育路线等。从范围上可分为总路线和具体工作路线。具体工作路线是依据总路线确定的。在我国，党的总路线决定着党的教育路线的制定与形成，教育路线与总路线的精神是一致的。

教育路线是社会发展教育事业所采取的基本准则。就将教育路线界定为"基本准则"而言，其与教育政策的含义有极大的相似性。教育路线实质上就是教育政策，是教育政策中的核心政策。教育路线可以被视为教育总政策中某种核心内容的另一形式的表达。一方面，教育路线作为教育政策的"合理内核"，决定着教育政策总的性质、范围与特征；另一方面，教育路线作为教育政策系统中的一个上位概念，它具有统领教育政策的作用。教育路线在一定程度上指引与规范着教育的具体政策的制定与实施。

2. 教育方针与教育政策

方针是国家、政党在一定历史时期内为达到一定目标而确定的基本原则。教育方针则是国家或政党在一定历史阶段提出的教育工作发展的总方向。教育方针一般包括教育的性质、教育的目的及实现目的的基本途径等内容，其中，以教育目的最为重要。

教育方针是教育基本政策的总概括，因而具有政策性的特征。一方面，教育方针是国家一切教育工作所应遵循、执行的教育基本政策；另一方面，教育方针同样作为教育政策中的上位概念，对各项具体教育政策的制定起着规范和导向作用。现阶段，我国的教育方针已通过教育立法的形式予以确定，在《中华人民共和国教育法》中有着明确的表达。

在对教育路线、教育方针与教育政策进行简要分析之后，我们不难看出，教育政策是一个内涵丰富的概念。教育政策是一个完整的系统，也是一个完整的过程。对此，我们可以从如下几个方面加深对教育政策的理解。

第一，教育政策有其特定的主体。教育政策有其特定的主体，例如国家权力机关、政党及其他政治集团、团体和教育行政部门等。教育政策体现出主体的意志，具有合法性与权威性。

第二，教育政策有鲜明的目的性。一定的教育政策总是指向一定的目标，又总在特定的历史时期内起着其特有的作用。教育政策具有鲜明的目的性并具有明确的时效性。

第三，教育政策是教育主体为服务于特定的教育目标而进行的一系列活动。教育政策绝不是一种凝固的文本，而是一种动态的行动过程，包含具体的教育策略与行动方案。制定教育政策应着眼于政策行动。教育政策若不付诸行动，则只是一纸空文，也就不能成为真正意义上的政策。

第四，教育政策是一种教育的行为准则或行为规范。教育政策总有具体的目标人群与作用客体。它规定着政策对象与客体的政策行为，规定着他们应做什么或不应做什么，或鼓励他们做什么，抑或禁止(制止)他们做什么。教育政策常常带有强制性，它必须为政策对象所认同或遵守，而教育行为规范和准则又应具有可操作性，使之实现特定的政策目标。

二、教育政策的基本特征

关于教育政策的特征，专家、学者们从不同的角度进行了探讨，得出了不同的观点。比较普遍的看法是将其归纳为以下几方面：阶级性与社会性的统一，原则性与灵活性的统一，稳定性与可变性的统一，正、负效益的统一，等等。这里，我们借鉴陈振明先生主编的《政策科学》中对政策特征的分析，对教育政策的基本特征作如下归纳。

(一) 利益倾向

教育政策的利益倾向是由教育政策自身的性质和特点决定的。国家之所以制定各项教育政策，其目的在于规范教育实践的行为，解决教育活动各个具体领域内显在或潜在的各种问题。例如，教育目标的确立调整、教育发展的措施规划、教育经费的划拨使用等。制定政策的主体自身利益的客观存在，决定了政策的创立、实施必然带有明确的利益倾向，即服务于政策主体的利益。如中华人民共和国成立后，教育政策面临的问题是如何改造旧教育，建设为工农大众服务的新教育。所以，1949年9月召开的中国人民政治协商会议第一届全体会议通过的《中国人民政治协商会议共同纲领》第五章"文化教育政策"明确提出："人民政府的文化教育工作，应以提高人民文化水平，培养国家建设人才，肃清封建的、买办的、法西斯主义的思想，发展为人民服务的思想为主要任务。"作为当时最高层次的教育政策，它所代表的利益倾向是显而易见的。

(二) 目标倾向

所有政策都具有明确的待实现的目标，所有政策的执行都是要直接促进目标的实现。正是由于有了这样一个明确的目标取向，才能规范人们的行为，从而避免政策执行中的盲目性。教育政策亦无例外。例如，为促进教育事业科学发展，全面提高国民素质，加快社会主义现代化进程，2010年7月，中共中央、国务院颁布了《国家中长期教育改革和发展规划纲要(2010—2020年)》。

(三) 合法性与权威性

政策的合法性与权威性是密不可分的。所谓政策的合法性，是指作为对社会、团体、个人行为的规范与指导，政策必须得到所涉对象的认可、接受，不管自愿与否；否则，政策就失去约束力。这里所说的政策的合法性的取得，是有一定过程的，或是经过特定的法律程序(例如属于党的政策范畴的党纪党规的制定就要经过一个特定的程序通过后，才能颁行)；或是依据一套习惯性程序(例如党政机关政策性文件从拟稿、审核到领导人的审定、签发，也有一定的程序性规定)；或是遵循领袖人物的指示。

教育政策的权威性来源于政策的合法性，且某些教育政策的权威性还体现在政策条文中含有某些约束性、惩罚性措施的制定。若缺乏惩罚性措施，教育政策就会失去权威性、合法性和强制力，就会无法贯彻执行。

(四) 功能多样性

教育政策指向的行动会涉及社会的方方面面，因而其功能也是多样的，既有教育政策制定者、推行者所期望出现的正功能，也有其不愿看到的负功能。换言之，要想每项教育政策都有得无失、有利无弊，是不现实的。要正确认识教育政策功能的多样性，从而在教育政策的实行过程中，尽可能充分发挥其正功能，而避免或减少其发挥负功能。

(五) 价值相关性

凡是政策，都要涉及行动目标的内容、采取的行动以及怎样行动，或支持哪些行为、反对哪些行为等。如何回答以上问题，就反映出政策制定者的价值观。政策制定者持有不同价值观，就有不同的行动目标体现在政策条文上。如我们党和国家的教育方针是培养德智体全面发展的社会主义建设者和接班人，我们就按照这样一种价值观制定并实行了一系列推进学校素质教育的政策。

(六) 过程及阶段性

教育政策科学研究的学者认为，从动态角度看，教育政策是由政策议题确定、政策决策、政策执行、政策评估等一系列环节构成并相互作用的活动过程。教育政策的过程及阶段性，构成了教育政策的"生命过程"，如图1-1所示。

图1-1　教育政策的"生命过程"

第二节 教育政策的类型与体系结构

一、教育政策的类型

教育政策的类型，是指依照不同的标准，对教育政策的内在本质特征和外部表现形态所作的区分与归类。

(一) 按照国外学者的分类标准划分的类型

根据国内学者对国外政策科学研究成果的总结，教育政策具体有以下几种划分方法。

1. 以政策是否实际改变客观对象为标准划分

以政策是否实际改变客观对象为标准，可将教育政策分为实质性政策和程序性政策。实质性政策与党和政府将要采取的行为有关，而程序性政策只关系到某种行为由谁做出或怎样做出。2020年10月14日颁布的《深化新时代教育评价改革总体方案》，对教育体制改革的总体要求、重点任务、组织实施等逐一做出明确规定。《深化新时代教育评价改革总体方案》是一部十分重要的实质性政策文献，为中国教育改革与发展指明了前进的方向。又如由国务院颁发的《高等教育管理职责暂行规定》，着重从程序上分解、规范国家教育行政部门、国务院有关部门和省级人民政府对高等教育的管理职责，可视为程序性政策。但事实上，在某一项政策性文件中，实质性政策与程序性政策往往同时出现，难以截然分开。

2. 以政策协调(或调控)教育活动的方式为标准划分

以政策协调(或调控)教育活动的方式为标准，可将教育政策分为分配性政策、限制性政策和调节性政策。分配性教育政策是指为各种教育关系主体(或者说是教育管理者和教育管理的对象)提供某种利益的政策。例如，对九年义务教育阶段的学生免收学费的政策，对大中专学校的贫困生提供助学贷款的政策，都是分配性教育政策。限制性教育政策是指对于参与教育活动的各种教育关系主体的行动，加以必要的限制和约定。例如，国务院有关部门下发的关于禁止任何机关、企事业单位、社会团体和个人到中小学乱收费、乱摊派的规定，就属于限制性教育政策。调节性教育政策指某种限制或约定与个人和社会教育团体的行为有关。例如，为了多渠道筹措教育经费而开征城镇三税附加的政策，就属于调节性政策。

3. 以政策产生的效果为标准划分

以政策产生的效果为标准，可将教育政策分为物质性政策和符号性政策。物质性教育政策是将某类有形教育资源或实质性权力提供给此项政策的受益者。例如，现行的基础教育实行"在国务院领导下，由地方政府负责分级管理、以县为主管理体制"，授予县级人民政府统筹协调、归口管理基础教育的权力，就是物质性教育政策。而符号性政策只是一种象征性政策，对人们很少产生实际效果。

(二) 按国内学者的分类标准划分的类型

依照国内学者比较一致的意见，可根据现行教育政策制定的主体及其层次和效力范围的差异，划分出不同的类型。

1. 从制定政策的主体的角度划分

从制定政策的主体的角度，可将教育政策分为执政党的教育政策、国家的教育政策和社会组织的教育政策。例如，《中共中央关于教育体制改革的决定》，是作为执政党的中国共产党在新时期指导中国教育改革的纲领性、政策性文件；而国家根本大法——《中华人民共和国宪法》和《中华人民共和国教育法》中关于教育方针的表述，体现了国家、人民的利益，是国家教育政策的最高形式。需要说明的是，在我国，中共中央、国务院经常就教育工作联合发布指示、决议、通知等，其中关于政策方面的内容，既是党的教育政策，也是国家的教育政策。党的教育政策和国家的教育政策之间，往往有交叉的部分。党的政策是制定国家的教育政策的依据，国家的教育政策是党的教育政策的合法化、行政化。社会组织政策是指企业、事业单位和社会团体等制定的政策。

2. 从政策层次的角度划分

从政策层次的角度，可将教育政策分为总政策、基本政策和具体政策。例如，"教育必须为社会主义现代化建设服务、为人民服务，必须与生产劳动和社会实践相结合，培养德智体美劳全面发展的社会主义建设者和接班人"是我们的教育方针；"教育必须为社会主义建设服务，社会主义建设必须依靠教育"是发展社会主义教育事业的重要指导思想。这些都是新的历史时期教育工作必须遵循的总政策。基本政策介于总政策和具体政策之间，它一方面是教育总政策的具体化，另一方面又是制定具体政策的原则与依据。而具体政策可视为贯彻落实总政策、基本政策的具体行为规则。就当前情况看，市级特别是县级人民政府制定的教育政策，大多数属于具体政策。

3. 从政策效力范围的角度划分

从政策效力范围的角度，可将教育政策分为全局性政策和局部性(或区域性)政策。就全国情况而言，全局性教育政策在全国范围内，对各级各类教育都有政策效力。上至国务院各部门，下至省及省以下地方各级人民政府及其有关部门，均应一体遵行。而局部性教育政策只对相关区域教育有政策效力。近年来，国家确立加快西部地区开发、开放步伐的战略，有关部门相继出台了包括教育工作在内的支持西部地区的特殊政策，明显带有区域性色彩，这些政策就是局部性的教育政策，享受这类政策的地区只能是国家确定的西部若干个省份。

4. 从政策所起作用的角度划分

从政策所起作用的角度，可将教育政策分为鼓励性政策与限制性政策。2017年1月18日由国务院发布的《国务院关于鼓励社会力量兴办教育促进民办教育健康发展的若干意见》，就是典型的奖励性政策；而限制性政策往往散见于相关的政策性文件之中。

二、教育政策的体系结构

教育政策的体系结构，是指执政党、国家和社会组织制定的有关教育政策的存在及其表现方式。任何一个国家的教育政策都有自己的体系结构。我国现行教育政策的体系结构是中国共产党领导下的有中国特色的社会主义教育政策规范的一个重要标志。

关于教育政策的体系结构形式，我们可以从教育政策的表现形式和纵横结构两个角度加以表述。

(一) 教育政策的表现形式

所谓教育政策的表现形式，是指教育政策以怎样的文本样式出现。我国现行的教育政策通常以如下几种形式予以表现。

第一种形式，党的政策性文件。党的政策性文件主要是指中国共产党中央委员会和省、市、县地方委员会发布的各种纲领、决议中有关教育的内容，以及就教育工作做出的决定、通知等。这类政策依次反映在党的各类文件中，包括中国共产党章程、中国共产党全国代表大会的决议、党中央制定和批准的文件、中国共产党的地方各级领导机关的决议和决定、党中央直属领导机关和党的地方各级领导机关所属部门制定或批准的文件等。

中国共产党章程中确立的教育政策是我们党最根本的教育政策，它对社会主义教育事业的性质、地位、原则等一系列重大问题做出了明确的规定。

中国共产党全国代表大会的决议是在中共中央主持召开的党的全国代表大会上做出的有关教育工作的决议，是党的重要教育政策。例如，2007年10月15日，中国共产党第十七次全国代表大会上的报告中提出的"优先发展教育，建设人力资源强国"就是一项具有深远意义的政策。

党中央制定和批准的文件，是由党中央制定和批准发布的有关教育工作的文件，也是党的重要的教育政策。例如，2020年10月，经中共中央、国务院讨论通过的《深化新时代教育评价改革总体方案》，就是运用政策手段指导中国教育体制改革的纲领性文件。

中国共产党的地方各级领导机关的决议和决定，是党的地方各级领导机关及其代表大会讨论本地区范围内教育上的重大问题并形成的决议和决定及其批准的有关教育工作的文件，是适用于本地区的教育政策。

党中央直属领导机关和党的地方各级领导机关所属部门制定或批准的文件，是相关机关与部门在自身职权范围之内，可以制定或批准有关教育政策性文件。例如，中共中央宣传部或省委宣传部可以发布有关规范学校德育工作的文件。

第二种形式，全国人民代表大会、省级人民代表大会和有立法权的市级人民代表大会及其常务委员会制定或批准的有关教育的政策性文件，即通常所说的教育法律、法规。

第三种形式，国家行政机关制定、发布的有关教育工作的政策性文件。这类文件分为两类：一类是国务院及其所属各部委制定或批准的有关教育的政策性文件。例如，1993年6月原国家教委、人事部、财政部联合印发的《特级教师评选规定》。另一类是县级以上(含县级)地方各级人民政府及其有关部门依照法律、法规规定的权限制定的有关教育的政策性文件。在实际工作中，这类由国家行政机关做出的有关教育的行政决定构成了现行教育政策的主体，在指导、规范、协调、促进教育工作方面起着十分广泛而重要的作用。

第四种形式，党中央和党的地方各级领导机关所属有关部门与国务院和地方人民政府所属各部门共同制定或批准的有关教育的政策文件。例如，中共中央办公厅、国务院于2019年2月13日印发的《加快推进教育现代化实施方案(2018－2022年)》，2020年10月10日印发的《中国教育现代化2035》。

第五种形式，党和国家领导人有关教育问题的讲话、指示。党和国家领导人对教育工作发表的讲话或所作的指示，能否被视为教育政策的一种表现形式，认识上可能不一致。对此，我们认为要进行具体分析。按照中国共产党章程规定："党员个人代表党组织发表重要主张，如果超出党组织已有决定的范围，必须提交所在的党组织讨论决定或向上级党组织请示。"根据这一规定精神，党和国家领导人有关教育工作的重要主张是在党的全国代表大会或全国人民代表大会等全国性会议上公布的(例如党中央领导在党的全国代表大会上所作的重要讲话、报告等)，或经过党或国家的有关组织批准的，或在党的机关报刊等正式出版物上公开发表的，都应当列入政策的范畴，这些主张都具有政策性作用。

(二) 教育政策的纵横结构

教育政策的纵横结构是指教育政策体系是由哪些具体政策构成的，以及它们之间相互组合的纵向或横向的关系是如何确定的。鉴于此，我们对教育政策从纵向与横向两个维度加以分析。

1. 教育政策的纵向结构

教育政策的纵向结构是指依照教育政策的某种内在逻辑关系做出的纵向排列。从不同角度出发，教育政策就有不同的纵向排列方式。

教育政策依照政策空间系列划分，有教育总政策、基本教育政策、一般教育政策和个别(特殊)教育政策。

教育政策依照政策时间系列划分，有过去教育政策、现行教育政策和指向未来的教育政策。但要注意，过去政策不等于过时、无用的政策；未来教育政策也称将来教育政策，是指将来可望实行但目前不能兑现的超前政策。

教育政策依照政策阶段性过程划分，有长期教育政策、中期教育政策、短期教育政策和即时教育政策。长期教育政策一般包括在相当长的历史时期内起作用的根本政策、宏观政策或战略性政策；中、短期教育政策是相对于长期政策而言，是对长期教育政策目标措施做出的阶段性分解；即时教育政策是针对个别情况、特殊问题采取的个别政策。

2. 教育政策的横向结构

教育政策的横向结构是指将相互之间不存在前者派生后者、后者包含前者的教育政策按照横向并列的关系加以排列，形成的组合方式和秩序。需要注意的是，按照横向结构形成的教育政策体系也是由相互关联的各个领域的教育政策组成的，相应的教育政策之间要相互协调与沟通，而不应相互抵触与冲突。从横向结构看，教育政策可划分为高等教育政策、普通教育政策、职业和成人教育政策，以及少数民族教育政策、残疾人教育政策等。

第三节 教育政策的制定

一、教育政策议题的确定

教育政策的制定总是围绕一定的教育政策议题进行的。何谓教育政策议题？它是指将一定的教育问题纳入政策讨论的范围内，并由此形成政策议案。现实中教育的问题很多，但并不是所有的教育问题都应成为或应立即成为政策议题。"搁置不议有时也是一种必要的政策选择。"然而，在教育政策制定过程中，如果对教育问题认识不清、不准或政策议题不当，则容易使政策决定陷入误区。"政策不及时或政策无的放矢，政策力度不够或杀鸡用牛刀，政策重叠或政策不配套，越俎代庖或回避责任，等等，很多时候都是因为对教育问题厘定不清，政策议题不恰当而造成的。"所以厘清教育问题是其进入政策议题的前提。我们主要从问题的性质、严重程度、广度和解决问题的代价，以及问题是否可以被评估等几个方面来确定教育问题。

(一) 问题的性质

成为政策议题的教育问题应该是带有本质性的、对教育改革与发展有重大或重要影响的问题。这个教育问题不是无关痛痒的，而是值得严肃讨论的；不是"昙花一现"的，而是影响深刻的。另外，判定问题的性质需要同时辨明导致问题的原因及问题涉及的对象。问题的确定性直接决定着政策的针对性。

(二) 问题的严重程度

教育政策具有现实性的特征，它总是着眼于现实的教育发展并紧紧为解决现实的教育问题服务，而作为需要通过制定教育政策去解决的教育问题，应该是十分突出的且严重到非得制定政策解决不可的现实问题。问题的严重程度既取决于问题的客观性，也与人们对问题严重程度的主观认识相关。有时候，客观上十分严重的教育问题不一定被人们广泛地认识到；有时候，被认为是非常严重的问题与问题本身的客观性也会有差异。"不同的价值观念，不同的教育观念，不同的认识水平，对同一问题会有不同的看法。"所以，只有将问题的客观性与对问题认定的主观性相统一，才能准确认识问题的严重程度。这种客观性与主观性的统一直接关系到教育政策议题的及时性与选择的恰当性。

(三) 问题的广度

所谓问题的广度是指教育问题在多大层面上对教育改革与发展产生影响。问题的广度也可视为问题的空间范围，即这一教育问题是全国性的、普遍性的问题，还是区域性的、特殊性的问题。问题影响的空间范围决定着这一问题应该被纳入何种层级的政策议题。一种地区性的教育问题需要通过制定地区性的教育政策予以解决。只有那种影响深远、真正带有普遍性的问题才适宜纳入国家教育政策议题，并通过制定国家政策予以解决。有时候国家教育政策制定之后，地区间则需要结合实际制定相应的地区性政策，以便国家政策在地区内有效地实施。另外，教育中的特殊性问题应通过制定特殊政策予以解决。

(四) 解决问题的代价

解决教育问题需要付出一定的代价，即需要消耗人力、物力等资源。如果尚待解决的教育问题需要付出的代价过多，过于沉重，或者一时还无力解决，那么这样的问题能否即时纳入政策议题便值得认真考虑，权衡得失。所以，能够被纳入政策议题的教育问题，不仅要有重大价值及尽快解决的必要，同时也要具有资源条件上的可能性。当然，代价问题不仅关涉经济、技术的层面，也关涉政治层面。有时从技术层面看是不划算的政策，从政治上看又是值得的。所以，需要全面衡量、综合考虑某个教育问题是否应被纳入政策议题。

(五) 问题是否可以被评估

纳入教育政策议题的教育问题应该是一种可予评估并应予评估的问题。这里所谓的问题评估，是指这一教育问题被纳入政策议题之后，便应形成明确的政策目标，并有目标达成的指标，与此同时也应有明确的可供操作(即解决问题)的实施方案。只有通过科学的评估予以检验与确认，才能明确教育问题的解决状况如何，解决程度如何。如果被纳入政策议题的教育问题，最终解决不能予以评估，就说明这一问题是不适合作为政策问题的。

二、教育政策决定

"通过对教育问题爬梳整理、讨论厘定，确定了政策议题之后，便进入了政策决定(即决策)阶段。"政策决定是政策制定过程的重要环节，也是关键环节。政策决定本身也是一种动态过程，它内含着明确政策目标、方案设计、方案抉择、政策合法化等若干具体阶段。下面我们对教育政策决定的基本阶段予以叙述。

(一) 明确政策目标

教育政策目标是指教育政策制定者希望通过制定与实施政策所达到的效果。政策目标来自政策问题。教育政策问题的明确化及对教育问题的正确分析，是确定政策目标的基础。

1. 教育政策目标的分类

教育政策目标可分为价值目标和明确的可评估目标。所谓价值目标，是指一项教育政策的目标"在价值理念上崇尚和追求的目标"，也就是对为什么制定这项教育政策的回答。一项教育政策目标在价值上被社会认可的程度决定着政策目标的贯彻程度。而所谓可评估目标，是指该项教育政策所指向的数量目标、质量目标、组织目标和保障措施等。可评估目标越清晰、明确，则越有利于政策的实施。

2. 教育政策目标的特征

一个良好的教育政策目标，应该具有针对性、先进性、可行性和规范性等特征。

(1) 目标的针对性。教育政策目标总是为解决某个或某些教育问题而确立的。所以，确定教育政策目标必须针对教育的实际问题，有的放矢，切中要害。教育政策目标的针对性越强，越有助于社会形成对解决实际教育问题的关注。

(2) 目标的先进性。教育政策目标的针对性是与目标的先进性相联系的。教育政策目标针对的实际问题是一种带有方向性的问题，是发展中的问题，这决定着政策目标应该具有先进性。

(3) 目标的可行性。教育政策目标的可行性是指所确立的目标通过一定的努力是可以实现的。可行性包含着高于现实水平又不脱离现实水平的要求。教育政策目标若是不顾现实条件，盲目攀高，则教育政策必然成为海市蜃楼，一纸空想。

(4) 目标的规范性。教育政策起着规范教育事业发展的作用，而这种规范性首先是目标的规范性。一个良好的教育政策目标必须是规范性目标。这种规范性主要表现在以下几点：其一，政策目标要体现和反映广大人民群众的根本利益和教育愿望；其二，政策目标应当符合《中华人民共和国宪法》(以下简称《宪法》)和教育基本法的精神与规定；其三，政策目标要符合社会道德规范和行为准则；其四，下级教育政策目标要服从上级教育政策目标，地方、部门的教育政策目标要服从党和国家的教育总政策、总目标。

(二) 方案设计

教育政策目标明确之后，需要围绕这一目标进行政策方案设计。方案设计是政策决定的中心环节，其目的是提供各种可供选择的、以实现政策目标的可能性方案或备选方案。政策决定是针对方案的决定，因此方案的设计对于政策决定具有特别重要的意义。教育政策方案设计一般需要遵循以下几项原则。

1. 系统性原则

所谓系统性原则，是指在教育政策方案设计时，设计者要从系统论的观点出发，进行综合分析。因为任何教育政策方案的实施都不是孤立运行的，它处在整个政策体系运行的过程中。具体的教育政策与教育总政策之间、此项教育政策与彼项教育政策之间，总是不同程度地存在着联系。这种联系的普遍性决定了设计者需要将教育方案当成一个系统来对待。在进行方案设计时，设计者要将整体利益与局部利益结合起来，将教育的内部条件与外部条件结合起来，将教育的眼前利益与长远利益结合起来，将主要目标与次要目标结合起来，等等。与此同时，要考虑到不同层次教育政策之间的纵横协调，以使各项政策形成一个有机的整体，从而产生良好的整体效应。

2. 科学性原则

所谓科学性原则，是指要以科学的精神、态度、方法并遵循科学的程序进行教育政策的方案设计。这里强调的科学性原则主要有两层含义：一是教育政策方案设计要立足于科学预测。政策方案是面向未来的，是未来教育行动的指导方针，因而它包含着对未来行动的预先分析与选择。对未来情势判断得正确与否，在很大程度上决定着政策的成败。在教育政策方案的设计中，只有运用科学预测，对未来条件变化、方案执行结果及其影响等进行预测分析，才有可能制定出正确的政策，避免政策失误。对政策方案的科学预测，需要在深入调查研究、充分占有和把握相关信息资料的基础上进行。强调科学性原则的另一层含义是指教育政策方案设计既要面向未来，又要准确地把握现实，从现实性出发，使未来与现实有机地整合起来，以使设计的方案真正合理和切实可行。

3. 民主参与原则

所谓民主参与原则，是指教育政策方案设计要广泛听取群众意见，吸取多方力量参与设计。在现代社会中，教育问题涉及千家万户，关涉方方面面，所以在设计教育政策方案时，设计者不仅要认真听取教育界人士的意见，也要认真听取社会其他各界人士的意见，广泛尊重民意是一个良好政策方案形成的基础。在教育政策方案的设计过程中，不仅要有教育行政部门或决策人员的参与，同时应有专家学者的参与，要重视发挥专家智囊团参与设计教育政策方案的作用，以使政策方案真正成为"合力"作用的结果。

4. 创新性原则

所谓创新性原则，是指教育政策方案的设计要紧紧把握教育发展的时代脉搏，体现新颖性的特征。创新是政策的生命力之所在。设计政策方案实际上是一种创造性思维的活动过程，是一种求新的过程。由于教育政策方案的设计总是着眼于解决教育改革与发展过程中的新矛盾、新情况、新问题，所以方案设计者不能墨守成规，不能因袭固有的方案以企图解决新的问题。方案设计者要具有创造性思维的品质与能力，有敢于开拓、敢于打破常规的勇气和魄力，从而设计出新颖而独特的有效方案，以推进教育的改革与发展。

5. 刚性与弹性相济的原则

所谓刚性与弹性相济的原则，是指政策方案的设计既要考虑到确立严格的具有权威性的政策规范，同时又要给政策留有余地，使之具有适当调节的弹性。要求教育政策方案保持一定的"刚性"，是因为这种"刚性"为政策实施提供着确定的、稳固性的，甚至是严格的信号，缺乏这种"刚性"，政策所应有的规范性、权威性就大为逊色；要求教育政策方案保持一定的"弹性"，是因为教育发展的环境总是处在不断运行与变化之中，随着环境的变化，教育政策也需要做出相应的调整与变动。政策方案有了一定的"弹性"，有利于在政策实施过程中根据变化着的教育状况采取适度灵活的对策与措施，并使政策具有自我调节的功能。

(三) 方案抉择

在根据上述原则设计出可资比较的多种可能性方案或备选方案之后，便进入方案抉择阶段。方案抉择是教育政策决定的最后阶段，是使可能性方案变成真实政策的阶段。选择优化的政策方案是政策制定过程中的关键。下面，简单介绍几种常见的方案抉择模式。

1. 教育政策抉择的理性模式

所谓决策的理性抉择模式，是指政策决策者根据完备的综合信息，针对许多备择方案进行评估，排定优劣顺序，经过客观的分析判断后，选择最佳方案的过程。理性抉择模式要求决策者知道所有与具体问题相关的目标，较详尽地获得教育政策问题的信息，能辨别各种选择方案的差异，并能对选择的后果做出正确判断。理性抉择模式对决策者的要求显然有一种浓重的过于理想化的色彩，虽然这是一种"全知全能"式的理想决策模式，但在现实中难免因受到主客观条件的制约而难以实现。

2. 教育政策抉择的渐进模式

政策的渐进抉择模式的支持者认为，政策是政府过去活动的持续，只是做了某些进一步的修改而已。这一模式的提出者美国学者林布隆(Lindblom)认为，公共政策不过是政府活动的延伸，是对既往政策的修改品，所以政策抉择应以既有的合法政策为基础。渐进抉择模式是通过把新的政策方案同现行的相关政策作比较，然后决定哪些现行政策需要修改，或需要增加哪些新的政策内容。渐进抉择模式的理论依据是："一种和以往政策越不同的方案，就越难预测其后果；一种和以往政策越不同的方案，就越难获得大众的支持，其政治可行性就越低。"渐进抉择从维护社会稳定出发，注重政策的非跳跃性与连续性，比较接近实际情况，但其过于"保守"，缺乏创新性。

3. 教育政策抉择的综合模式

综合模式是为了扬理性模式与渐进模式之长，避两者之短而构造的一种决策模式。所以，综合抉择模式是将两种或两种以上模式综合使用以实现其有机结合的模式。综合模式一方面吸取理性模式之优点，尽可能获得更多的教育政策问题信息，认真比较各种政策方案的异同与优劣，并对政策实施后果做出判断；另一方面注意吸取渐进模式之长，关注新的政策方案与现行政策的联系，尽可能避免新的政策方案与现行相关政策的"断裂"，从而使新抉择的政策方案具有可能顺利实施的现实基础。总之，综合模式是一种力求不偏不倚的理想决策模式。

无论运用何种模式进行决策，在教育政策决策过程中，特别应予以强调的是，决策的民主化与科学化。首先，要让与政策有关的人群了解教育政策的目的与目标，了解决策过程及风险，使群众有对政策方案的提议权，有对政策决策的参与权。其次，教育政策方案的抉择要按照决策的科学化程序进行，并要建立起科学决策制度，因为国家的教育事业是一种科学事业。

(四) 政策合法化

在政策方案抉择之后，付诸实施之前，仍有一个值得重视的、关于教育政策制定的必要阶段，这就是教育政策的合法化。

1. 教育政策合法化的含义

我国学者袁振国在其主编的《教育政策学》一书中概述了教育政策合法化的含义，他指出："教育政策合法化是指经政策规划得到的教育政策方案上升为法律或获得合法地位的过程。它包括两个方面的含义：一是教育政策的法律化，是指国家有关的政权机关依据法定权限和程序所实施的一系列立法活动。教育政策的法律化，使得一部分教育政策上升为法律，获得了法律效力。二是教育政策的合法化，是指国家有关的政权机关遵循一般已确立的原则或一般所接受的标准，对教育政策方案的审查活动。教育政策并不一定都要上升为教育法律，没有上升为法律的政策方案通过有关机关审查之后，即获得了合法性。"

本书认可袁振国对教育政策合法化的解释，故不再对这一概念加以表述。但应予以说明的是，教育政策合法化既然包含于一系列的立法活动中，所以它不仅仅是政策制定过程的一个重要阶段，还是一个自始至终的过程。教育政策合法化是教育法治化的基础与深刻体现。

2. 行政机关的教育政策合法化

教育政策合法化包含政策法律化与政策合法化两个方面。政策法律化是由具有立法权的教育立法机关完成的，它表现为一系列相关的立法程序与立法活动。有关教育立法问题本节不予以专门讨论，本节仅分析行政机关的教育政策合法化这一问题。

1) 行政机关教育政策合法化的基本形式

行政机关(包括教育行政机关)教育政策合法化的基本形式是授权立法与职权立法。

(1) 授权立法。授权立法是指各级行政机关经立法机关的授权而进行的一种立法活动。这里的立法区别于国家立法机关为教育制定特定意义上的法律，泛指制定一般的教育行政法规，包括颁布教育命令、章程、条例、决议等规范性政策文件。行政机关受到立法机关的委托或授权，可以制定在授权范围内的教育行政法规。立法机关授予行政机关的立法权，一般有严格的时间及事项的限制。行政机关被授予怎样的制定教育法规的权力便只能行使怎样的权力，不得有所逾越。根据授权所制定的教育政策法规不得与法律授权机关的规定相抵触。

(2) 职权立法。职权立法是行政机关依据《宪法》和行政机关组织法规定的职权或行政权所进行的立法。我国《宪法》和行政机关组织法对行政机关(包括教育行政机关)的立法权限有明确规定，作为一种法律规定，行政机关自然应依法行事。《宪法》和行政机关组织法规定着不同层级行政机关的不同立法职权，作为行政机关便只能在法律确定的职权范围内行使立法职权。行政机关的这种立法职权受到法律保护的同时，也要求不得违反或滥用。

2) 行政机关教育政策合法化的基本程序

行政机关制定教育政策必须遵循法定的程序，经过法定程序制定的政策才能取得合法化地位。我国行政机关制定教育政策一般应遵循4个程序，即提出教育政策草案、审查教育政策草案、通过(批准)教育政策草案、公布教育政策。

(1) 提出教育政策草案。提出教育政策草案首先要经历一个起草的过程。教育政策的起草一般有两种方式：一是由我国教育部或地方教育行政机关起草；一是由几个政府部门联合起草。之所以要采用联合起草的方式，是因为草案涉及的政策问题不仅与教育部门相关,同时与其他政府部门相关。教育政策的起草过程是一个民主参与、集思广益的过程,需要在深入调查研究的基础上,广泛征求意见,充分协商讨论,这样才能起草一个相对满意的教育政策方案。方案起草之后则需要遵循法律规定,在适当的时候向具有授权立法或职权立法资格的行政机关提出。

(2) 审查教育政策草案。提出的教育政策草案需要接受相应机构的审查。对教育政策草案的审查一般先由各级政府专门的法制工作机构进行。教育行政法案审查内容一般包括以下几项:方案是否符合国家总政策和教育的基本法,是否在授权范围或职权范围内立法,方案体系、结构及文字等是否符合规范,方案是否可行等。

(3) 通过(批准)教育政策草案。教育政策草案接受审查之后,要提交到制定机关的正式会议上讨论。我国教育政策的通过有法定的程序与规定。不同层级的教育政策要经相应层级的具有决策权力的行政会议讨论通过。教育政策通过之后,还要由制定教育政策的行政机关首先签署。根据法律规定,行政部门制定的法规在通过及签署之后,还必须报上级机关审批或备案,得到上级机关批准或认可后,才能生效。

(4) 公布教育政策。教育政策草案获得通过及批准实施后方可为正式法规。正式法规实施前还需经历公布这一环节。教育政策一般通过新闻媒体和政府公报以政府文件的形式予以公布。

第四节 教育政策的执行

教育政策的执行是指执行者根据政策的要求,在认识自身、环境、目标群体等各种影响因素的基础上,不断采取各种积极措施,同各种因素发生相互作用,以实现政策目标的动态过程。广义而言,教育政策执行包括教育问题认定、教育问题建构、教育政策分析、教育政策执行、教育政策监测、教育政策评估与教育政策检讨等;狭义而言,教育政策执行专指教育主管机关制定完成教育政策、教育方案、教育预算及教育计划后,在教育组织、教育人力及教育资源的限定下,某段时间所进行的教育政策。教育政策一旦制定并以法律形式或其他合法形式公布后,即进入执行阶段。艾利森曾指出,在实现政策目标的过程中,方案确定的作用只占10%,而其余90%取决于有效的执行。本节探讨的教育政策执行问题包括执行原则、执行方式和执行过程等内容。

一、教育政策的执行原则

教育是一个汇集各方利益的场所,而教育政策的价值就在于重新调整利益分配的格局。这是一个相当复杂的过程,面对这样的环境,教育政策在执行过程中必然面临诸多困难，为保证其有效执行，必须遵守如下几个基本原则。

(一) 忠实性原则

在教育政策执行的过程中，必须遵循政策的精神实质，全面准确地理解政策内容，有计划地按照政策要求去做，以保证目标的实现。在实践过程中，不同的人对政策文本的理解会有很大出入，所以，忠实性原则应该成为教育政策执行过程的前提条件。

(二) 创造性原则

教育政策执行的创造性原则与公共行政中的自由裁量权密切相关。自由裁量权，也就是"合法合理地进行自由选择的权力"。一些西方学者认为，"行政自由裁量"是"行政权的核心"。政策通常是各方利益相互妥协的结果，这必然使得什么目标措施才有效果以及将产生什么影响等一系列问题的表述存在某种模糊性，从而为执行者留下一定的空间。所以，在不违背教育政策的方向和精神时，坚持从实际出发，采取灵活多样的方式，因地制宜地确保政策实现，创造性地完成教育变革，是对教育政策执行忠实性原则的良好补充。

(三) 合法性原则

合法性原则是为了规避政策执行过程中，执行者将自身利益的博弈作为主要的执行动力，而对与自己利益无关的政策敷衍了事，造成稀缺的公共资源因私人利益而被滥用的情况。合法性原则要求的是权力行使的正当性，即权力行使不仅要符合宪法和相关法律法规的规定，还要符合法律的原则和精神，符合社会公共伦理规范。

二、教育政策的执行方式

(一) 政策宣传

一项政策要得到各执行部门和服务对象的支持，必须通过有效的政策宣传。政策宣传的作用在于尽量减少因认识偏差而导致的政策失真现象。例如，在全面普及九年义务教育的过程中，在落后偏远地区实施普及九年义务教育工作时，最重要的工作就是提高当地群众对该政策的认识：要走出贫困的怪圈就必须放下眼前的利益，舍得让孩子去读书，不能仅仅把孩子当成赚钱的工具。所以，教育工作者要深入群众进行宣传，乃至提供私人帮助。在进行政策宣传时应注意三个问题：一是重在说服。政策宣传的目的是得到人们的认同和支持，必须以理服人、以事实服人。二是遵从个性化原则。政策宣传对象的经历和背景多有不同，要因人而异。三是采用多元化形式宣传。教育宣传既要利用实事宣传、新闻发布会、课堂讲授等灵活、机动、针对性强的直接宣传，还要利用报刊、书籍、广播、电视、电影等间接宣传。

(二) 行政方式

行政方式是依靠行政组织的权威,采取行政命令、指示、规定及规章制度等方式,按照行政系统的行政层级,层层实施。政策执行是教育行政部门的常规性工作,其执行效果也要受上级检查,并由此决定体系内人员的升迁,所以行政方式具有较强的约束力。可见,政策执行的行政方式具有以下几个特点:一是具有权威性,即通过垂直的领导与被领导关系,直接要求被管理对象执行;二是具有强制性,这种强制性是法律赋予行政机关的行政权力,执行对象违背命令后将会受到惩罚;三是具有时效性,即行政指令一般只对特定的时间、对象有效,不像行政法规那样作用的时间长、范围广。

(三) 经济方式

在政策执行过程中,利用经济杠杆进行调整是一种经常运用的方式。常用的经济方式如经费拨款、奖励、罚款、没收资产等。政府通过这些方式可以有效地调整政策执行的力度和效果,奖优惩劣,起到很好的导向性作用。

(四) 法律方式

政策执行的法律方式是指通过运用各种法律、法令、法规、司法、仲裁等方式,特别是通过行政立法和司法方式来调整政策活动中的各种关系。法律方式很显然具有更强的权威性和强制性,为了维护教育政策的权威,有时候就需要借助法院来协调解决。在国外,如涉及消除学校中的种族隔离、教师和学生的权利、学校安全等相关事宜时,有的国家就需要通过地方最高法院乃至国家最高法院。

法律方式通常是在说服教育、经济制裁、行政措施都无效时才被考虑,并且需要慎重使用,这是因为教育自身的特殊性。教育是一项引导人自我成长、变化气质的过程,不能动辄就采取强制性的法律措施。除非涉及违反教育法律法规的行为,一般来说,教育政策并无必要非通过法律方式加以解决。即使出现违背现行法律法规的行为,也应该从教育培养人的本质出发,认真分析是不是现行的教育法律法规阻碍了教育的发展。

三、教育政策的执行过程

(一) 一般步骤

政策执行一般包括如下5个步骤:准备阶段、宣传阶段、试点阶段、推广阶段和合法化阶段。

1. 准备阶段

凡事预则立，不预则废。政策执行前的各方面准备工作包括思想准备、计划准备、组织准备、物质准备。思想准备是考虑清楚政策的指导思想、目标、动机、合适程度以及支持程度等因素。计划准备是指执行的方案、步骤、时间、主体等有预案计划与发展性计划，以备在执行调整时有据可依，而不是随意发挥。组织准备是指机构的设置、人员的配备和组织架构，以便各机构协调有序，责任分明。物质准备主要指财力与物力等外在物质方面的资源准备。

2. 宣传阶段

政策的宣传效果对政策的执行有非常大的影响。宣传工作可以从多角度进行，如大众传媒、专题报告、培训进修、动员大会、口号标语、网络互动等，目的是加大目标群体对政策本身、制定主体及执行人员的认同。政策宣传既要注重公共性和公开性，又要注重通过教育政策的专业性引领大众舆论。同时，过度宣传也是要规避的，这不但会造成逆反心理，也会抬高期待，一旦政策落实不到位，就会激起群众的不满与指责。

3. 试点阶段

试点阶段就是教育政策的实验阶段。这个阶段并非可有可无的，尤其是对于那些影响大、风险高、周期长的政策，这个步骤非常重要。

先试点后推广的经验在我国已经有了很多探索，其优点在于，验证并规避风险的同时能获取宝贵的经验。对政策进行实验验证不仅能够修正完善政策，规避还未察觉的风险，还能在实验过程中获取进一步推广的实践方式和注意事项。我国的基础教育课程改革就是一个很好的从试点到推广的实例：基础教育课程改革从1999年开始着手调查研究，组织全国高层次专家进行顶层设计；2001年开始在全国38个县区进行义务教育阶段课程改革国家级实验，分层推进，滚动发展；到2008年，全国初中已实行了一轮，有的地区达到2至3轮，小学也接近实行一轮，2010年已全部进入基础教育课程改革。

经典案例

成都市推进教育"管办评"分离改革试点 探索形成"两自一包"新模式

成都市扎实推进全国教育"管办评"分离改革试点，在四川大学附属中学等学校探索取得"教师自聘、管理自主、经费包干"(以下简称"两自一包")改革经验，有效破解编制管理缺乏弹性、内部激励机制缺失等瓶颈障碍，试点学校办学主动性、积极性空前高涨，教师主人翁意识、获得感、幸福感明显增强，成为教育领域推进"放管服"改革的成功案例。"两自一包"改革经验多次得到《光明日报》《中国教育报》等主流媒体宣传报道，并荣获第五届全国教育改革创新典型案例优秀奖。国家教育体制改革简报以《探索"两自一包"模式 释放学校办学活力》为题,将此项改革经验向全国教育系统推广。

资料来源:章华维. 成都市推进教育"管办评"分离改革试点 探索形成"两自一包"新模式[EB/OL]. (2019-01-03)[2021-05-20]. http://m.people.cn/n4/2019/0103/c3770-12138910.html.

> **课堂讨论**
>
> 结合案例分析试点学校对推广改革成果的意义。

4. 推广阶段

政策的全面推广阶段是政策执行中的重要环节。该阶段推行范围广,人数多,环节也相对复杂,所以在严格遵守政策执行基本原则时,要结合试点经验,灵活处理。我们虽已在试点阶段取得部分经验,但还是需要根据实际情况因地制宜、灵活操作,不能局限于前期的实验成果,而应当允许推广过程中的调整与创新。

5. 合法化阶段

合法化阶段是指将政策上升为法律,这也可以看成政策执行过程中的一个环节。这个过程并不一定是每项政策都需要经历的,但有些政策最后确实需要上升到法律地位,以确保其权威性和改革的长久性,保证改革效果的持久性。例如,针对校本管理的政策,美国很多州通过相关法案,提高了该政策的权威性,并确保了这一政策的长久效果。

(二) 影响因素

教育政策执行是多因素相互作用的复杂过程,路易斯(K. S. Louis)和迈尔斯(M. B. Miles)把执行中的常见问题分为三类:与项目有关、与人有关和与背景有关,如图1-2所示。

按照这个分析框架,教育政策执行过程中的影响因素主要可以分为以下三类:与项目有关的:政策性质;与人有关的:人的问题;与背景有关的:执行组织。

1. 政策性质

执行一项政策,首先要考虑的是其目标是否合适。一是要求目标不能过高,否则会浪费很多公共资源;二是要求目标明确清晰,目标越明确,执行起来方向越清楚。其次,政策资源是否充足。一项政策的执行需要人力、制度、信息、财力等多方面资源的支持。最后,政策的复杂程度及其执行方案的设计是否可行,能否将复杂问题简化成一个个可操作的方案,并通过提高合法化程度增进执行效果。

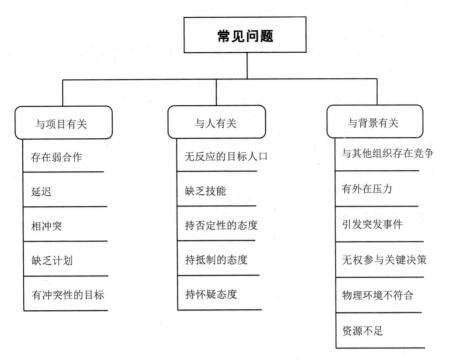

图1-2　政策执行中的常见问题框架

经典案例

教育部关于废止部分规章的决定

为贯彻落实党的十九大和十九届二中、三中、四中、五中全会精神，贯彻落实习近平总书记关于教育的重要论述和习近平法治思想，进一步加强教育部规章体系建设，现决定对已经明显不适应经济社会发展和教育改革发展要求的下列规章，予以废止。

一、废止1988年4月9日国家教育委员会发布的《成人高等学校设置的暂行规定》(〔88〕教计字40号)。

二、废止1988年5月16日国家教育委员会发布的《广播电视大学暂行规定》(〔88〕教计字63号)。

三、废止1991年4月26日国家教育委员会发布的《教育督导暂行规定》(国家教育委员会令第15号)。

四、废止1991年8月21日国家教育委员会、公安部发布的《社会力量办学印章管理暂行规定》(国家教育委员会令、公安部令第17号)。

五、废止1993年12月29日国家教育委员会发布的《普通高等教育学历证书管理暂

> 行规定》(教学〔1993〕12号)。
>
> 六、废止1998年3月16日教育部发布的《中小学德育工作规程》(教基〔1998〕4号)。
>
> 七、废止2001年6月7日教育部发布的《中小学教材编写审定管理暂行办法》(教育部令第11号)。
>
> 本决定自2021年1月1日起施行。
>
> 资料来源：中华人民共和国教育部.教育部关于废止部分规章的决定[EB/OL].(2020-12-02) [2021-05-23]. http://www.moe.gov.cn/srcsite/A02/s5911/moe_621/202012/t20201223_507183.html.

课堂讨论

思考以上部分规章被废止的原因。

2. 人的问题

首先，教育政策的执行者是最难把握的影响因素，尤其是执行者的主观因素，如责任心、积极性、道德感等。其次，执行者对政策精神和原则的把握至关重要，所以执行者要在这个过程中不断地学习，加深理解。最后，执行者的执行力是一个重要因素。执行者要具备人际沟通、政策宣传、方案制定、资源争取、责任承担和互促协作等方面的综合能力。

3. 执行组织

政策执行是在组织中进行的，这就需要设计好各组织间和组织内的结构，以便减少内耗，增加协作，共同完成目标。组织间的关系主要是纵向的上下级关系和横向的协作关系。我国的教育行政部门在资源获取上受同级政府的制约更大，而在纵向的关系上，由于中央和地方的分权关系，教育政策的执行多表现为政策工具与手段选择。影响组织间和组织内相互合作的因素还有人员的理念。政策是一项公共事业，为公众谋求最大的福利是政策执行者的最终追求，如果执行人员能够秉持这一理念，将会给政策执行中的各种协调工作带来很大的便利。

(三) 执行模式

教育政策执行过程是一个涉及政策目标、政策方案、政策执行、政策环境等众多要素的复杂过程，需要厘清其中的关系及其对教育政策执行的影响，这就需要建立关系模式。政策执行模式主要有以下6种。

1. 过程模式

1973年，美国政策学者史密斯(T. Smith)在其《政策执行过程》中提出了过程模式。该模式总结了政策执行过程中的4个主要变量：一是理想化的政策，即合法、合理、可行的政策；二是执行机构，通常指政府中负责执行的机构；三是目标群体，即政策的直接影响者；四是环境因素，如政治、经济、文化等方面的影响因素。政策的执行是这4个变量相互联系、相互影响的过程，故称为过程模式。

2. 互适模式

美国学者麦克拉夫林(M. Mclaughlin)在《互相调适的政策实施》中提出了互适模式。麦克拉夫林认为，政策执行过程就是政策执行者和受影响者之间就目标或手段进行相互调适的过程，政策执行的有效与否取决于两者相互调适的程度。此模型的内涵主要包括以下4点：一是政策执行者与受影响者之间彼此的需求和观点不一致，需寻求一个双方都可以接受的政策执行方式；二是政策执行者的目标和手段富有弹性；三是两者间相互调适的过程是彼此处于平等地位的双向交流过程；四是受影响者的利益需要与价值观点将反馈到政策上。这种模式摆脱了传统的上下级命令式的单向流程，有利于双方在该过程中双向平等交流。

3. 博弈模式

美国政策学者巴达奇(E. Bardach)最早把博弈理论引入政策分析，他把政策执行看成一种赛局，包括竞赛者(政策执行人员与相关人员)、利害关系、策略与技术、竞赛的资源、竞赛的规范、公平竞赛的规则、信息沟通状况、结果的不稳定程度等。在这个过程中，各利益相关者就其政策目标的达成进行谈判、评价与妥协，选择最佳行动方案，以寻求效益最大化。

4. 循环模式

1978年，美国公共政策学者雷恩(M. Rein)和拉比诺维茨(F. F. Rabinovitz)在其合著的《执行的理论观》中提出了循环模式。他们把政策执行分为三阶段：纲领发展阶段，即从立法机关的意图转化为行政政策的纲领；资源分配阶段；监督执行阶段，即确定各执行者责任后对政策执行过程和执行结果加以监督、审计和评估。他们认为这三个阶段并非单向直线式的过程，它们之间是一个循环过程，在循环过程中又受到环境条件的冲击。这些环境条件包括目标的显著性、程序的复杂性，以及可利用资源的性质与层次。每个阶段必须奉行三项原则：合法原则、理性原则、共识原则。

5. 系统模式

系统模式又称"霍恩-米特尔模式"，由霍恩(C. E. VanHom)和米特尔(D. S. Meter)提出。他们认为，影响政策执行的因素主要有6个方面：政策目标与标准、政策资源、组织间的沟通与有效执行情况、执行机构的特性、经济与政治环境、执行者的意向。该理论架构以组织控制为基础，认为执行过程依赖于组织功能的发挥，强调目标共识对政策的影响。该模式找出了影响政策执行的重要因素,建立了政策与执行之间的联系,说明了各变量间的关系。

6. 综合模式

在系统模式的基础上,1979年,美国政策专家萨巴蒂尔(P. Sabatier)和马兹曼尼安(D. Mazmanian)在其合著的《公共政策的执行:一个分析框架》的论文中提出了综合模式。他们认为,影响政策执行的因素主要有三类:政策问题的特性、政策本身的可控制性变量(法定规制能力)和政策以外的变量。

第五节 教育政策的评估

一、教育政策评估的含义

了解教育政策评估的含义,需要先对政策评估的基本观点做一介绍。关于政策评估的含义,学术界迄今并无统一的认识,概括起来有如下几种观点。

第一,认为政策评估是一种对政策运行的全过程进行广泛、深入分析与研究的社会科学活动,是"有系统地应用各种社会研究程序,收集有关的资讯,用以论断政策概念与设计是否周全、完整,知悉政策实际执行的情形、遭遇的困难、有无偏离既定的政策方向,指明社会干预政策的效用"。所以这种观点强调的是政策评价的综合性、系统性与全面性。

第二,认为政策评估的关键是对政策效果的评价,其主要目的在于鉴定人们所执行的政策实际上达成的效果,而实际上达成的效果又是与政策目标相联系的。这里的效果在很大程度上是指政策目标的达成度。

第三,认为政策评估主要是对政策方案的评价。这种观点强调,政策执行的结果关键取决于政策方案。政策执行的状态归根结底是由政策方案决定的。良好的政策方案才能产生良好的执行结果。反之,政策执行不力可以从政策方案上寻找原因。所以政策评估的核心应是对政策方案的评价,其目的在于分析、比较各种政策方案的可行性以及相对优缺点。

第四,将政策评估界定为:"依据一定的标准和程序,对政策的效益、效率、效果及价值进行判断的一种政治行为,目的在于取得这些方面的信息,作为决定政策变化、政策改进和制定新政策的依据。"这一观点强调的依然是对政策效果的评价。

而教育政策包含于公共政策之中,教育政策评估可以被视为公共政策评估的一个重要分支或重要方面。对政策评估的多样性理解一定会导致对教育政策评价理解的差异。

所以，迄今为止，关于教育政策评估也难有被普遍接受的确切定义。

袁振国在《教育政策学》一书中，将教育政策评价定义为："所谓教育政策评价，是指按照一定的教育价值准则，对教育政策对象及其环境的发展变化以及构成其发展变化的诸种因素所进行的价值判断。"这一定义一方面强调教育政策评估本质上是一种价值判断，另一方面明确指出了教育政策评价的对象——既指政策执行的后果，又指影响执行的因素。

通过对政策评估多种观点的介绍，并结合对教育政策评估定义的引述，我们可以认为，教育政策评估实则有着较为丰富的内涵。这里，我们将教育政策评估定义为：依据一定的评价标准，对教育政策运行的全过程进行系统的综合的分析与判断，总结政策运行的成绩与经验，揭示存在的问题与不足，从而为修订和完善教育政策，并为实现教育政策的更良性运行服务。

我们对教育政策评估的定义，进一步揭示了教育政策评价的丰富内涵。对此，有如下几点需要说明：其一，教育政策评估是对教育政策运行的全面评估。它将评估的重点定位于教育政策执行的结果，但又不囿于对结果的评估。其二，教育政策评估并不只是为诊断教育政策执行的结果而进行评估，同时也是为达成更好的教育政策而进行评估。其三，教育政策评估关注对政策本身的优劣比较，关注对影响政策制定及影响政策运行的诸多因素进行深入且实事求是的分析。

二、教育政策评估的类型

依据政策评估活动的组织方式划分，教育政策评估可分为正式评估与非正式评估；依据政策评估实施的阶段划分，教育政策评估可分为事前评估、事中评估与事后评估；依据政策评估主体来源划分，教育政策评估可分为外部评估与内部评估。

(一) 正式评估与非正式评估

正式评估是指事先制定完整的评估方案，由专门的机构与人员按照严格的程序和规范进行；而非正式评估是指对评估者、评估形式、评估程序、评估方法、评估内容都未做严格要求而进行的局部的、分散的政策评估。非正式评估较为灵活、简单，适应性广；而正式评估由于其专业性在教育政策评估中处于主导地位。

(二) 事前评估、事中评估与事后评估

事前评估在教育政策实施前进行，评估者往往根据以前的经验，加上一些模拟活动，对政策进行预评估；事中评估在教育政策实施过程中进行，这时政策执行的效率、效果、效益及其不足之处已有所呈现，所以通过评估能够及时调整教育政策的实施；事后评估是政策执行后进行的最终评估，此时政策的最终效率、效果、效益已基本呈

现,所以在对政策全过程的基本认识下,能进行客观有效的评估,从而吸取教训,总结经验。

(三) 外部评估与内部评估

外部评估包括对象评估和社会评估。对象评估是指由教育政策目标集体成员进行的评估。作为教育政策的承受者,他们对政策制定与实施的利害得失感受最真切,也最有发言权,他们的评估相对具体,其不足是局限性较大。社会评估通常分为政府等公共部门委托的专业评估和社会成员自行组织的评估。政府委托的评估者一般多为政策系统职位上的人士、机构,他们的评估具有较大的客观性。

内部评估是教育政策系统内部进行的评估,其优点在于评估者对整个过程了解全面,评估结果较为可靠,且可以直接用于政策调整;缺点是评估者可能夸大成绩,回避过失,从而使评估失去公正性和可信度。

三、教育政策评估的程序

教育政策评估是一个有计划、有步骤的活动,其程序主要包括以下三个阶段:准备阶段、实施阶段、总结阶段。

(一) 准备阶段

该阶段的主要任务包括以下几个:①确定评估对象,即确定评估什么政策、评估该政策的哪一部分、是否可以被评估等问题;②确定评估方案,评估方案需要以书面的形式详细地说明评估对象、评估内容、评估目标、评估标准以及其他支持评估活动进行需要的各项条件,如时间安排、场地环境、经费支持、设备支持等;③明确评估机构并挑选和培训评估人员。

(二) 实施阶段

该阶段的主要任务包括以下几个:①利用各种调查手段,如观察法、调查法、个案研究法等,全面收集信息;②整理收集的信息,并进行适当的加工处理;③综合应用各种评估方法,进行公正的评估。

(三) 总结阶段

该阶段的主要任务包括处理评估结果、形成规范性的评估报告,并提出建议。评估报告要包括评估过程、评估方法及评估过程中做出各种选择的依据,必要的地方还要做出说明。

四、教育政策评估的模式

瑞典学者韦唐从政策干预的实质结果入手,将评估模式分为三大类:效果模式、经济模式和职业化模式,如图1-3所示。

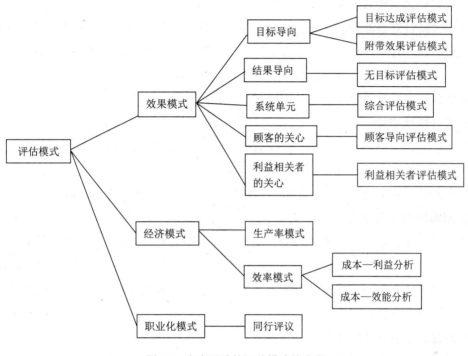

图1-3 韦唐对政策评估模式的分类

(一) 效果模式

效果模式由一个相当大的、各不相同的团体组成。除了传统的"目标达成评估模式"外,效果模式还包括附带效果评估模式、无目标评估模式、综合评估模式、顾客导向评估模式和利益相关者评估模式。

1. 目标达成评估模式

该模式由两部分组成:目标达成评估(关注政策结果与政策目标是否一致)和影响评估(关注教育结果是否由教育政策造成)。目标达成评估模式一般按三个步骤进行:第一步,确定政策目标,明确其真正的含义;第二步,测定这些预期目标能够在多大程度上实现;第三步,厘清政策促进或阻碍目标实现的程度。该模式有以下几个优点:一是体现民主;二是提供客观的评估标准;三是简单可操作。缺点如下所述:忽视成本;忽视了意料之外的效果;目标不清楚时难以运用;忽视政策制定中隐秘议程的作用;忽视实施过程。

2. 附带效果评估模式

该模式关注非预期、预料之外的政策效果，弥补了目标达成模式的不足。附带效果是指政策目标范围之外的影响。附带效果是教育政策综合评估的关键因素，如果不及时被发现并深入分析，很可能导致更为复杂的问题。

3. 无目标评估模式

该模式是针对目标导向评估忽视真实情境中许多宝贵资料的现象而提出的。无目标评估主张不预先告知评估目标，让评估者自己去发现。这种模式需要评估者具备相当专业的知识，要求评估者全面观察政策实施过程，收集各类数据，也要求评估者坚持自身作为评估者的客观性和独立性，单纯地判断结果的价值。

4. 综合评估模式

该模式强调，评估不应局限于政策效果，还应包括政策的制度与执行。该模式以系统论为理论基础，将政策评估分为投入、转换、产出三个阶段，每个阶段又分为描述和判断两个范畴。其中描述范畴分为意图和观察，判断范畴分为标准和判断。

5. 顾客导向评估模式

该模式是将政策干预对象的目标、期望、关系和需要作为评估的组织原则和价值准则，其核心是政策项目是否使顾客的关心、需要和期望得到满足。该模式没有明确规定政策项目的哪些部分应该被评估，所以它允许对干预对象进行广泛的、多样的评估。价值多元是该模式的显著特征。

6. 利益相关者评估模式

该模式比顾客导向模式关注的对象更为广泛。运用该模式的关键是要找出对政策的出台、执行和结果感兴趣的主要团体和个人。教育政策的重要利益相关者包括以下三类：一是代理人，包括政策的制定者、执行者、评估委托者、评估者以及参与政策的其他人员；二是受益者，包括直接受益者(目标群体)和间接受益者；三是受害者，包括有计划地排除在项目利益之外的群体。

(二) 经济模式

经济模式不同于效果模式，其主要关注成本。经济模式分为生产率和效率两种模式。

1. 生产率模式

生产率是指投入和产出的比率。判断生产率高低的准则有以下10条：过去——已经取得的生产率和过去的相比较；国内比较——同一国家或行政区域相似组织间生产率的比较；国际比较——不同国家相似组织已得到的生产率的比较；水准基点——和过去最好的经验已取得的生产率相比较；目标——已取得的生产率是否符合政治主体的目标，是否与目标一致；顾客期望——是否满足顾客的需要；利益相关者期望——是否满足利益相关者的需要；职业准则——生产率是否满足已被接受的职业准则；最小化——生产率是否满足最小化的要求；最优化——生产率是否与最优化模式一致。

2. 效率模式

效率模式是经济模式重要的表现形式。效率可以从两方面来测量：成本—利益分析和成本—效能分析。前者的政策投入与产出都用货币单位测量，后者政策投入的产出则根据真实效果来测量。

(三) 职业化模式

该模式是指专业人员根据政策目标，从个人角度做出的价值判断，即同行评议。同行评议是指教育政策执行者或教育政策实施对象以个案研究的方式，呈现政策执行过程与成效，通过讨论达到评估目的。

五、教育政策评估的方法

在教育政策评估过程中，应用到的具体方法主要包括比较法、调查法、焦点团体法、参与观察法等。

(一) 比较法

该方法又分以下几种。

前后比较法，即政策实施前与实施后的效果比较，这是最直接、最明显的比较方法，也是判断政策优劣最有力度的证明。

趋势预测与方案效果比较法。趋势预测有的可以通过计算机模拟方式达成，也可以通过一定的指标进行相对客观的预测，这个方法可以检验政策方案的有效性。

对照组比较法，即将参与教育政策的个体与没有参与的个体进行比较。

(二) 调查法

该方法包括抽样、问卷和数据分析等。它是广泛收集描述性资料的有效方法。该方法收集的资料性质多表现为总体性特征，即反映样本整体状况的初步信息。调查法有助于对某一问题整体概况的了解，一般作为前期调研的方法。

(三) 焦点团体法

该方法也称为"焦点访谈法"。它来源于社会学中的群体访谈和历史学中的口述史研究。该方法通过观察不同参与者对同一主题进行的交谈，获得个别访谈所不能得到的多视角的信息互动。在具体操作中，政策评估人员可以针对特定主题采取非正式互动化的讨论方式进行。

(四) 参与观察法

该方法是观察者与被观察者一起生活工作，通过密切接触和直接体验获取真实的政策信息。具体步骤一般如下：确定观察问题、制订观察计划和提纲、进入现场观察、记录资料、整理分析资料、检查观察结果、撰写观察报告。

第六节 教育政策与教育法规的关系

一、教育政策与教育法规的联系

现行的教育政策与教育法规在本质上是一致的，具有深刻的内在联系，主要表现为以下几点。

(1) 教育政策与教育法规都是国家管理教育的重要手段，都是在教育活动中应予遵循的行为准则与行为依据。

(2) 一般说来，教育法规，尤其是教育法律，建立在教育政策的基础上，成熟稳定的教育政策会被立为教育法律。

(3) 教育政策的实施需要"法"的保障。只有合法化的教育政策才能成为真正可供遵循、实施的政策，同时政策实施的全过程都要依法进行。

(4) 教育政策的制定应以法律为依据，法律规定了政策不可能涉及的具体内容。

二、教育政策与教育法规的区别

教育法规作为一种特殊的行为规范，与教育政策又有着明显的差别，主要反映在以下方面。

(一) 基本属性不同

教育法规是通过国家的政权表现出来的国家意志；而党的教育政策是通过政党表现出来的统治阶级的意志，它一般不具有国家意志的属性。

(二) 制定的机关和约束力不同

教育法规是由国家制定和认可的，依其层级的不同，在一定范围内具有普遍的约束力。党的教育政策则由党的领导机关制定，只对党组织和党员具有约束力，对党外群众一般不具有约束力，要使党的政策具有普遍的约束力，必须把它上升为国家意志，转化为国家层面的法规。

(三) 制定的程序不同

教育法规必须严格依照法定程序进行，而党的教育政策是通过党的领导机关会议等形式，在充分展开民主讨论、广泛征求意见的基础上，通过集体研究形成的。

(四) 表现形式不同

教育法规制定以后，通常以条文形式出现，其作为法律规范有着特殊的形式，对法规的适用条件和具体情况、具体行为规则以及违反者所应承担的后果做出确切的表述。在语言表达方式上，法规条文一般都是直接陈述句，且主谓分明，语意清晰，使人们一看就明白谁必须做什么、谁不得做什么、谁可以做什么。而党的教育政策通常以党组织机关的指示、决议、意见、通知等形式表现出来，其文体格式多样，内容大多较为原则性，突出指导性，富有号召力。

(五) 实施方式不同

教育法规以国家强制力保证实施，不是可做可不做，而是必须做的行为；也不是可以这样做或可以那样做，而是必须这样做或那样做的行为。否则，应承担相应的法律责任，这样的实施方式带有强制性。而党的教育政策的贯彻执行，更多地靠宣传教育，靠思想政治工作，靠党组织的领导干部、工作人员模范带头作用，其强制力是有一定限度的。

(六) 稳定程度和调整范围不同

教育法规一般是在总结党和国家的教育政策执行情况和经验的基础上，广泛集中了群众智慧和意见之后确定下来的，它具有长期性、稳定性，不宜随意变动。教育法规一般是对教育活动的根本方向和教育的基本关系加以约束、规范，其调整的范围比教育政策调整的范围要小一些。党的教育政策则随着教育工作形势、任务的变化而需要适时做出调整、修订，使之完善。教育政策制定的灵活性和及时性还决定了教育政策调整的范围更广泛，它可以及时渗透到教育领域的各个方面，发挥其调节、导向作用。

(七) 公布的范围不同

教育法规一经审议通过，必须通过适当方式，在全社会公布，让全体公民知晓，以便大家遵守，对教育法规来说公开是原则，不公开是例外；而党和国家的教育政策不完全在全体公民中公布，有的政策只在一定时期或一定范围内公开。

三、对教育政策与教育法规的关系的把握

要正确处理好实施教育法规与执行教育政策的关系，必须注意以下几点。

(一) 制定和实施教育法规应以教育政策为指导

教育政策不仅指导教育立法的过程，体现在教育法律规范之中，还指导着教育法规的实施。在一些教育法规中，常设有"总则"部分，这部分的某些条文的实质就是政策性的说明。例如，《中华人民共和国教育法》等教育法规中关于立法宗旨的表述，同《中共中央关于教育体制改革的决定》和《中共中央关于加强社会主义精神文明建设若干重要问题的决议》中提出的提高全民族素质的根本指导思想及其有关原则都是一致的。可见，教育法规的制定往往要以教育政策为依据，教育法规的实施也要以教育政策为指导。

(二) 教育政策的落实应以教育法规为保障

将教育政策上升为教育法规，成为人们理解和执行教育政策的规范，排除了理解和执行政策中的主观随意性，即不以党和国家行政机关领导人的更换及其个人注意力的转移而受到影响，从而使教育法规以其特有的强制性成为推动教育政策贯彻落实的保障，成为实践教育政策的强有力的手段。历史经验证明，将教育政策与法规结合起来加以贯彻、实施，是教育改革与发展的动力与保障。

(三) 推行教育政策不能超越教育法规所规定的范围

尽管教育法规的制定和实施应当以党和国家的教育政策为指导，但这并不意味着教育政策可以随意左右教育法规的制定或超越教育法规规定的范围。在贯彻落实教育政策时，必须自觉维护教育法规的尊严，必须有助于教育法规的实施。民事主体从事民事活动，不得违反法律，不得违背公序良俗。

在处理教育政策与法规的关系时，应该注意两种偏向：一是片面强调教育政策的主导作用、决策作用；二是片面扩大、夸大教育法规的作用。前者在实践中容易形成重政策、轻法规，以政策性文件取代教育法规的状况，只讲依政策办事，不讲依法办事；后者只讲依法办事，忽视教育政策在教育活动中的重要作用。对于这两种倾向，在实践中都应当注意防止和克服。

第七节 教育政策与教育法规的地位及功能

一、教育政策在国家政策体系中的地位

在党和国家的政策体系中，教育政策占有十分重要的地位。认识教育政策所处的地位，有利于加深对教育政策的理解，增强执行教育政策的自觉性。

(一) 教育政策是国家政策不可或缺的组成部分

从政策所涉及的社会生活领域进行分类，国家政策一般分为政治政策、经济政策、社会政策、科技政策、文教政策五大类。现代国家事业是一个巨大的系统，组合成这一系统的各个要素是密切关联的。国家政治、经济、社会、科技、文教等事业的发展是相互依存、相互作用、相互促进的。国家为保障与促进各类事业的发展，必须制定和颁行与之相适应的政策。譬如，为了经济的发展而有经济政策，为了社会的发展而有社会政策，为了教育的发展自然也有教育政策。在保障与促进教育事业本身的发展并通过教育促进国家政治、经济、社会、科学、文化等事业的发展中，教育政策显然是不可或缺的。教育政策与政治政策、经济政策、社会政策、科技政策等一起构建起完整的国家政策体系，是国家重要的公共政策之一。

教育政策作为国家政策的重要组成部分，不仅表现在教育政策可以相对于政治政策、经济政策等而独立存在，同时也表现在教育政策总是寓含于或渗透在国家其他各类事业发展的政策中。首先，国家的总政策或基本政策中有对教育政策的表述。例如中华人民共和国成立初期通过的《中国人民政治协商会议共同纲领》和后来颁布的《中华人民共和国宪法》中，均有对国家文化教育政策的郑重规定。中国共产党历次代表大会的决议或国家关于经济建设与社会发展的各项重要的宏观政策性文献，也都含有关于教育政策的规定与表述。其次，国家各类政策中，均程度不同地含有教育政策内容。国家政治、经济、社会、科技等方面的发展都离不开教育的推动；旨在促进各类事业发展的各类政策中，都不可避免地含有有关教育的政策。也就是说，国家的政治政策中含有有关教育的政策内容，国家的经济政策中亦含有有关教育的政策内容，以此类推，国家的社会政策、科技政策中均含有有关教育的政策内容，于是教育政策也就成为各类政策的构成要素。例如国家社会政策中的人口政策，国家政治政策中的民族政策，分别包含着提高人口素质的教育政策和促进各民族教育发展的教育政策。我国经济政策中的农业政策、工业政策等也都有着依靠教育的发展促进农业与工业发展的政策规定。

(二) 在现代国家的政策体系中，教育政策具有独特的重要地位

在现代国家政策体系中，教育政策是一种相对独立的政策体系。教育政策有其特有的内涵，有其特有的体系与结构。这是与教育自身作为一个独立的体系相联系的。一般说来，国家存在着什么样的教育形态或国家通过何种方式去发展教育，决定着需要怎样的教育政策。在构成国家整体发展的总系统中，教育是一个相对独立却又十分复杂的子系统。教育有多种层次、多种类别、多种形式，教育发展不仅受到教育内部环境及自身条件的制约，同时也受到社会外部环境及外在条件的制约，这一切决定着教育政策的多样性、独立性，也决定着教育政策与其他政策的关联性。

教育政策的相对独立性也决定着教育政策在国家政策体系中的相对独立的地位。现代国家教育事业发展的重要性和教育事业在国家各类事业中具有与日俱增的重要地位决定着教育政策的重要性和教育政策在现代国家政策体系中的重要地位。中共中央、国务院《关于深化教育改革全面推进素质教育的决定》指出："当今世界，科学技术突飞猛进，知识经济已见端倪，国力竞争日趋激烈。教育在综合国力的形成中处于基础地位，国力的强弱越来越取决于劳动者，取决于各类人才的数量和质量，这对于培养和造就我国21世纪的一代新人提出了更加迫切的要求。"教育既然面对如此重要的历史使命，那么应该制定怎样的教育政策，以使教育能更好地为培养和造就新世纪的新人服务？这是全社会尤其是教育工作者应该深深思索的问题。在这样的背景下，教育政策特有的功能及其在国家政策体系中的特有地位也就更加鲜明地呈现了。

教育政策作为一种相对独立的政策体系，也反映在教育政策体系内部存在着各种类别、各种层次的具体教育政策。这些具体的教育政策既相互依存，又各有其特定的作用，因而也各有其相对独立的政策地位。每一具体的教育政策总是针对具体类别或具体形式的教育发展而言的，这种具体的教育政策是无法彼此替代的。例如，基础教育政策是服务于基础教育的发展需要，职业技术教育政策是服务于职业技术教育的发展需要，它们彼此是相对独立地发挥着政策的功效与作用的，这种具体的教育政策在教育政策体系中亦有其特有的意义与地位。所以，教育政策体系在国家政策体系中的相对独立甚或独特的地位，不仅体现在它与其他类别的政策相比较不可或缺地存在着，同时也体现在教育政策系统内部各种政策的相对独立的价值与意义。

二、教育法规在国家法律体系中的地位

如同教育政策在国家政策体系中具有重要地位一样，教育法规在国家法律体系中亦具有十分重要的地位。

(一) 关于教育法规在国家法律体系中所处地位的不同主张

法律体系是由不同法律部门的现行规范所组成的有机统一整体。在这一统一整体中，教育法律(或法规)同样是不可或缺的。教育法规在国家法律体系中究竟处于何种地位？目前，国内法学界与教育界对这一问题有两种不同的认识与主张。

一是把教育法规归属于国家行政法规之中。这曾经是人们普遍的看法。我国高校通用的法律基础教程或相关教科书，大都把教育法规归为行政法律制度，将其作为行政管理法规的一个内容与方面。教育法规因而与集会游行示威法和治安管理处罚条例等相联系，共同组合成行政法规体系。在传统的甚或现行的一些教科书中，教育法规显然没有刑法、民法等那样具有相对独立的法律地位。教育法规归属于行政法的主要理论依据来源于"国家教育权"论。这种理论认为，教育事业是国家和地方的公共团体事业，是国家行政的一部分，因此，教育法规也是有关教育行政的法规，是行政法规的一部分。

二是认为教育法规应成为一个独立的法律部门，应在国家法律体系中具有相对独立的地位，即认为教育法规可构成一个相对独立的科学法律体系。持这种观点的主要理论依据是教育与教育行政不能完全等同，教育制度特有的法理构成了教育法规特有的体系和领域，认为教育法规有特有的教育关系作为调整对象，有特有的法律关系主体和法律基本原则，并有相应的处理方式，因而应成为现代国家法律体系中一个相对独立的法律部门。

(二) 对教育法规应成为一个相对独立的法律部门的进一步分析

教育法规自身能否建构起一个相对独立的法律部门？教育法规在国家法律体系中是否具有独立的地位？这里的回答是肯定的。对这一问题做出肯定回答的基本理由有以下几点。

第一，在社会生活中，教育已构成日益重要的独立的社会职能部门。社会各种行业均与教育行业发生着深刻的联系。教育活动过程中存在着极其复杂的社会关系，要求有一种系统的、相对独立的教育法规予以调整。相对于社会其他部门而言，教育活动中产生的各种关系具有鲜明的特殊性与相对独立性的特征。在社会活动中，教育有自身运行的客观规律，教育活动有特定的主客体关系，这一特定的主客体关系不仅是针对整个教育活动而言，即使在任一具体的教育过程中，这一特定关系也显而易见。调整教育关系的任务是调整其他社会关系的法律部门所难以承担的，只能主要由教育法规这一独立的法律部门承担。从这一意义上看，教育法规在法律体系中应该具有独立的地位。

第二，从法律体系中，法律部门划分的标准和科学依据看，教育法规是可以独立作为法律部门的。法学原理告诉我们，划分法律部门的主要标准是该法律所直接调整的对象的社会关系的性质，同时也辅之以调整方法。如调整公民人身与财产关系的法规构成民法，调整婚姻家庭关系的法规构成婚姻法，调整社会各种经济关系的法规构成经济法，而调整社会各部门、各团体与教育的关系及调整教育内部各种关系的法规的总称也应构成教育法。

教育法规体系的独立建构已经不只是一种理论要求，现代教育立法的实践已经逐步朝向这一目标而努力。国际教育立法所经历的正是一种从零星立法到专门立法再到立法综合化、体系化的道路。进入20世纪80年代以来，我国教育法规建设也在开始步入系统化阶段。教育法规的系统化建构正在深入，是社会加强法治建设和推进教育事业不断发展的双重要求。

(三) 对教育法规在国家法律体系中具有独特的重要地位的再认识

无论是将教育法规归属于行政法规之中，还是让教育法律自身建构起相对独立的法律体系，我们均不可忽视的一个事实是，在现代社会中教育法规在国家法律体系中愈来愈占有独特的重要地位。之所以如此认识，是基于以下几点。

其一，依法治国要求加强教育法规建设。依法治国是我国的基本国策。中华民族的继续振兴与持续发展必须走依法治国之路，这已成为全党、全社会的共识，并已成为全党、全社会的共同意志与行动。依法治国具有丰富的内涵，同时又是一个综合性的概念。依法治国要求依法治理涉及国家稳定与发展的各种大事。教育事业在社会各类事业中具有举足轻重的地位，是最具战略意义的社会事业。依法治国寓含着依法治教。依法治教是依法治国的重要内容，也是依法治国的深切体现。依法治教首先要有法可依，这就需要有较完备的教育法规体系。只有各级各类教育事业的发展均有法可依，才能构成依法治教的良好基础，也才能为依法治国奠定良好的基础。

其二，完善教育法规体系是完善国家法律体系的重要内容。依法治国需要有完善的国家法律体系，而完善的国家法律体系需要有完善的教育法规体系。在国际人才竞争日趋激烈的今天，完善的教育法规体系不仅对依法治教具有重要的现实意义，同时也是健全与完善国家法律体系的必然要求。在实施科教兴国的基本国策中，教育法规在国家法律体系中自然也占有越来越重要的地位。

其三，加强教育法规建设是教育发展的实践需要。20世纪80年代以来，我国虽然在不断加强教育法规建设，先后制定和颁布了多部教育法规，但从总体上看，教育法规建设与教育改革和发展的实践需要还存有一定的差距。21世纪，我国教育事业正处在新的发展过程中，面临着新的发展机遇与挑战，也面临着种种新的矛盾与问题，要有效地规范与引导教育事业继续健康发展，必须继续加强教育法规建设，以此推进依法治教。教育事业发展的实践正在强烈地呼唤加强教育法规建设，由此也表明，加强教育法规建设在新世纪教育事业的发展中具有更加重要的意义。

三、教育政策与教育法规的功能

教育政策与教育法规的功能是指教育政策、法规对教育改革和发展所发挥的功效与作用。教育政策与教育法规的功能是客观存在的，同时也是主观追求的。制定与实施教育政策和教育法规，总是着眼于教育改革和发展的实践需要，并且直接地为教育实践服务。任何教育政策与教育法规的实施，均会给教育实践带来影响。这种影响或有强烈与微弱之分，或有深刻与浅显之别，或有持续与即时之异，或有积极与消极之谓。但是，无论教育政策与教育法规的影响有着怎样的不同，都是其各类功能的显现。

教育政策与教育法规究竟有着怎样的功能？立足于对功能的正面阐述，我们将教育政策与教育法规的功能概括为规范性功能、导向性功能、激励性功能、调节性功能和管理性功能。

(一) 规范性功能

所谓规范性功能，主要是指教育政策与教育法规为教育事业的发展提供了相关的规范和标准，起着规范和约束的作用。在实施教育活动中，教育政策与教育法规的规范功能是非常重要的。在教育事业的改革与发展过程中，必须制定一系列相关的政策与法规来规范相关教育行为，从而做到有政策可依、有法律可依。教育政策与教育法规是依法治教的重要条件。通过完善教育政策和教育法规能保证更好地依法治教。随着社会的不断变化发展，教育政策与教育法规在不断完善。通过制定一系列配套的教育政策和教育法规，我国已经将教育事业管理和发展全面纳入法治轨道，依法治教已成为依法治国的重要组成部分，成为党和国家管理教育的基本方略。

教育政策与教育法规总是带有鲜明的规定性，规定应该做什么或是应该怎样做，具有约束和规范的作用，从而为人们的教育行为提供了一个模式、规则和标准，可以使人们在教育方面的行为更加具体明确，以利于国家对教育的管理。如《中华人民共和国义务教育法》(以下简称《义务教育法》)第十一条就规定："凡年满6周岁的儿童，其父母或者其他法定监护人应当送其入学接受并完成义务教育。"这便是由法律明确规定父母或者其他监护人"应该这样行为"。同时教育政策和教育法规中也包含了对阻碍、干扰教育发展行为的限制与制约，如从对适用范围的限定、对法律责任的追究等，从而规范教育行为。如《中华人民共和国教师法》第三十五条规定："侮辱、殴打教师的，根据不同情况，分别给予行政处分或者行政处罚；造成损害的，责令赔偿损失；情节严重，构成犯罪的，依法追究刑事责任。"这就规定了对违法者的惩罚措施。在这里，明确规定了"不应该这样行为"及其法律后果，从而通过上述命令性规范和禁止性规范两个方面来指引父母或者其他监护人正确行为。

(二) 导向性功能

所谓导向性功能，是指教育政策与教育法规对教育行为具有的引导作用。教育政策与教育法规为社会的发展和教育行为规定了发展和行动的目标，确定了方向，使教育行为由复杂、冲突、无目的转向清晰、统一、明确，有利于引导教育行为有序地进行。同时，教育政策与教育法规的制定具有前瞻性，其研究和规定不仅着眼于现实生活，更是对现实和经验的研究、总结，能预测和引导教育活动的未来走向。

教育政策与教育法规的导向功能之所以能存在和发挥作用，很重要的原因在于它能够有效地统一人们的意志，使得人们能够按照政策、法规的原则与要求行动，从而达到最大限度地保障教育目标顺利实现的目的。导向作用的形式表现为直接导向和间接导向两种。前者是指教育政策与教育法规对其调整对象的直接作用。例如，2014年教育部印发的《完善中华优秀传统文化教育指导纲要》提出要"落实立德树人根本任务，进一步加强新形势下中华优秀传统文化教育"，这就体现了当前教育中更加重视中华优秀传统文化的导向，而在中小学教育教学中不断地渗透中华传统文化会成为下一步的教育重点。可以说，这是对教育活动的一个直接的导向作用。再如，提高教师地位和生活待遇的政策会间接影响人们就业的选择，引导青年学生积极报考师范院校。这些都会产生一些间接的导向作用。因此，我们在制定和实施教育政策与法律时，既要重视其直接导向功能，也不可轻视其间接导向功能。

教育政策与教育法规的引导作用可具体表现为，通过教育政策和教育法规，推出相关的促进教育事业发展的行为规范或重大措施，为教育事业的发展提出明确的目标。如《国家中长期教育改革和发展规划纲要(2010—2020年)》就为我国教育发展提出了相关目标，如明确了教育改革和发展的指导思想、工作方针、战略目标和战略主题以及各级各类学校的发展任务等。这些措施的提出对促进教育事业的发展具有明显的导向作用。当然，教育政策与教育法规的导向功能发挥也会受到其他因素的制约，如教育政策和教育法规的目的与目标是否明确、是否合理，教育政策和教育法规的表述是否准确、无歧义并且易于理解等。

(三) 激励性功能

所谓激励性功能，是指教育政策与教育法规客观上起着一种激励、鼓舞、促进教育事业不断向前发展的作用。激励性功能是教育政策与教育法规的力量所在。教育政策与教育法规是否能真正发挥激励性功能或将激励性功能发挥到何种程度，取决于教育政策、法规的品质或质量。只有品质优良的政策、法规才能对人与社会的教育行为产生良好的影响。而品质优良的教育政策与教育法规则应是"符合民意""顺乎民心"，代表人民的教育意志与愿望，真正把握教育改革与发展的潮流与趋向的。

教育政策与教育法规的激励功能首先表现为能在广泛的层面上得到大众的认同与

响应。真正代表人民利益的教育政策与教育法规必然是最具有激励性功能的。因为这种政策、法规是人们所期盼与渴望的，往往寓含着对传统政策的必要调整与改革，同时又用法律的形式保障人们对教育事业的合理追求。当它得到人们真心实意的拥护的时候，必然会焕发起巨大的热情与力量。例如，"文化大革命"结束后，我国教育界及时终止"推荐选拔"制度，实施恢复高考政策。这一重大的政策调整顷刻间在全国产生强烈的影响，唤起无数青年学子追求科学、追求知识的热情，并使国家人才培养迅速步入正常轨道。

其次，教育政策与教育法规能激发人们对于教育政策与教育法规实施的积极参与。从拥护政策、法规，到积极、自觉地践履政策、法规，这是政策、法规产生威力的深刻表现。例如，20世纪80年代以来，我国制定了一系列关于基础教育的政策、法规，尤其是颁布了《中华人民共和国义务教育法》，因为这些政策、法规真切地代表着人民群众的根本利益，体现着教育权利与机会的平等，所以能在最广泛的层面上唤起人们的积极参与，有力地保障着我国基础教育的顺利实施。

(四) 调节性功能

教育政策与教育法规的调节性功能，是指教育政策和教育法规在社会发展过程中能起到协调和平衡各种教育关系的作用。教育政策与教育法规是调整各级各类教育内部关系、调整教育与外部关系的重要杠杆。教育政策与教育法规对社会的干预作用在本质上是对各种利益关系的协调。教育是涉及老百姓自身利益的事业，同时也是一个庞大的系统工程，由众多要素组成，不仅存在着教育系统内部的各级各类教育间的多种关系和结构，也存在着教育系统和国家政府社会、家庭之间的相互关系和影响。在这众多复杂的关系和利益中，各利益群体、利益团体的利益要求不同，从而导致了社会利益的复杂化和多样化。这些利益有时相互一致，有时会差别很大，甚至会导致利益的摩擦和冲突，而这种冲突达到一定程度时，就需要对其出现的失衡状态加以协调与控制，从而使之形成一个新的平衡状态。

因此，一方面，教育政策与教育法规的调节性功能表现出多维性和动态性。教育政策及教育法规是调整政府与学校、校长与教职工、教师与学生以及学校之间、教师之间关系的重要杠杆，是教育有序有效运转的重要保障。教育政策和教育法规调节的对象是多方面的，调节的过程是在教育活动发展中不断变化的。例如，2006年6月29日，第十届全国人民代表大会常务委员会通过了修订的《中华人民共和国义务教育法》(以下简称《义务教育法》)。这次修订，就是为了协调当前公共教育资源分配不均衡而进行的相应调整。2006年《义务教育法》所要协调的对象不是单一的而是多方面的，它包括协调学生、家长、学校、教师、教育主管部门和财政部门等之间的利益、权利和责任关系，呈现多维性特点。义务教育相关政策法律的规定和调整使得各方面的利益有章可循，从而构筑教育管理体制、教育运行机制的基本框架和规则，使教育行政管理活动和学校教育教学活动得以正常进行。同时,《义务教育法》的修订也体现出教育政策与教育法规的动态性特点。我国1986年颁布的第一部《义务教育法》在义务教育普及与发展中发挥了重要作用。但是,随着经济社会的发展又出现了一些新的问题,如义务教育的发展很不均衡、义务教育投入明显不足、农村教师队伍水平和质量不能适应义务教育发展要求等,而这些都推动了2006年《义务教育法》的出台。

另一方面,教育政策与教育法规的调节性功能表现出适度性,即教育政策与教育法规在协调各方利益主体时,要把握不同群体利益需求的最佳满足界限。同样,以2006年《义务教育法》中对义务教育经费来源问题的规定为例,在《义务教育法》修订之前,我国在义务教育的投入问题上一直强调的是以政府投入为主,多渠道筹措资金的体制。但是在实际中,农村义务教育经费严重不足和义务教育经费分配不均衡,已成为我国义务教育发展面临的大难题。针对这点,2006年《义务教育法》力图建立一种新型的由国务院与各级人民政府共同负担,省级政府负责统筹落实的义务教育投入体制。如2006年《义务教育法》第二条规定,国家建立义务教育经费保障机制,保证义务教育制度实施,第四十二条第一款则提出"国家将义务教育全面纳入财政保障范围,义务教育经费由国务院和地方各级人民政府依照本法规定予以保障。"这意味着各级政府财政将成为义务教育经费的主要来源和最终保障,各级人民政府有责任根据义务教育发展的需要,按时、足额拨付义务教育经费。这就突出强化了省级人民政府的投入责任,适度地协调了中央和地方政府的责任,有利于保障地方更为合理地配置义务教育资源,解决省域范围内义务教育的不均衡问题。可见,协调教育改革和发展过程中的矛盾和冲突要依据合理性、合法性和有效性的标准,要以相关的教育政策、法律为依据,遵循教育发展的基本规律,同时还要考虑"以人为本",考虑人的成长与发展的需求。

2018年12月29日,根据第十三届全国人民代表大会常务委员会第七次会议《全国人民代表大会常务委员会关于修改〈中华人民共和国产品质量法〉等五部法律的决定》,《义务教育法》再次进行修订。

(五) 管理性功能

教育政策与教育法规的管理性功能,主要是指教育政策与法规对教育行为所具有的管理作用。教育工作离不开管理,教育政策和法规是教育行政管理和学校管理的依据。教育政策与法规是由政府主导制定和执行的,并依托国家公权力来发挥调节和管理作用。因此,它们除了服务教育发展之外,还要传递某种政治价值观,协调和管理教育与其他社会活动的关系等。同时,教育政策与教育法规的贯彻执行离不开及时有效的管理。教育政策与教育法规的贯彻执行往往不是一帆风顺的,教育决策者及政策对象的错误思想和行为会在相当大的程度上影响和妨碍政策的贯彻落实。为了防范和纠正这些不良现象和越轨行为,保障教育政策与教育法规得到正确的贯彻执行,我们必须强化教育政策与法规的管理功能。

第一，教育政策与教育法规的管理性功能是通过计划、控制、协调等方式进行的。通过教育政策与教育法规，教育部门可以对教育工作进行规划与部署，以保证教育活动有目的、有秩序地进行，同时保证教育活动合法地进行。例如，《国家中长期教育改革和发展规划纲要(2010—2020年)》《面向21世纪教育振兴行动计划》等都是重要的政策性文献，它们对教育事业改革和发展进行了部署和规划。

第二，教育政策与教育法规的管理性功能体现在通过政策和法规对教育活动实施有效的控制。教育政策与教育法规的控制功能具有两个明显的特点：一是强制性。如对各项教育事业进行广泛的监督检查，及时发现和纠正教育事业发展中的不合理因素，以保障教育事业的正常运转和发展。在监督检查过程中，凡违背法律与政策的行为都要受到批评；凡符合法律与政策的行为，就要受到保护和鼓励。二是惩罚性。任何一项教育政策或任何一部教育法规都是一定阶级利益和意志的体现，违反了政策与法规，就必须要受到谴责和惩罚。例如，为在全社会树立尊重教师、关心教师的社会风尚，切实保护教师的权利和利益，《中华人民共和国教师法》第三十五条规定："侮辱、殴打教师的，根据不同情况，分别给予行政处分或者行政处罚；造成损害的，责令赔偿损失；情节严重，构成犯罪的，依法追究刑事责任。"

第三，教育政策与教育法规的管理性功能还可以通过对受教育权利、资源以及教育行政权的分配和调整来实现。教育政策与教育法规的分配功能主要是为了有效地促进资源配置的合理化，最大限度地发挥资源的效能。教育系统中的资源分配是不平衡的，在资源供给、获得与占有的过程中，经常会产生不同的需求和利益冲突。教育政策与教育法规主要协调的就是这些需求和冲突，而教育政策与教育法规要体现自身的公益性，要站在维护公共教育利益的立场来分配和协调教育利益相关群体间的教育利益。因此，在资源分配中，教育政策与教育法规要兼顾公平和效率。其中，效率问题主要解决的是如何对资源有效使用的问题，而公平问题主要解决的是由谁对资源进行使用的问题。例如，教育部颁发的《关于进一步做好进城务工就业农民子女义务教育工作的意见》要求保障农民工子女接受义务教育的权利，要求流入地政府采取多种形式，接收农民工子女在当地的全日制公办中小学入学，在入学条件等方面与当地生一视同仁，不得违反国家规定乱收费，对家庭经济困难的学生要酌情减免费用。这一政策是基于对弱势群体的补偿原则，重点在于协调农民工随迁子女与流入地学生之间的资源分配问题。

以上对教育政策与教育法规的功能做了一个初步的分析，这种分析是从正向的、积极的方面入手的。然而，在不同的社会制度与不同的经济、文化背景下，教育政策与教育法规的制定会呈现不同模式与特征。"好"的教育政策与教育法规可能会产生良好的影响与作用，"不好"的教育政策与教育法规则会产生消极的影响与作用。所以，教育政策与教育法规的功能在整体上具有双重性特征，即有正向功能与负向功能之分。认识功能的这种分野，一方面有利于在执行政策、法规时尽量趋利避害，彰显正面功能，克服负面功能；另一方面需要更多地反思政策、法规本身，促进政策、法规的完善。

【小　　结】

1. 教育政策的基本特征：利益倾向、目标倾向、合法性与权威性、功能多样性、价值相关性、过程及阶段性。

2. 教育政策决定的基本阶段：明确政策目标、方案设计、方案抉择、政策合法化。

3. 教育政策的执行原则：忠实性原则、创造性原则、合法性原则；教育政策的执行方式：政策宣传、行政方式、经济方式、法律方式；教育政策的执行过程：准备阶段、宣传阶段、试点阶段、推广阶段、合法化阶段。

4. 教育政策评估，是指依据一定的评价标准，对教育政策运行的全过程进行系统的综合的分析与判断，总结政策运行的成绩与经验，揭示存在的问题与不足，从而为修订和完善教育政策，并为实现教育政策的更良性运行服务。

5. 评估模式具体可分为目标达成评估模式、附带效果评估模式、无目标评估模式、综合评估模式、顾客导向模式、利益相关者模式、经济模式、职业化模式8种。

6. 教育政策与教育法规在本质上是一致的，具有深刻的内在联系。教育法规作为一种特殊的行为规范，与教育政策又有着明显的差别。

7. 教育政策与教育法规的功能可归纳为规范性功能、导向性功能、激励性功能、调节性功能和管理性功能。

【课后练习】

一、选择题

1. 下列不属于教育政策的基本特征的是(　　)。
A. 利益倾向　　　　　　　　B. 目标倾向
C. 功能多样性　　　　　　　D. 系统动态性

2. 下列属于教育政策执行的基本组成要素的是(　　)。
A. 执行方案　　　　　　　　B. 执行主体
C. 执行机构　　　　　　　　D. 施行对象

3. 下列属于教育政策与法律的功能的是(　　)。
A. 系统性功能　　　　　　　B. 规范性功能
C. 导向性功能　　　　　　　D. 激励性功能

二、填空题

1. 教育政策的执行原则包括_____原则、创造性原则、合法性原则。

2. 教育政策的执行一般包括_____个步骤。

3. 依据政策评估主体来源划分，教育政策评估可分为_____与_____。

4. 教育法规是通过国家的政权表现出来的_____；而党的教育政策是通过政党表现出来的_____意志。

三、简答题

1. 教育政策大致可分为哪几种类型？
2. 简述教育政策评估的模式。
3. 简述教育政策与教育法规的联系与区别。
4. 简述教育政策和法规在国家政策体系中的地位。

第二章 教育法概述

学习目标

1. 学习教育法的含义及特性
2. 重点掌握教育法的基本原则
3. 学习教育权与受教育权的相关内容
4. 了解教育法的法律渊源和体系构成
5. 学习教育法律规范的含义、结构和类型

知识结构图

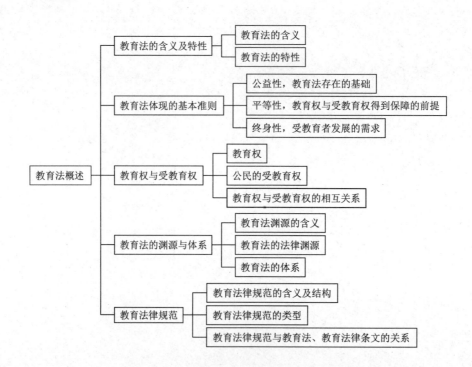

引言

每一部教育法的诞生，都标志着我国教育进入了一个新的发展阶段，构成指导和保障教育事业发展的一系列制度与准则。法律将维护教育的公平公正、促进教育均衡发展。作为一项重要指导思想，教育法对全面实施素质教育、保障教育投入、提高教育质量、推进义务教育均衡发展等方面问题做出规定，为我国教育的持续、健康发展带来有力的制度保证。

那么，什么是教育法？教育法坚持哪些原则？教育法的法律渊源和体系构成是怎么样的？教育法律规范的含义、结构和类型又是如何定义的？本章将围绕这些问题具体展开。

第一节 教育法的含义及特性

随着我国教育事业的蓬勃发展，"依法治国""依法治教"的观念日益深入人心，教育立法正在迅速推进，和教育有关的法律也渐成体系，成为我国法律体系中一个独立的法律部门。要想深入理解教育法的精神，就必须理解教育法相关的概念和原理，如教育法是什么，教育法有什么特性等。

一、教育法的含义

教育法有广义和狭义之分。根据制定教育法的主体性质的不同，广义的教育法是指国家制定或认可，并由国家强制力保证其实施的，调整教育活动中各种社会关系的法律规范的总和。这一定义我们可以从以下三个方面进行理解。

首先，教育法是国家意志的结果，制定或认可是教育法的形成方式。也就是说，教育法是国家意志在教育方面的反应，任何个人都无权制定或认可教育法。制定教育法要由国家机关依据法定的权限和程序来完成，通过制定，形成教育方面的具有法律效力的规范性文件。认可教育法要由国家机关通过一定的形式来完成，通过认可，赋予某些已经存在的教育方面的习惯、判例等以法的效力，成为教育法的一部分。

其次，教育法由国家强制力保证其实施，强制性是教育法的本质特性。道德规范、宗教戒律、社会习俗等社会规范对人和社会组织都有一定的约束力，但这些社会规范的实施是以人的自觉自愿为前提的，其强制性也仅限于个人所能接受的范围。而法律则不同，它以国家的强制力为后盾，由专门的国家机关以强制力保证实施。所以教育法的强制性表现为教育法的实施有特定的国家机关做保证。一旦形成教育法，教育法所调整的法律关系主体就应当依法行使相应的权利，履行相应的义务。对违反教育法的行为，法律授权的国家机关有权依据法律规定做出一定的处理。

最后，教育法是调整教育活动中各种法律性社会关系的行为规则。人的任何活动都是按照一定的规则进行的，游戏有游戏的规则，教育也有教育的规则。遵守规则就能够使教育活动有序进行，不遵守规则就会受到一定的惩罚。实际上，教育法就是教育主体在教育活动中的行为规则体系。在教育活动中会发生许多社会关系，它们可以在教育者之间、教育者与受教育者之间、受教育者之间、教育者与社会之间、受教育者与社会之间表现出来。当教育活动中的某种社会关系需要以法规范的时候，这些社会关系就成为教育法所调整的范畴，教育法会为这些社会关系的调整确定行为规范。

狭义的教育法主要是指调整教育行政关系的法规的总称，把教育法看作行政法的分支，把教育法所调整的对象限制在教育行政关系方面。

二、教育法的特性

教育法的特性是指教育法与其他社会现象、社会规范相比所具有的特殊性。

(一) 教育法是调整教育活动中人的行为的社会规范

教育法是一种社会规范，它调整的是人与人之间的社会关系。教育法的调整对象是明确的，其调整和规范的始终是国家机关、政府及其教育行政机关、学校以及其他办学组织、教师、学生、学生家长的教育行为以及由此所引起的各种教育关系。作为调整人的行为的社会规范，它不同于其他的社会规范，因为它以公共权力为后盾，以强制性为根本特性，以维护和形成基本的社会秩序为目的，这是其他社会规范所不具有的特殊性。

(二) 教育法是具有普遍性的社会规范

教育法是法律体系中的一部分，也是具有普遍性的社会规范。教育法的普遍性表现在三个方面：一是指在国家权力所及的范围内，教育法具有普遍的约束力。教育法律在其规定实施的区域和适用的对象方面是没有例外的，具有普遍的适用性(例外情况都要在该法中加以确定)。二是指法律面前人人平等。无论谁违反了法律，都应受到法律的制裁。三是指教育法的内容具有与人类普遍要求相一致的趋向。因为教育法所调整的是人与人之间的社会关系，它要受到一定的社会发展规律的制约。因而，教育法所反映的内容必然要与人的普遍要求相适应，否则就会受到规律的惩罚。

(三) 教育法是由国家强制力保证其实施的社会规范

不同的社会规范都有保证其实施的社会方式，但其实施的范围、程度、性质是不同的。例如，对不道德的行为可能通过舆论进行谴责，通过信念进行纠正等。与其他社会规范相比，教育法具有国家意志性，这种意志是大多数公民的共同愿望和要求。教育法的实施没有相应的强制执行部门，有国家强力部门做后盾，对违法的行为要通过军队、警察、监狱等暴力手段进行强制处理。所以，教育法是具有外在强制性的社会规范，其实施需要通过强制手段来保证。

典型案例

南昌8所学校幼儿园食堂无证经营被立案查处

2018年6月5日至7日，为巩固前期改革成果，督促学校、幼儿园落实食品安全第一责任，南昌市食药监局分两个督查组，分别对各县区、开发区、新区的学校、幼儿园食堂食品安全进行了"回头看"专项检查，随机抽查了学校、幼儿园食堂20所，发现问题45个，对8所未取得《食品经营许可证》的学校、幼儿园食堂，要求属地监管部门立案查处。此次检查中发现大部分学校、幼儿园能够重视食堂食品安全工作，制度建设不断健全，基础设施建设逐步优化，食品安全管理水平有所提高，对前期专项检查发现的问题进行了整改。但也发现，部分学校对食品安全重视不够，存在食品安全主体责任不落实，对专项整治发现的问题不整改、选择性整改或不彻底整改等问题，食品安全隐患仍然存在。

此次专项检查的结果出来以后，南昌市食品药品监督管理局要求各类学校、幼儿园要建立以校长、园长为第一责任人的食品安全管理机构，签订食堂食品安全管理责任书(状)，每学期研究召开食品安全工作会不少于3次，针对检查发现的问题要按要求及时整改到位，加强学校、幼儿园食堂食品安全自律管理。

资料来源：南昌晚报.南昌8所学校、幼儿园食堂无证经营被立案查处. [EB/OL]. (2018-06-14)[2020-06-03]. http://www.jx.chinanews.com/news/2018/0614/18650.html.

课堂讨论

食堂无证经营被查处，应由谁承担主要责任？

第二节 教育法体现的基本准则

教育法要调整教育活动中人的行为，就必须反映教育存在的价值，反映教育在社会活动中的作用。因此，教育法也要体现一定的价值标准，以更好地为人的发展服务，为社会培养更多的人才。

一、公益性，教育法存在的基础

《中华人民共和国教育法》(以下简称《教育法》)第八条第一款规定："教育活动必须符合国家和社会公共利益。""公共利益"被《现代汉语词典》称为"公益"。教育法的公益性原则要求教育法在制定调整教育活动中的人的行为规范时，要以国家和社会的公共利益为出发点，通过教育法的约束力量保证公共利益的实现。教育法体现公益性是教育本身具有公益性的必然要求。《世界人权宣言》规定："人人都有受教育的权利，教育应当免费，至少在初级和基本阶段应如此。初级教育应属义务性质。技术和职业教育应普遍设立。高等教育应根据成绩而对一切人平等开放。""教育的目的在于充分发展人的个性并加强对人权和基本自由的尊重。教育应促进各国、各种族或各宗教集团间的了解、容忍与友谊，并应促进联合国维护和平的各项活动。"这些规定表明，教育是一个民族、一个国家乃至整个世界的共同事业，因为它涉及能否保障每个人充分发展个性的权利和享受基本自由的权利，而每个人的权利又构成国家和社会的利益整体，教育有责任为保障这些权利的实现提供条件，做出努力。因此，教育是公益性事业。教育法是保障教育活动有效进行的行为准则，也必须体现教育的公益性。

教育法要体现教育的公益性。首先，要在法律规范中明确教育不能以营利为目的，无论任何性质的教育机构均应如此。其次，规定教育面向全体公民，体现国家和社会的公共利益，以积极的行为保证国家和社会的公共利益不受侵犯，对违反国家法律的教育行为追究责任。再次，要求教育依据人的身心发展特点设计教育教学活动，为每个人的充分和谐发展创造条件。最后，强制国家履行义务，为保证教育的生存和发展提供必要的资源。

二、平等性，教育权与受教育权得到保障的前提

(一) 平等性的必要性

平等作为人类的理想和现代国家政治的原则，是通过法律来体现的。人类平等的理想在法律中直接转化为"法律面前人人平等"的原则，从而为平等的实现提供了法律方

面的保证。法律在其效力范围内平等地适用于所有人。也就是说，所有的人在这个范围内都要遵守法律规范。同时，法律又平等地承认和保护所有人的合法权益，并使其履行义务，不允许任何人逃避责任，有超越法律之上的特权。

立法的目的就在于创建一种建立在平等基础上的制度环境，使人和人之间的法律地位平等，避免侵权行为的发生。教育法也是以平等作为其法律过程的基本原则之一，以追求教育平等作为基本理念。教育法坚持平等性原则包括保证教育者之间的权利平等、受教育者之间的权利平等以及教育者和受教育者之间的权利平等。教育者包括政府机构及其公务人员、学校及其他教育机构、教职员工、家长等，受教育者主要指学生。在教育者之间、受教育者之间，以及教育者和受教育者之间，存在着横向和纵向的权利关系。对教育者而言，国家和学校、政府机构和学校、学校和学校、学校和教职工、学校和家长之间需要进行权利分配。对受教育者而言，学生和学生之间需要进行权利分配。对教育者和受教育者而言，政府机构和学生、学校和学生、家长和学生之间需要进行权利分配。在这些错综复杂的权利分配过程中，如果不坚持平等的原则，各主体的利益就无法保证。在立法实践中，由于权利主体之间纵横关系的不同，有时教育法确定的权利主体地位是平等的，有时是不平等的。对于地位不平等的权利主体，教育法要制定相应的规范实行救济，以保证主体权利的行使。例如，在政府机构与教师之间、学校与学生之间等行政隶属关系中，其权利主体的地位是不平等的，因此教育法设有申诉制度，以保证教师与学生享有相应权利。

(二) 平等性的体现

公民作为受教育者是地位平等的权利主体，需要享有相同的待遇。教育法要体现平等的准则，主要是指要给每个公民以平等的受教育机会。为此，《教育法》第九条第二款规定："公民不分民族、种族、性别、职业、财产状况、宗教信仰等，依法享有平等的受教育机会。"平等的受教育机会包括受教育起点的机会平等、受教育过程的机会平等和受教育结果的机会平等。

1. 受教育起点的机会平等

受教育起点的机会平等主要是指入学机会的平等，无论是在义务教育阶段还是在非义务教育阶段。《宪法》首先以国家根本大法的形式赋予公民平等的受教育机会，《宪法》第四十六条第一款规定："中华人民共和国公民有受教育的权利和义务。"在此基础上《义务教育法》第四条规定："凡具有中华人民共和国国籍的适龄儿童、少年，不分性别、民族、种族、家庭财产状况、宗教信仰等，依法享有平等接受义务教育的权利，并履行接受义务教育的义务。"第二条第三款和第四款分别规定："实施义务教育，不收学费、杂费。""国家建立义务教育经费保障机制，保证义务教育制度实施。"第十二条第一款规定："适龄儿童、少年免试入学。地方各级人民政府应当保障适龄儿童、少年在户籍所在地学校就近入学。"从这些规定可知，我国采取"免费""免试""就近"入学的策略以保证公民在义务教育阶段享有平等的入学机会。在非义务教育阶段，受教育者同样享有平等的入学机会。《教育法》第三十七条第一款规定："受教育者在入学、升学、就业等方面依法享有平等权利。"这里所指的入学既包括义务教育阶段的入学，也包括非义务教育阶段的入学。

2. 受教育过程的机会平等

受教育过程的机会平等是指受教育者享有教育资源条件的机会是平等的。《教育法》第四十三条规定，受教育者享有"参加教育教学计划安排的各种活动，使用教育教学设施、设备、图书资料"的权利。但受历史、经济等各种因素的影响，我国的教育目前尚存在着校际、区域间的差异，致使受教育过程的机会平等还难以保证。对此，《义务教育法》第二十二条第一款已经明确规定要扭转这种情况，要求"县级以上人民政府及其教育行政部门应当促进学校均衡发展，缩小学校之间办学条件的差距，不得将学校分为重点学校和非重点学校。学校不得分设重点班和非重点班"。

3. 受教育结果的机会平等

受教育结果的机会平等是指成功的机会平等。公民在接受教育后，有获得学校和社会公正评价的平等权利，不得在升学、留学、就业等方面对受教育者进行任何形式的歧视或设置任何障碍。《教育法》第三十七条规定："受教育者在入学、升学、就业等方面依法享有平等权利。""学校和有关行政部门应当按照国家有关规定，保障女子在入学、升学、就业、授予学位、派出留学等方面享有同男子平等的权利。"

此外，具有平等地位的权利主体受经济、文化、教育等条件差异的影响，在实际中也受到事实上的不平等的环境困扰。对此需要通过教育法的调整，保证不同的权利主体实现真正的平等。罗尔斯认为："正义的主要问题是社会的基本结构，或更准确地说，是社会主要制度分配基本权利和义务，决定由社会合作产生的利益之划分的方式。""一个社会体系的正义，本质上依赖于如何分配基本的权利义务，依赖于在社会不同阶层中存在着的经济机会和社会条件。"在教育上，为了能够合理分配权利和义务，《教育法》和《义务教育法》对家庭经济困难者、能力缺失者、有违法犯罪行为的未成年人接受教育赋予了相应的权利，明确了保障其权利的义务主体。对于家庭经济困难者，《教育法》第三十八条规定："国家、社会对符合入学条件、家庭经济困难的儿童、少年、青年，提供各种形式的资助。"对于能力缺失者，《教育法》第三十九条规定："国家、社会、学校及其他教育机构应当根据残疾人身心特性和需要实施教育，并为其提供帮助和便利。"《义务教育法》第十九条规定："县级以上地方人民政府根据需要设置相应的实施特殊教育的学校(班)，对视力残疾、听力语言残疾和智力残疾的适龄儿童、少年实施义务教育。特殊教育学校(班)应当具备适应残疾儿童、少年学习、康复、生活特点的场所和设施。""普通学校应当接收具有接受普通教育能力的残疾适龄儿童、少年随班就读,并为其学习、康复提供帮助。"《教育法》第四十条规定:"国家、社会、家庭、学校及其他教育机构应当为有违法犯罪行为的未成年人接受教育创造条件。"《义务教育法》第二十条规定:"县级以上地方人民政府根据需要,为具有预防未成年人犯罪法规定的严重不良行为的适龄少年设置专门的学校实施义务教育。"《义务教育法》第四十三条第三款规定:"特殊教育学校(班)学生人均公用经费标准应当高于普通学校学生人均公用经费标准。"这些规定表明,教育法正在本着事实平等的原则保证公民的受教育权。

三、终身性,受教育者发展的需求

1965年,联合国教科文组织在巴黎召开第三届国际成人教育促进会,会上正式提出"终身教育"的概念,引起世界教育领域的广泛关注。同一时期,美国哈佛大学教授弗瑞思特(J. Forrester)在《企业的设计》一文中提出了"学习型组织"的概念,并运用系统动力学(system dynamics)原理构想出了学习型组织的基本特征:组织结构扁平化、组织信息化、组织更具开放性、组织不断学习、不断调整组织内部的结构关系等。20世纪90年代,弗瑞思特的学生彼得•圣吉(Peter Senge)经过十几年的大量案例分析、总结与提炼,使学习型组织理论更加系统。他在《第五项修炼——学习型组织的艺术与实务》一书中认为,学习型组织是一个不断创新、进步的组织。"在其中,大家得以不断突破自己的能力上限,创造真心向往的结果,培养全新、前瞻、开阔的思考方式,全力实现共同的抱负,以及不断一起学习如何共同学习。"彼得•圣吉认为:"人们渴望真正的学习,它是学习型组织的真谛,它能让大家在组织内由工作活出生命的意义。"学习型组织包括"五项修炼"技能:自我超越(personal mastery)、改善心智模式(improving mental models)、建立共同愿景(building shared vision)、团队学习(team learning)和系统思考(systems thinking)。

无论是终身教育思想还是学习型组织理论,都揭示出一个重要的原理:学习是人追求发展的内在动力。所谓终身教育,是指教育贯穿人生的各个阶段和生活的各个方面。其基本含义有两点:一是教育在时间上贯穿人的一生;二是教育在空间上打通了学校与家庭、社会的阻隔。这两点都是针对作为制度化教育的学校教育而提出的。一个人要体现自身的价值就要不断学习,一个社会要体现自身的价值就要为人的学习、为人的发展创造条件。因此,依法构建终身教育体系是保障人的发展的重要机制,坚持终身教育原则也是教育法必须秉承的历史使命。《教育法》已经对此做出了必要的规定。《教育法》第十一条第一款规定:"国家适应社会主义市场经济发展和社会进步的需要,推进教育改革,推动各级各类教育协调发展、衔接融通,完善现代国民教育体系,健全终身教育体系,提高教育现代化水平。"第二十条第三款规定:"国家鼓励发展多种形式的继续教育,使公民接受适当形式的政治、经济、文化、科学、技术、业务等方面的教育，促进不同类型学习成果的互认和衔接，推动全民终身学习。"第四十二条规定："国家鼓励学校及其他教育机构、社会组织采取措施，为公民接受终身教育创造条件。"

第三节 教育权与受教育权

教育权与受教育权是教育法学研究的基本问题，教育权与受教育权的关系是教育法调整的最普遍的关系，具体体现于国家、学校、社会、家庭、公民等不同的法律关系主体应当享有的权利和应当履行的义务关系中。

一、教育权

教育权是指负有施教责任的权利主体，能够按照自己的意志对施教对象(基于自愿或者被强制)进行教育、指导的一种权利。依据法律关系主体的权利人性质的不同，可以将教育权划分为以下四类。

(一) 国家教育权

国家教育权是指国家机关及其工作人员，为实现一定的教育目的，依法对教育行使的领导和管理的权力。国家教育权的产生是国家对教育进行必要干预的需要，主要表现在国家对教育资源的掌握和控制上。通过教育权的行使，国家可以将其意志施加于一定的公民和组织，对其产生一定的影响力。因此，国家教育权是不可以放弃和转让的。

国家教育权的实施机构及其职责如下：国家教育行政机构，负责国家的教育行政事务，其权利相对方包括学校组织及相关的施教机构(如公立和私立的教育机构)，也包括负有监护责任和受教育义务的公民；公立学校组织(包括其他公立的教育机构)，负责行使国家教育的具体职责，其权利相对方主要是在校学生，有时也涉及具有监护责任的家长；国家传播媒介，负责宣传具有统治阶级意志(国家意志)的思想和政策法律。这些机构必须是政府出资和控制的，并为政府或国家的根本利益服务，其权利相对方是公众。

为保证国家教育权的行使和制约，在纵向上一般分为中央教育权和地方教育权，国家教育权的分配在横向上一般分为教育立法权、教育行政权和教育司法权。

教育立法权是指国家机关依照法律规定，创制、修改、补充和废止规范性教育法律文件的权力。教育立法权包括最高国家权力机关及其常设机关制定教育法律的权力，最高国家行政机关制定教育行政法规的权力，地方国家权力机关制定地方性教育法规的权力，民族自治地方的自治机关制定教育自治条例和单行条例的权力，国务院所属机构及地方国家行政机关制定教育规章的权力。

教育行政权是指国家行政机关依照法律规定，领导和管理教育活动的权力。根据《教育法》的规定，国务院和地方人民政府根据分级管理、分工负责的原则，行使领导和管理教育工作的权力。具体分工如下：中等及中等以下教育在国务院领导下，由地方人民政府管理；高等教育由国务院和省、自治区、直辖市人民政府管理；国务院教育行政部门主管全国教育工作，统筹规划、协调管理全国的教育事业；县级以上地方人民政府教育行政部门主管本行政区域内的教育工作；县级以上各级人民政府及其他有关部门在各自的职责范围内，负责有关的教育工作。

教育司法权是指国家专门机关依照法律规定，对教育案件做出裁判的权力。在我国，人民法院和人民检察院是代表国家行使司法权的专门机关，其他任何机关、任何组织、任何个人都没有这种权力。人民法院依照法律规定独立行使审判权，人民检察院依照法律规定独立行使检察权，审判权和检察权均不受行政机关、社会团体和个人的干涉。

(二) 学校教育权

学校教育权是指国家赋予学校为实现其办学宗旨，独立自主地进行教育教学活动的权利。学校教育权属于国家教育权的范畴，学校教育权的行使，必须符合国家和社会的公共利益，不得放弃和转让，即使是以国家非财政性支出为经费来源的学校，其办学宗旨也不可以与国家和社会的公共利益相悖，不可以违背国家的法律法规。

学校教育权主要包括以下几种：按照章程自主管理学校的权利；组织实施教育教学活动的权利；招收学生或者其他受教育者的权利；对受教育者进行学籍管理，实施奖励或者处分的权利；对受教育者颁发相应的学业证书的权利；聘任教师及其他职工，实施奖励或者处分的权利；管理、使用本单位的设施和经费的权利；拒绝任何组织和个人对教育教学活动的非法干涉的权利；法律法规规定的其他权利。

(三) 家庭教育权

家庭教育权是指未成年人的父母或者其他监护人，以作为或不作为的方式对他人发出教育方面要求的权利。

家庭教育权主要包括以下几种：帮助或代替未成年子女或者被监护人选择学校的权利；了解子女或者被监护人的学业成绩及其他有关情况的权利；参与学校管理并对学校工作进行监督与评价的权利；配合学校及其他教育机构，对未成年子女或者其他被监护人进行教育的权利；法律法规规定的其他权利。

(四) 社会教育权

现代各国法定的社会教育权，一般包括除国家和家庭之外的各个社会主体依法享有的从事教育活动的权利。它是与国家教育权和家庭教育权相对应的。在我国，社会教育权是指社会各主体依法享有关心、支持、参与、监督各项教育事业的权利和义务。它主要包括各社会主体依法享有的举办教育事业、实施教育活动的权利，以及参与对国家的教育事务进行管理和监督的法定权利。

社会教育权主要包括以下几种：参与教育教学管理的权利；依法兴办学校的权利；对兴办学校的教师进行聘任、培训、奖励的权利；对兴办学校的受教育者进行学籍管理，实施奖励或者处分的权利；对兴办学校招收的学生，依据国家有关规定发给学历证书、结业证书或者培训证书的权利；在举办学校的过程中获得扶持和奖励的权利；法律法规规定的其他权利。

二、公民的受教育权

(一) 公民受教育权的含义

公民通常是指具有一个国家的国籍，根据宪法、法律享受权利、担负义务的自然人。受教育权是我国宪法规定的公民的基本权利之一，它是指依照法律规定，公民在受教育方面可以作为或不作为，或要求他人为保障其受教育权而作为或不作为的能力或资格。

《世界人权宣言》第二条规定："人人有资格享有本宣言所载的一切权利和自由，不分种族、肤色、性别、语言、宗教、政治或其他见解、国籍或社会出身、财产、出生或其他身份等任何区别。"可见受教育权是一项基本人权，其主体是所有人。具体到某一国家中，受教育权利的主体便是公民。我国《教育法》第九条规定："中华人民共和国公民有受教育的权利和义务。公民不分民族、种族、性别、职业、财产状况、宗教信仰等，依法享有平等的受教育机会。"《宪法》第四十六条第一款规定："中华人民共和国公民有受教育的权利和义务。"

从《世界人权宣言》对受教育权的揭示来看，受教育权首先是人的应有权利，其次是法定权利。就应有权利而言，自有人类社会以来，就客观地存在着教育权利与义务的关系。这种权利不因人自己或家族的种族、肤色、性别、语言、宗教、政治或其他见解、国籍、出身、财富、出生或其他身份的不同而有所差别。这种权利也不会因法律的存在而存在，不会因法律的消失而消失。但在不同的历史阶段、不同的社会制度中、不同的社会条件下，受教育权并未能全面地、真实地作为一种人权与人本身形成一体。因而，需要将受教育权以法律的形式确定下来，用法律保障人已经具有和应当具有的受教育权利，使人应有的受教育权被赋予法律效力，成为法定权利，使作为人的应有权利与人的法定权利在受教育权上达到统一。

(二) 公民受教育权的内容体系

公民的受教育权不是抽象的，而是具体的，具体反映在不同层次的法律体系之中。从受教育权的来源来看，在世界范围内有关人权的国际公约对受教育权的规定是必须遵守的。例如，前文列举的《世界人权宣言》对受教育权的规定，都是我们必须遵守的，也是世界各国具体规定受教育权内容的基本依据。目前，我国宪法学界认为受教育权的内容主要包括以下几方面：幼儿教育、义务教育、职业技术教育、高等教育、出国留学、成人教育、特殊教育、扫盲教育等。

从教育法自身来看，其相对独立的教育法体系，反映了公民受教育权的具体内容。《教育法》第四十三条规定："受教育者享有下列权利：(一)参加教育教学计划安排的各种活动，使用教育教学设施、设备、图书资料；(二)按照国家有关规定获得奖学金、贷学金、助学金；(三)在学业成绩和品行上获得公正评价，完成规定的学业后获得相应的学业证书、学位证书；(四)对学校给予的处分不服向有关部门提出申诉，对学校、教师侵犯其人身权、财产权等合法权益，提出申诉或者依法提起诉讼；(五)法律、法规规定的其他权利。"

三、教育权与受教育权的相互关系

(一) 教育权与受教育权的基本特点

1. 共同特点

教育权与受教育权的共同特点主要表现为以下几个方面。

第一，两者都是教育法所确认和保障的一定主体所享有的利益。教育权是国家机关及其工作人员、学校、社会、家庭的利益，受教育权是受教育者的利益。由于这种利益的存在，教育权主体和受教育权主体都可以在教育法允许的范围内享受自由，并受到教育法的保护。这种相对的自由就是教育权主体和受教育权主体的权利。

第二，两者都是教育法所赋予一定主体的一种资格。教育权主体和受教育权主体的法定权利，就是法律所赋予两者的一种资格，这种资格具体表现为行使权利的资格和享受权利的资格。例如，国家教育行政机关管理学校的资格，教师进行教育教学活动的资格，学生使用教育教学设施的资格等。

第三，两者都是教育法所保障或允许的，一定主体能够做出或不做出一定行为，以及要求他人做出或不做出一定行为的许可与保障。例如，根据《义务教育法》的规定，国家行政机关作为教育权主体，有权要求适龄儿童及少年按时入学，接受规定年限的义务教育，适龄儿童及少年作为受教育权主体，有权要求实施义务教育的政府部门为其合理设置学校等。

2. 不同特点

教育权与受教育权的不同特点主要表现为以下两个方面。

第一，两者的主体不同。教育权主体主要以国家、机构或组织的身份存在，受教育权主体以公民的身份存在。

第二，两者的来源不同。在教育权主体中，国家教育权是公民所赋予的，它需要有公民承认政府的权力作为基础。从这一意义上说，国家教育权是一种权力，这种权力是不可以放弃和转让的。但国家教育权可以通过对学校、社会、家庭等其他教育主体的教育活动的领导和管理来保证国家教育权的实现。所以，在一定条件下，学校、社会、家庭也成为教育权主体的重要组成部分。而受教育权来源于人的生命权，是由于人的存在而存在的。作为对人的自由、尊严的尊重，人人有资格平等享受这项权利。其他一切人，包括国家、社会组织、家庭及个人，都有不妨碍受教育权主体享有受教育权利的义务。

(二) 教育权与受教育权的相互依托

教育权与受教育权的相互依托的关系主要表现为以下几个方面。

第一，受教育者的存在是教育权与受教育权相互依托的基础。教育活动中存在着教育与被教育、管理与被管理的关系，当这种关系转化为法律上的权利与义务关系时就成为教育法律关系。与此同时，一定的教育主体被赋予了教育权，一定的受教育主体被赋予了受教育权。如果没有受教育者的存在，也就没有受教育权的存在，没有受教育权的存在，教育权则形同虚设。因此，受教育者的存在使教育权与受教育权相互依托。

第二，教育权主体与受教育权主体通过一定的权利与义务使教育权与受教育权相互依托。无论是教育权主体，还是受教育权主体，都享有一定的权利，担负着一定的义务。义务是权利存在的前提，权利是义务存在的依据。要享受权利，就要履行义务。正因如此，教育法不仅规定了国家、社会、学校、家庭等教育权主体的权利，也规定了各教育权主体的义务，不仅规定了受教育权主体的权利，同样规定了受教育权主体的义务。而教育权主体的权利往往与受教育权主体的义务相对应，反之，受教育权主体的权利也往往与教育权主体的义务相对应。

第三，教育权的滥用或不合理设定会侵害、限制或剥夺一定主体的受教育权。教育权特别是国家教育权是人民赋予教育权主体的权力，而受教育权是国家为保证人权而赋予公民的一项基本权利。受教育权通过法律的形式确定下来，其目的在于保障受教育者的权利。但国家的立法权、行政权、司法权仍属于教育权主体，如果教育权主体滥用权力，仍然会导致侵害受教育权主体的权利，如果不合理设定教育权力则会限制甚至剥夺受教育权主体的权利。

第四节 教育法的渊源与体系

教育法在形成的过程中表现出不同的形式，拥有不同的地位，起着不同的作用，形成一定的体系。这也是教育法的形式与内容的具体体现，它可以更清楚地反映不同层次的教育法的相应法律地位与效力。

一、教育法渊源的含义

法的渊源是指法的表现形式。由于法的来源不同，如制定机关不同、外部形式不同，法的表现形式、效力范围等也不同。教育法的渊源是指根据法律效力的来源不同而形成的各种形式的教育法。因为"制定"是我国教育法的形成方式，所以成文法是我国教育法的表现形式。

二、教育法的法律渊源

教育法因来源不同，其表现形式、效力范围等也不同。根据法律效力的来源不同而形成的各种形式的教育法是教育法的渊源，包括宪法、法律、行政法规、地方性法规、自治条例和单行条例、规章，如表2-1所示。

表2-1 教育法律的形式结构

层级	形式	制定机关
第一层级	《宪法》中有关教育的条款	全国人民代表大会
第二层级	教育基本法律	全国人民代表大会
第三层级	教育单行法律	全国人民代表大会常务委员会
第四层级	教育行政法规	国务院
第五层级	地方性教育法规	省级人大和有立法权的市级人大或其常务委员会
第六层级	部门教育规章	教育部及国务院有关部委
	政府教育规章	省级人民政府

(一) 宪法

宪法是国家的根本法，是法律的最高表现形式，具有最高的法律效力，宪法的制定具有最严格的程序。宪法是一切法律、法规的渊源，是法律体系中的"母法"。任何其他形式的法律、法规的制定都必须依据宪法，不得同宪法相违背，否则其将失去效力。宪法规定了教育法的基本指导思想和立法依据，规定了教育教学活动应当遵循的基本规范。

1. 宪法规定了教育法的基本指导思想和立法依据

(1) 宪法规定了社会主义现代化建设的任务和必须坚持的基本原则。《宪法》序言规定："我国将长期处于社会主义初级阶段。国家的根本任务是，沿着中国特色社会主义道路，集中力量进行社会主义现代化建设。中国各族人民将继续在中国共产党领导下，在马克思列宁主义、毛泽东思想、邓小平理论、'三个代表'重要思想、科学发展观、习近平新时代中国特色社会主义思想指引下，坚持人民民主专政，坚持社会主义道路，坚持改革开放，不断完善社会主义的各项制度，发展社会主义市场经济，发展社会主义民主，健全社会主义法治，贯彻新发展理念，自力更生，艰苦奋斗，逐步实现工业、农业、国防和科学技术的现代化，推动物质文明、政治文明、精神文明、社会文明、生态文明协调发展，把我国建设成为富强民主文明和谐美丽的社会主义现代化强国，实现中华民族伟大复兴。"

(2) 宪法规定了国家机构实行民主集中制原则。《宪法》第三条第一款规定："中华人民共和国的国家机构实行民主集中制原则。"

(3) 宪法规定了社会主义法治原则。《宪法》序言规定："发展社会主义民主，健全社会主义法治。"《宪法》第二条第三款规定："人民依照法律规定，通过各种途径和形式，管理国家事务，管理经济和文化事业，管理社会事务。"《宪法》第五条规定："中华人民共和国实行依法治国，建设社会主义法治国家。国家维护社会主义法制的统一和尊严。"

(4) 宪法规定了各民族一律平等及帮助少数民族发展经济文化的原则。《宪法》第四条规定："中华人民共和国各民族一律平等。国家保障各少数民族的合法的权利和利益，维护和发展各民族的平等团结互助和谐关系。禁止对任何民族的歧视和压迫，禁止破坏民族团结和制造民族分裂的行为。国家根据各少数民族的特点和需要，帮助各少数民族地区加速经济和文化的发展。各少数民族聚居的地方实行区域自治，设立自治机关，行使自治权。各民族自治地方都是中华人民共和国不可分离的部分。各民族都有使用和发展自己的语言文字的自由，都有保持或者改革自己的风俗习惯的自由。"

(5) 宪法规定了知识分子是社会主义建设事业必须依靠的力量之一。《宪法》序言规定："社会主义的建设事业必须依靠工人、农民和知识分子，团结一切可以团结的力量。"

2. 宪法规定了教育教学活动的基本法律规范

(1) 宪法规定了教育的性质和国家管理教育的原则。《宪法》第十九条规定："国家发展社会主义的教育事业，提高全国人民的科学文化水平。国家举办各种学校，普及初等义务教育，发展中等教育、职业教育和高等教育，并且发展学前教育。国家发展各种教育设施，扫除文盲，对工人、农民、国家工作人员和其他劳动者进行政治、文化、科学、技术、业务的教育，鼓励自学成才。国家鼓励集体经济组织、国家企业事业组织和其他社会力量依照法律规定举办各种教育事业。国家推广全国通用的普通话。"

(2) 宪法规定了教育目的和任务。《宪法》第四十六条第二款规定："国家培养青年、少年、儿童在品德、智力、体质等方面全面发展。"《宪法》第二十四条规定："国家通过普及理想教育、道德教育、文化教育、纪律和法制教育，通过在城乡不同范围的群众中制定和执行各种守则、公约，加强社会主义精神文明的建设。国家提倡社会主义核心价值观，提倡爱祖国、爱人民、爱劳动、爱科学、爱社会主义的公德，在人民中进行爱国主义、集体主义和国际主义、共产主义的教育，进行辩证唯物主义和历史唯物主义的教育，反对资本主义的、封建主义的和其他的腐朽思想。"

(3) 宪法规定了公民受教育的权利和义务。《宪法》第四十六条第一款规定："中华人民共和国公民有受教育的权利和义务。"

(4) 宪法规定了教育管理的权限。《宪法》第八十九条规定了国务院的职权，其中包括领导和管理教育工作的权限；《宪法》第一百零七条规定了县级以上地方各级人民政府有依照法律规定的权限管理本行政区域内的教育工作的权限；《宪法》第一百一十九条规定了各民族自治地方的自治机关自主管理本地方的教育工作的权限。

(5) 宪法规定了对特殊群体的教育保护原则。《宪法》第四条第二款、第四款分别规定："国家根据各少数民族的特点和需要，帮助各少数民族地区加速经济和文化的发展。""各民族都有使用和发展自己的语言文字的自由，都有保持或者改革自己的风俗习惯的自由。"《宪法》第四十八条规定："中华人民共和国妇女在政治的、经济的、文化的、社会的和家庭的生活等各方面享有同男子平等的权利。国家保护妇女的权利和利益，实行男女同工同酬，培养和选拔妇女干部。"《宪法》第四十五条第三款规定："国家和社会帮助安排盲、聋、哑和其他有残疾的公民的劳动、生活和教育。"《宪法》第四十九条第一款、第三款、第四款分别规定："婚姻、家庭、母亲和儿童受国家的保护。""父母有抚养教育未成年子女的义务，成年子女有赡养扶助父母的义务。""禁止破坏婚姻自由，禁止虐待老人、妇女和儿童。"

(6) 宪法规定了不得利用宗教进行妨碍国家教育制度的活动。《宪法》第三十六条第一款、第三款分别规定："中华人民共和国公民有宗教信仰自由。""国家保护正常的宗教活动。任何人不得利用宗教进行破坏社会秩序、损害公民身体健康、妨碍国家教育制度的活动。"

(7) 宪法规定了国家对从事教育事业的公民的有益于人民的创造性工作给予鼓励和帮助。《宪法》第四十七条规定："中华人民共和国公民有进行科学研究、文学艺术创作和其他文化活动的自由。国家对于从事教育、科学、技术、文学、艺术和其他文化事业的公民的有益于人民的创造性工作，给以鼓励和帮助。"

(二) 法律

《宪法》规定，全国人民代表大会和全国人民代表大会常务委员会均有权制定法律。这里所说的法律，是指由国家最高权力机关及其常设机构所制定的规范性文件，即狭义的法律。法律的效力仅次于宪法，可分为基本法律和基本法律以外的法律，具有同等的效力。法律有广义和狭义之分。广义的法律与法同义，是指各种法律规范的总和；狭义的法律是指由最高国家权力机关及其常设机关按照立法程序制定的规范性文件。

基本法律是全国人民代表大会制定和发布的，通常规定和调整某一方面的根本性、普遍性的法律。《宪法》第六十二条规定，全国人民代表大会有权"制定和修改刑事、民事、国家机构和其他的基本法律"。《中华人民共和国刑法》《中华人民共和国民法典》《中华人民共和国行政法》《中华人民共和国行政诉讼法》《中华人民共和国民事诉讼法》《中华人民共和国国家赔偿法》《中华人民共和国教育法》等都是基本法律。

基本法律以外的法律，是由全国人民代表大会常务委员会制定和发布的，通常是规定和调整的对象范围较窄、内容较为具体的一类法律。《宪法》第六十七条规定，全国人民代表大会常务委员会有权"制定和修改应当由全国人民代表大会制定的法律以外的其他法律"。教育领域的《中华人民共和国教师法》《中华人民共和国职业教育法》《中华人民共和国学位条例》《中华人民共和国高等教育法》《中华人民共和国民办教育促进法》《中华人民共和国义务教育法》等，都是由全国人民代表大会常务委员会通过的，属于基本法律以外的法律。《中华人民共和国义务教育法》虽然是由第六届全国人民代表大会第四次会议通过的，但就其调整的对象和所规定的内容看，其属于基本法律以外的法律。

(三) 行政法规

行政法规是指最高国家行政机关依据宪法和法律，在其职权范围内制定和发布的有关国家行政管理活动的各种规范性文件。《宪法》第八十九条规定，国务院有"根据宪法和法律，规定行政措施，制定行政法规，发布决定和命令"的权力。《中华人民共和国学位条例暂行实施办法》《扫除文盲工作条例》《中华人民共和国残疾人教育条例》《学校体育工作条例》《学校卫生工作条例》《教师资格条例》《教学成果奖励条例》《中华人民共和国民办教育促进法实施条例》《禁止使用童工规定》《中华人民共和国中外合作办学条例》《高等教育自学考试暂行条例》《普通高等学校设置暂行条例》《校车安全管理条例》等，都属于行政法规。

(四) 地方性法规

地方性法规是指省、自治区、直辖市以及设区的市的人民代表大会及其常务委员会依据法定权限制定的规范性文件。《宪法》第一百条规定："省、直辖市的人民代表大会和它们的常务委员会，在不同宪法、法律、行政法规相抵触的前提下，可以制定地方性法规，报全国人民代表大会常务委员会备案。"《立法法》第七十二条第一款规定："省、自治区、直辖市的人民代表大会及其常务委员会根据本行政区域的具体情况和实际需要，在不同宪法、法律、行政法规相抵触的前提下，可以制定地方性法规。"《立法法》第七十二条第二款规定："设区的市的人民代表大会及其常务委员会根据本市的具体情况和实际需要，在不同宪法、法律、行政法规和本省、自治区的地方性法规相抵触的前提下，可以对城乡建设与管理、环境保护、历史文化保护等方面的事项制定地方性法规，法律对设区的市制定地方性法规的事项另有规定的，从其规定。设区的市的地方性法规须报省、自治区的人民代表大会常务委员会批准后施行。省、自治区的人民代表大会常务委员会对报请批准的地方性法规，应当对其合法性进行审查，同宪法、法律、行政法规和本省、自治区的地方性法规不抵触的，应当在四个月内予以批准。"但《立法法》第七十二条第三款规定："省、自治区的人民代表大会常务委员会在对报请批准的设区的市的地方性法规进行审查时，发现其同本省、自治区的人民政府的规章相抵触的，应当做出处理决定。"地方性法规只在本地区有效。

(五) 自治条例和单行条例

自治条例和单行条例是指民族自治地方的人民代表大会及其常务委员会依据法定权限制定的适用于本区域的规范性文件。《宪法》第一百一十六条规定："民族自治地方的人民代表大会有权依照当地民族的政治、经济和文化的特点，制定自治条例和单行条例。自治区的自治条例和单行条例，报全国人民代表大会常务委员会批准后生效。自治州、自治县的自治条例和单行条例，报省或者自治区的人民代表大会常务委员批准后生效，并报全国人民代表大会常务委员会备案。"

(六) 规章

《宪法》第九十条第二款规定，国务院"各部、各委员会根据法律和国务院的行政法规、决定、命令，在本部门的权限内，发布命令、指示和规章"。《中华人民共和国地方各级人民代表大会和地方各级人民政府组织法》第六十条规定："省、自治区、直辖市的人民政府可以根据法律、行政法规和本省、自治区、直辖市的地方性法规，制定规章，报国务院和本级人民代表大会常务委员会备案。设区的市的人民政府可以根据法律、行政法规和本省、自治区的地方性法规，制定规章，报国务院和省、自治区的人民代表大会常务委员会、人民政府以及本级人民代表大会常务委员会备案。"根据这两个规定，国务院所属各部、各委员会有权发布命令、指示和规章。省、自治区、直辖市的人民政府所制定的规范性文件，也属于部门规章。部门规章的内容不得与宪法、法律及行政法规相抵触。教育方面的部门规章，主要是就国家有关教育的法律、行政法规的实施问题制定相应的规范性文件，以保证有关法律、法规的实施，如教育部颁布的《学生伤害事故处理办法》《普通高等学校学生管理规定》等。

三、教育法的体系

所谓教育法的体系,是指不同形式的教育法律、法规按照一定的原则有机结合的、协调统一的法律规范的体系。教育法的目标是规范教育领域各主体之间的关系,保证不同形式、不同性质和不同层次的教育的协调发展,以形成一个合理的、符合社会发展需要的现代教育结构体系。在一个国家的法律体系中,不同的法律部门有其特殊的调整对象,不同的调整对象有不同的矛盾,因而解决不同领域矛盾的法律规范具有各自特定的内容。教育法是以教育领域各主体之间的权利义务关系为调整对象的。从一个国家的整个法律体系来看,教育法是以宪法为依据又区别于调整其他领域的法律体系而相对独立的法律体系;从内部体系结构来看,教育法是由调整不同阶段、不同形式、不同性质的教育法律、法规遵循共同的基本原则,形成的一个有机统一的教育法体系。科学地依照基本的原则来制定教育法,并形成能够有效规范不同主体的权利和义务,积极促进教育事业发展的教育法体系,具有重要的意义。依据现行教育法调整对象的不同,教育法体系可由教育基本法、基础教育法、高等教育法、职业教育法、民办教育法、教育人员法、教育经费法、终身学习法等部分组成,如图2-1所示。

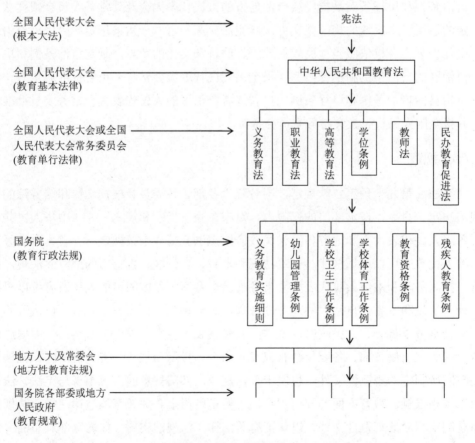

图2-1　教育法的体系

(一) 教育基本法

教育基本法是以宪法为依据制定的教育基本法律，它对教育的性质、地位、任务、基本原则、基本制度等做出全面的规定。教育基本法是制定其他教育法的依据。《中华人民共和国教育法》是教育基本法。

(二) 基础教育法

基础教育法是调整基础教育中法律关系的教育法。它应包括学前教育、初等教育、中等教育、义务教育、未成年人教育等方面的教育法。《中华人民共和国义务教育法》在基础教育法中起着重要的核心作用，具有较高的法律地位，其包括总则、学生、学校、教师、教育教学、经费保障、法律责任、附则，共8章63条。

(三) 高等教育法

高等教育法是指对在完成高级中等教育基础上所实施的教育中的法律关系进行调整的教育法。它包括专科、本科和研究生教育方面的教育法。《中华人民共和国高等教育法》对高等教育的发展原则、方针、任务、办学体制、管理体制、基本制度、学校的设立、学校的组织和活动、教师和其他教育工作者、学生、投入和条件保障等做出了全面的规定，成为高等教育法的主体。《中华人民共和国学位条例》规定我国的学位分学士、硕士、博士三级，这一法律是高等教育法的重要组成部分。1981年5月20日，国务院批准实施《中华人民共和国学位条例暂行实施办法》，这一行政法规也是高等教育法的组成部分之一。另外，《普通高等学校设置暂行条例》(国发〔1986〕108号)、《高等教育自学考试暂行条例》(国发〔1988〕15号)、《普通高等学校学生管理规定》(中华人民共和国教育部令第41号)等法律法规同样是高等教育法的组成部分。

(四) 职业教育法

职业教育法是指调整各级各类职业学校教育和各种正式的职业培训方面的法律关系的教育法。1996年5月15日，第八届全国人民代表大会第十九次会议通过的《中华人民共和国职业教育法》自1996年9月1日起施行。该法对职业教育的方针、发展原则、管理体制、教育体系、职业教育的实施、保障条件等做出了规定，成为职业教育法的主体。

(五) 民办教育促进法

民办教育法是指对国家机构以外的社会组织或者个人，利用非国家财政性经费，面向社会举办学校及其他教育机构中的法律关系进行调整的教育法。《中华人民共和国民办教育促进法》对民办教育的宗旨、办学条件、教师权利、条件保证等做出了规定，成为民办教育法的主体。2004年2月25日，国务院第四十一次常务会议通过、2004年3月5

日国务院令第399号公布的《中华人民共和国民办教育促进法实施条例》，自2004年4月1日起施行。该条例是民办教育法的重要组成部分。

(六) 教育人员法

教育人员法是指调整各级各类教育中教育人员的权利、义务关系的教育法。《中华人民共和国教师法》对教师的权利和义务、资格和任用、培养和培训、考核、待遇、奖励、法律责任等做出了规定，成为教育人员法的主体。1995年12月12日，国务院令第138号发布《教师资格条例》，自发布之日起施行。2000年9月23日，教育部令第10号发布《教师资格条例实施办法》，对教师资格的管理做了更加明确具体的规定，规定国务院教育行政部门负责全国教师资格证书制度的组织实施和协调监督工作，县级以上地方人民政府教育行政部门根据《教师资格条例》规定权限负责本地教师资格认定和管理的组织、指导、监督和实施工作。《教师资格条例》和《教师资格条例实施办法》也是教育人员法的组成部分。

(七) 教育经费法

教育经费法是指为保证教育的发展，保证教育法律关系主体的权利，对教育物质条件的保证做出规定的教育法。教育经费法应对教育经费的投入、分配和使用等做出规定。

(八) 终身学习法

终身学习法是指为适应建设学习型社会的需要，对终身教育体系中的法律关系进行调整的教育法。终身学习法应对终身学习的宗旨、教育或学习机构、学习主体、学习形式、教育人员、经费保障及管理等做出规定。

经典案例

非法改装校车超载超速行驶，伤亡惨重

2011年11月16日9时15分，正宁县榆林子镇小博士民办幼儿园校车司机杨海军驾驶的搭载幼儿及教师64人的黄色金杯改装面包车，在榆林子镇西街道班门前，与向西行驶的陕D72231东风牌自卸货车迎面相撞，造成交通事故，当场死亡5人，包括校车司机和4名幼儿。经庆阳市人民医院专家组、正宁县人民医院和中医院全力抢救，因伤势严重救治无效死亡15人，包括幼儿教师1人，幼儿14人，死亡累计人数达到20人。

据初步调查分析，事故是甘MA4975小客车在大雾天气下逆向超速行驶，严重超员导致的。该事故暴露出一些地区存在车辆严重超载、非法擅自改装车辆以及有关部门在校车安全管理方面责任不落实、措施不到位、监管有漏洞等突出问题。

资料来源：曹树林. 甘肃庆阳校车事故已21人遇难，两名副县长被停职[EB/OL]. (2011-11-17) [2020-06-15]. http://news.sina.com.cn/c/2011-11-17/230323483808.shtml.

课堂讨论

校车事故多发，试谈谈惨痛的教训带给我们什么启示。

第五节 教育法律规范

教育法律规范是具有特定的内在逻辑结构，并通过教育法律文件中具体的条文表现出来的，以权利义务为内容的，规范人们教育行为的行为规则。掌握教育法律规范及其内在结构，是保证教育立法的科学性、有效性，以及正确适用教育法的前提。

一、教育法律规范的含义及结构

(一) 教育法律规范的含义

教育法律规范是指由国家机关制定或认可并以国家强制力保证其实施的关于教育方面的行为规则。

(二) 教育法律规范的结构

教育法律规范的结构是指教育法律规范的有机组成与排列。它通常包括三个部分。

1. 假定(条件)

《义务教育法》第二十九条第二款规定，教师"不得对学生实施体罚"。那么什么情况下才算是"体罚学生"呢？如果教师打了邻居家正在读小学的孩子，算不算体罚呢？显然不算。因为"体罚学生"成立也是有其条件的，其成立条件是教师或有权对学生实施教育的人员在对学生实施教育的过程中发生"体罚"学生的情况。因此，一项法律规范不是对任何人，不分时间、地点和条件都一律适用。这里构成法律规范要素之一的条件，是指适用行为规则的条件，即这项行为规则对什么人，在什么时间、地点和条件下才能适用。应注意的是，法定条件在一些情况下不明确写出来，但它可以从规范条文中"默示"出来。但对含有奖惩性内容的规范,法定条件应明确见诸条文中。

2. 处理(规则或命令)

规则又称"行为规则",是法律规范的核心,是指规范本身,即法律规范规定:人们应当(必须)做什么、禁止做什么和可以做什么。如《义务教育法》规定的"适龄儿童、少年的父母或者其他法定监护人应当依法保证其按时入学接受并完成义务教育"(第五条第二款),就是"应当做什么"的行为规则;"禁止用人单位招用应当接受义务教育的适龄儿童、少年"(第十四条第一款),就是"禁止做什么"的行为规则;《中华人民共和国国家通用语言文字法》规定的"本章有关规定中,有下列情形的,可以使用方言"(第十六条),就是"可以做什么"的行为规则。

3. 制裁

制裁是指违反教育法律规范所应承担的法律后果。例如,《中华人民共和国教师法》第三十五条规定:"侮辱、殴打教师的,根据不同情况,分别给予行政处分或者行政处罚;造成损害的,责令赔偿损失;情节严重,构成犯罪的,依法追究刑事责任。"这里规定了对侮辱、殴打教师的行为视不同情况分别承担行政处分、行政处罚、赔偿损失、追究刑事责任等法律后果。

二、教育法律规范的类型

依据不同的标准可以对教育法律规范进行不同的分类。根据教育法律规范的性质,可将教育法律规范分为义务性规范、禁止性规范和授权性规范。

(一) 义务性规范

义务性规范是指要求人们必须做出一定的行为,承担一定积极作为的义务的法律规范。它规定了人们必须承担的义务,在法律条文中常用"必须""应当",或直接标明"义务"的字样。这里的义务性规范特指要求人们做出一定的行为,即"作为"的义务。

(二) 禁止性规范

禁止性规范是禁止和约束人们某些行为的法律规范。这种法律规范往往在法律条文中使用"禁止""不得"等字样。例如,《教育法》第八条第二款规定:"国家实行教育与宗教相分离。任何组织和个人不得利用宗教进行妨碍国家教育制度的活动。"这里以"不得"来禁止任何组织和个人利用宗教进行妨碍国家教育制度的活动。需要注意的是,禁止性规范也是一种义务性规范,它只是要求人们抑制某种行为,即有"不作为"的义务。

(三) 授权性规范

授权性规范是指人们有权做出一定行为的法律规范。这种法律规范的特点是，法律既不禁止人们作为一定行为，又不要求人们必须作为一定行为，而是授权人们可以作为一定的行为，也可以不作为一定的行为。授权性规范的文字表述常使用"可以"或"有权"等。例如，《中华人民共和国职业教育法》第二十条第二款规定："企业可以单独举办或者联合举办职业学校、职业培训机构，也可以委托学校、职业培训机构对本单位的职工和准备录用的人员实施职业教育。"

三、教育法律规范与教育法、教育法律条文的关系

教育法律规范是构成教育法的细胞，教育法是全部教育法律规范的总和。教育法对相应社会关系的调整是通过教育法律规范实现的。

教育法律规范通过教育法律条文来表述，两者是内容和形式的关系。但教育法律规范与教育法律条文不是一对一的关系。一项教育法律条文可能表述一项教育法律规范，也可能表述几项教育法律规范。反之，一项教育法律规范也可能由几项教育法律条文来表述。教育法律规范在结构上可以分为三个部分，一项教育法律条文不一定把一项教育法律规范的三个部分都表述出来。教育法律规范的三个部分往往分散在不同的教育法律条文之中，甚至有时分散在不同的法律规范、不同的法律文件之中。

【小　结】

1. 教育法是国家制定或认可，并由国家强制力保证其实施的，调整教育活动中各种社会关系的法律规范的总和。

2. 教育法的制定应当坚持公益性、平等性、终身性准则，这是教育法存在的基础，是教育权和受教育权得到保障的前提，是受教育者发展的需要。

3. 教育权与受教育权是教育法学研究的基本问题，教育权与受教育权的关系是教育法调整的最普遍的关系，具体体现于国家、学校、社会、家庭、公民等不同的法律关系主体应当享有的权利和应当履行的义务关系中。

4. 教育法因来源不同，其表现形式、效力范围等也不同。根据法律效力的来源不同而形成的各种形式的教育法是教育法的渊源，包括宪法、法律、行政法规、地方性法规、自治条例和单行条例、规章。

5. 教育法可依据一定的标准划分为一定类型的教育法律规范总体，这些教育法律规范的有机整体构成教育法的体系。依据现行教育法调整对象的不同，教育法体系可以由教育基本法、基础教育法、高等教育法、职业教育法、民办教育法、教育人员法、教育

经费法、终身学习法等部分组成。

6. 教育法律规范是指由国家机关制定或认可并以国家强制力保证其实施的关于教育方面的行为规则。根据教育法律规范的性质，可将教育法律规范分为义务性规范、禁止性规范和授权性规范。

课后练习

一、选择题

1. 下列不属于教育法坚持的基本准则的是（　　）。
   A. 公益性　　　　　　　　　B. 普惠性
   C. 平等性　　　　　　　　　D. 终身性

2. 对学校法律地位进行明确规定的是（　　）。
   A.《中华人民共和国教师法》　　B.《中华人民共和国未成年人保护法》
   C.《中华人民共和国教育法》　　D.《中华人民共和国义务教育法》

3. 对依法提出申诉、控告、检举的教师进行打击报复，情节严重的，可以依据具体情况给予（　　）。
   A. 纪律处分　　　　　　　　B. 行政处分
   C. 经济处罚　　　　　　　　D. 警告处分

4. 教育法的法律渊源包括（　　）。
   A. 宪法　　　　　　　　　　B. 规章
   C. 法律　　　　　　　　　　D. 自治条例和单行条例

5.《中华人民共和国教育法》第十一条第一款规定，国家适应社会主义市场经济发展和社会进步的需要，推进教育改革，推动各级各类教育协调发展、衔接融通，完善现代国民教育体系，健全（　　）教育体系，提高教育现代化水平。
   A. 职业　　　　　　　　　　B. 终身
   C. 高等　　　　　　　　　　D. 基础

6.《中华人民共和国教育法》第七十二条规定，侵占学校及其他教育机构的校舍、场地及其他财产的，依法承担（　　）。
   A. 民事责任　　　　　　　　B. 行政责任
   C. 刑事责任　　　　　　　　D. 民事、刑事责任

二、填空题

1. 教育权与受教育权的关系，具体体现于国家、学校、_____、_____、公

民等不同的法律关系主体应当享有的权利和应当履行的义务关系中。

2. _____是以宪法为依据制定的教育基本法律,它对教育的性质、地位、任务、基本原则、基本制度等做出全面的规定。

3. _____是国家的根本法,是法律的最高表现形式,具有最高的法律效力。

三、简答题

1. 什么是教育法?教育法具有哪些特性?
2. 结合实际阐述教育法应坚持的基本准则。
3. 简述教育权与受教育权的相互关系。
4. 简述教育法的体系的构成。

第三章 教育法律关系

学习目标

1. 学习教育法律关系的含义、类型及特性
2. 掌握教育法律关系的要素：主体、客体和内容
3. 了解教育法律关系的形成、变更与消灭的含义和条件
4. 学习教育法律关系中的权利主体及相互关系

知识结构图

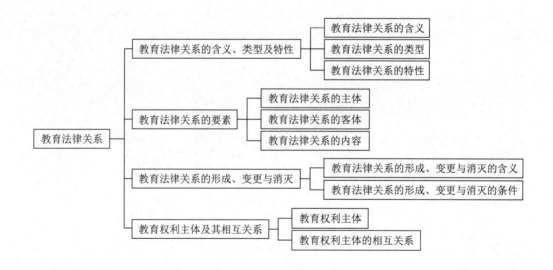

引言

在大陆法系中，一些学者按照划分公法和私法的标准，认为教育法体现了"公"的利益，是为社会公益服务的事业，提出"国家教育权"理论，将教育法归入公法，视为行政法的一个分支。中国在 1949 年以前一直采用大陆法系的部门法分类方法，中华人民共和国成立后，教育法一般也被划为行政法范畴。因而教育法律关系被认为是行政法律关系的一种。另一种观点是把它作为一种综合性法律关系。自20世纪50年代后，各国更加重视科技、教育，教育关系的内容和范围不断发展，新的教育关系不断产生，整个教育领域的社会关系趋于复杂。基于此种变化，一些学者对教育法律关系提出新的看法。

教育法律关系的含义、特性、类型是怎么定义的？教育法律的三要素是什么？教育法律关系形成、变更和消灭需要什么条件？教育法律关系的权利主体及其相互关系是怎样的？本章将围绕这些重点问题进行讨论。

第一节 教育法律关系的含义、类型及特性

教育法律关系是教育法对由教育活动而产生的各种社会关系予以调整后形成的人与人之间的权利义务关系。在过去，这类法律关系曾被简单地界定为行政法所确定的行政主体与行政相对人之间管理与被管理的关系。随着教育法的发展以及教育法理论研究的深化，这种单一的行政管理法律关系观念已被抛弃。我国教育法学界开始从新的视野分析教育法意义上的法律关系。可以说，教育法律关系是教育法学研究的核心内容之一。

一、教育法律关系的含义

要了解什么是教育法律关系，首先要了解什么是法律关系。

法律关系是指在法律规范调整社会关系的过程中所形成的人们之间的权利和义务关系。由于人类具有社会性，人们在生产、生活和其他活动中，相互之间总会形成一定的关系，这种关系包括人与人的关系、人与物的关系和人与自然的关系。法律关系是一种社会关系，它强调的是人与人之间的关系。法律关系强调人与人之间的关系，并不是说任何一个人与另一个人都具有法律关系。在不存在法律的社会中，人与人的关系固然不能成为法律关系，即使在法律存在的社会中，人与人之间的关系也不都是法律关系。法律关系是法律规范调整社会关系所形成的一种特殊的社会关系，只有那些以国家强制力予以干预的社会关系，才会由一般的社会关系上升到法律关系。例如，《义务教育法》

第二十九条第二款规定:"教师应当尊重学生的人格,不得歧视学生,不得对学生实施体罚、变相体罚或者其他侮辱人格尊严的行为,不得侵犯学生合法权益。"这说明,教师与学生之间存在一定的法律关系。此外,人与人结成的社会关系是多种多样的,比如经济关系、政治关系、道德关系、家庭关系、职业关系等,这些关系并不能全部成为法律关系。

教育法律关系是教育法学研究的基本范畴,也是教育法学的核心内容之一,在理解法律关系定义的基础上,我们对教育法律关系的含义做出如下定义:教育法律关系是指教育法律规范在调整教育社会关系中所形成的人们之间的权利和义务关系。在各项教育活动中,教育主体之间也可以形成各种关系,如政府与学校、教师与学生、学校与社会等主体之间的法律关系。并非所有的教育社会关系都要由法律来调整和规范,只有通过国家的教育立法,被确定为由教育法调整的教育关系,才能成为教育法律关系。因此,要使一定的教育社会关系成为一定的教育法律关系,就必须经过一定的教育法律规范的调整,使其在主体之间形成一定的权利和义务关系。

二、教育法律关系的类型

教育法律关系根据不同的标准和认识角度可以分为不同的类型。

(一) 根据所体现的教育内容性质划分

根据教育法律关系所体现的教育内容性质,教育法律关系可分为基本教育法律关系、普通教育法律关系和诉讼教育法律关系。

1. 基本教育法律关系

基本教育法律关系是指由国家宪法或宪法性法律所确认的,直接反映教育制度、教育性质等的法律关系。它主要包括公民与国家之间的教育权利和义务关系、国家机构之间的教育权利和义务关系。《宪法》第十九条规定:"国家发展社会主义的教育事业,提高全国人民的科学文化水平。国家举办各种学校,普及初等教育,发展中等教育、职业教育和高等教育,并且发展学前教育。国家发展各种教育设施,扫除文盲,对工人、农民、国家工作人员和其他劳动者进行政治、文化、科学、技术、业务的教育,鼓励自学成才。国家鼓励集体经济组织、国家企业事业组织和其他社会力量依照法律规定举办各种教育事业。国家推广全国通用的普通话。"这些规定明确地反映出我国在教育性质、教育目的和教育制度等方面的权利和义务,反映出国家与公民之间、国家机构之间在教育方面的权利和义务关系。

2. 普通教育法律关系

普通教育法律关系是指存在于以宪法或宪法性法律为指导的实体法(指以规定和确认实体性权利和义务或职权和职责为主的法律)之中的各种教育法律关系。例如,《教育法》第四十三条规定,受教育者具有参加教育教学计划安排的各种活动,使用教育教学设施、设备、图书资料的权利;对学校给予的处分不服向有关部门提出申诉,对学校、教师侵犯其人身权、财产权等合法权益,提出申诉或者依法提起诉讼的权利等。《教育法》第四十四条还规定,受教育者要履行遵守法律、法规;遵守学生行为规范,尊敬师长,养成良好的思想品德和行为习惯等义务。这些权利和义务关系属于普通教育法律关系。

3. 诉讼教育法律关系

诉讼教育法律关系是指依据诉讼教育法律规范而形成的,存在于诉讼程序过程之中的教育法律关系。当基本教育法律关系和普通教育法律关系受到破坏或者侵犯当事人权利时,由于当事人提起诉讼,诉讼教育法律关系随之产生。

(二) 根据各主体之间的相互地位是否平等划分

根据各主体之间的相互地位是否平等,教育法律关系可分为平权型教育法律关系和隶属型教育法律关系。

1. 平权型教育法律关系

平权型教育法律关系是存在于法律地位平等的教育法律关系主体之间的权利和义务关系。法律地位平等是指教育法律关系主体之间不存在隶属关系,它主要包括不存在职务上的上下级或管理与被管理的关系,也不存在一方权利主体利用职权支配另一方权利主体的关系。

平权型教育法律关系与一般民事法律关系一样,都具有横向的平等特征。平权型教育法律关系主要以民事诉讼的途径进行救济。

2. 隶属型教育法律关系

隶属型教育法律关系具有纵向隶属的特征,权利主体双方是管理与被管理的关系。这种教育法律关系存在于具有职务关系的上下级之间,也存在于依法享有管理权限的国家机构与其管辖之内的各法律关系主体之间。隶属型教育法律关系主要通过行政法律关系表现出来。

隶属型教育法律关系是存在于法律地位不平等的教育关系主体之间的权力服从关系,也可以理解为一方当事人可以利用职权而直接要求对方当事人做出一定行为或不做出一定行为的法律关系。

(三) 根据各主体是否完全特定化划分

根据各主体是否完全特定化,教育法律关系可分为绝对教育法律关系和相对教育法律关系。

1. 绝对教育法律关系

绝对教育法律关系是指存在特定的权利主体而没有特定的义务主体的教育法律关

系。这种教育法律关系是"以一个人对一切人",即该教育法律关系的义务主体不是具体的个人、组织或国家机关。在法律中能够表现出此类教育法律关系的词汇为"任何""一切"等。例如,《义务教育法》第四十九条规定:"义务教育经费严格按照预算规定用于义务教育;任何组织和个人不得侵占、挪用义务教育经费,不得向学校非法收取或者摊派费用。"根据这一规定,学校作为依法获得教育经费并享有支配教育经费的权利主体,是与其他任何不得侵占、挪用教育经费,不得向学校非法收取或者摊派费用的义务主体相对应的,包括任何组织和个人。

2. 相对教育法律关系

相对教育法律关系是指存在于特定的权利主体和特定的义务主体之间的教育法律关系。这种教育法律关系是"以某个人对某个人",即在这种教育法律关系中的权利主体和义务主体都是具体的。例如,在教师聘任的法律关系中,受聘教师具体享有哪些权利、履行哪些义务都是明确规定的,与之相对应,聘任者具体享有哪些权利、履行哪些义务也是有明确规定的。这样在权利义务主体双方都具体的前提下,依据教师聘任的相关法规,在有教师聘任事实存在的条件下,便形成了相对教育法律关系。缺少其中任何一环,都不会建立相对教育法律关系。

除以上教育法律关系的类型外,教育法律关系还有多种划分。例如,根据教育法律关系的产生是否运用法律制裁,教育法律关系可分为调整性教育法律关系和保护性教育法律关系;根据教育法律关系主体所扮演的社会角色不同,教育法律关系可分为教育内部的法律关系和教育外部的法律关系等。由此可见,教育法律关系具有多样性的特点,根据不同的划分标准,教育法律关系的类型也不相同。在教育活动中既存在行政法律关系,也存在民事法律关系。

三、教育法律关系的特性

教育法律关系的特性是指教育法律关系区别于其他法律关系所特有的属性,具体分为以下几点。

(一) 教育法律关系是以教育法律规范为前提而形成的特殊社会关系

教育法律关系的存在是以教育法律规范的存在为前提的,没有教育法律规范的存在,就没有教育法律关系的存在。例如,同学之间的友谊关系、教师和同学之间的相互信任关系等,都不是由教育法律规范来调整的,所以这类关系都不具备教育法律关系的性质。教育法律关系是教育法律规范对教育活动中的社会关系进行调节的产物,是教育法律规范调节教育活动中各种行为所产生的社会关系,因此,教育法律规范是教育法律关系形成的前提。如果将社会关系纳入教育法律规范调整的范畴中,这种社会关系就成为一种教育法律关系。在没有《义务教育法》之前,就有学生入学接受教育这一社会现象的存在，由此便有了学生与学校之间的社会关系。但是这种社会关系不具有强制性，也没有明确的法律规范作为调整这种关系的依据，所以，学生是否按时入学与学校之间并不属于法律性的社会关系。而《义务教育法》施行之后，学生与学校之间便形成了一种教育法律关系。

(二) 教育法律关系是以权利和义务为核心而结成的社会关系

各种法律关系都以权利和义务为内容。在教育法律关系中，法律关系主体在享有一定权利的同时必须要履行相应的义务。教育法律规范的确定，就是要通过权利和义务的确定将当事人纳入教育法所调整的范围内，使当事人成为权利的享有者和义务的履行者。明确了当事人的权利和义务，也就明确了相互之间由法律调整的社会关系。

(三) 教育法律关系的存在是以国家强制力作为保障的

教育法律规范明确了当事人应当做什么、不得做什么和必须做什么，这是国家意志的体现，是通过国家强制力来实现的。因此，任何侵犯他人合法利益或者不履行法定义务的行为都会受到法律的制裁。但当教育法律关系受到破坏时，国家强制力是否立即发挥作用，则要取决于教育法律关系的性质。这种性质有强制性的，有任意性的。当具有强制性的教育法律关系遭到破坏时，需要受到国家强制力的直接保障；当具有任意性的教育法律关系遭到破坏时，需要通过权利人的请求，国家强制力才会发挥作用。

(四) 教育法律关系是反映教育规律的社会关系

教育法律关系不但具有国家强制力，是国家意志的体现，而且要反映教育自身的规律和实际发展状况。教育法律关系不是任意创造和消灭的，而是不以人的意志为转移的。并不是任何教育关系都可以上升为教育法律关系，只有那些符合规律并被广泛认识和掌握了的，并且不危及统治阶级利益的教育关系才可能被提升为教育法律关系。

经典案例

小学生鼓乐队被"出租"

某厂为新产品在省里获奖开庆祝会，为增添喜庆气氛，特地花5000元租用了明光小学的学生鼓乐队为其演奏。会后，该厂又让这些小学生身披印有该厂广告的绶带，走街串巷，吹吹打打，为获奖的新产品进行宣传。

时逢6月天，两个小时走下来，学生们个个汗流浃背，小脸通红。然而，这些耽误了功课、吹奏了一上午的小学生们，每人只得到了厂家赠送的一块雪糕和一个笔记本，拖着疲惫的脚步回到家中。一个小学生说，刚开始参加这样的活动时，我们觉得好神气、好风光，以后次数多了，有时连续几天为工厂、商店的庆典开张去助兴，我们才发觉是学校把我们"出租"了。好多次在会场上，我真想大声喊："我要回校读书！"

资料来源：周娟娟. 学校教育法律问题案例及分析研究 [EB/OL]. (2019-03-10)[2020-07-15]. https://max.book118.com/html/2019/0307/6132242152002013.shtm.

课堂讨论

学生与教师、学校的关系应该是怎样的？"出租"学生的行为违反了什么法律？

第二节 教育法律关系的要素

教育法律关系是由教育法律关系的主体、客体与内容三个要素构成的。

一、教育法律关系的主体

教育法律关系主体是指教育法律关系的参加者，即在教育法律关系中享有权利或承担义务的人。这里的参加者主要包括自然人和法人。法律上所称的"人"主要包括自然人(具有生命并具有法律人格的个人，包括公民、外国人和无国籍的人)和法人(具有法律人格，能够以自己的名义独立享有权利或承担义务的组织)。

(一) 教育法律关系主体的种类

在我国，教育法律关系的主体主要包括国家、教育行政机关及其工作人员、学校及其他教育机构、教职员工、学生、学生家长、用人单位、其他国家机关、企业事业单位、社会组织，以及外国人和无国籍人。概括来讲，能够参加教育法律关系的主体主要有三种：公民(自然人)、机构和组织(法人)、国家。

1. 公民(自然人)

这里的公民指中国公民，也指居住在中国境内或在境内活动的外国公民和无国籍人，如教师和其他教育工作者、受教育者、家长和其他公民个人等。公民在依法参与各项教育、教学和科研活动时，就会与教育主管机关或者教学科研机构之间发生教育法律关系，并成为该教育法律关系的主体，即一方当事人。

2. 机构和组织(法人)

机构和组织主要包括两类：一类是各种国家机关，包括权力机关、行政机关、司法机关等，其具有权力特征；另一类是社会组织，包括政党、企业事业单位和社会团体等。这些组织的教育法律关系广泛，无论是在教育民事法律关系中，还是在教育行政法律关系中，都可以依法成为教育法律关系的主体。

3. 国家

国家也是一定的教育法律关系的主体。从国际法方面讲，国家主要以国际法主体的名义参与国际教育活动、签署国际教育协议等。从国内法方面讲，国家主要通过各级权力机关、各级司法机关、各级行政机关等分别行使国家的教育立法权、教育司法权和教育行政权，从而成为具体的教育法律关系主体。

(二) 成为教育法律关系主体的资格

无论是公民还是组织，要成为具体法律关系的主体，即作为权利享有者和义务承担者，必须具有权利能力和行为能力。

1. 权利能力

权利能力是指由法律所确认的，能够参加一定的法律关系，依法享有一定的权利或承担一定义务的资格。这是教育法律关系主体参加一切教育法律关系所必须具备的前提条件。不具有权利能力，就表明没有资格享有权利，同时没有资格承担义务。依据教育法的规定，教育权利能力的取得主要有4种方式：一是依法律规定取得；二是依法定程序经国家有关部门批准取得；三是申请并经核准登记取得；四是经培养、考核或考试取得。根据主体的不同，权利能力可以分为自然人的权利能力和法人的权利能力。

(1) 自然人的权利能力。自然人的权利能力分为一般权利能力和特殊权利能力两种。一般权利能力是指享有一般的法律权利，从事一般的法律活动的资格，是所有公民都普遍享有的，始于出生，终于死亡。例如，《宪法》第四十六条规定："中华人民共和国公民有受教育的权利和义务。"这就说明我国所有公民都拥有受教育的权利能力。而自然人的特殊权利能力则必须以一定的法律事实出现为条件才能享有，如《义务教育法》第二条第三款规定："实施义务教育，不收学费、杂费。"这一条款表明，达到依法接受义务教育条件的学生才拥有不交学费、杂费的资格。

(2) 法人的权利能力。法人的权利能力开始于法人依法成立，结束于法人的解体或撤销。《中华人民共和国民法典》第五十九条规定："法人的民事权利能力和民事行为能力，从法人成立时产生，到法人终止时消灭。"法人权利能力的内容和范围与法人成立的宗旨和业务范围直接相关，也根据法人的性质不同而不同，比如企业法人、机关法人、事业单位法人和社会团体法人各自的权利能力是不相同的，由有关法律和法人组织的合法章程加以规定。

2. 行为能力

(1) 自然人的行为能力。具有教育权利能力的人或组织要独立地享有教育权利，实现教育权利、承担教育义务，除了要具有权利能力之外，还必须具有行为能力。行为能力是指由法律确认的，法律关系的主体能够通过自己的行为行使权利和承担义务的能力。行为能力不是做出一定行为的能力，而是取得权利、行使权利和承担义务的能力。因此，它的前提是权利能力，主体只有具备权利能力，有取得权利的资格和履行义务的资格，才有条件做出取得权利、行使权利和承担义务的行为。

对于法人来说，教育权利能力与教育行为能力是同生同灭的，而自然人的教育权利能力与教育行为能力的产生与消亡却不是一致的。比如，儿童有受教育的权利能力，但只有达到一定的年龄才具有接受学校教育的行为能力。在这个意义上，权利能力更具有"公民"属性，即只要具有一国国籍就可获得此项权利，而行为能力则更突出"行为"属性，强调行为的可行性。

在法律上确定行为能力的依据是主体的意志自由，即主体能够理解自己行为的社会意义并能够控制自己的行为。因此，有权利能力的人不一定有行为能力。各国立法在确定自然人的意志自由状态方面，通常要考虑的因素则是年龄的大小和精神是否健康两个方面。根据《民法典》的规定，自然人民事行为能力人可以分为三类。

第一类为完全行为能力人——成年人为完全民事行为能力人，可以独立实施民事法律行为。16周岁以上的未成年人，以自己的劳动收入为主要生活来源的，视为完全民事行为能力人。

第二类为限制行为能力人——8周岁以上的未成年人为限制民事行为能力人，实施民事法律行为由其法定代理人代理或者经其法定代理人同意、追认；但是，可以独立实施纯获利益的民事法律行为或者与其年龄、智力相适应的民事法律行为。此外，不能完全辨认自己行为的成年人为限制民事行为能力人，实施民事法律行为由其法定代理人代理或者经其法定代理人同意、追认；但是，可以独立实施纯获利益的民事法律行为或者与其智力、精神健康状况相适应的民事法律行为。

第三类为无行为能力人——不满8周岁的未成年人为无民事行为能力人，由其法定代理人代理实施民事法律行为。

由上可知，未成年学生在学校学习生活期间发生的法律纠纷通常由其父母或者其他法定监护人承担法律责任。

(2) 组织和机构(法人)的行为能力。法人也具有行为能力，但与自然人的行为能力有所不同。法人的权利能力与行为能力是相伴随的，即权利能力和行为能力自法人成立之日起同时产生，随法人的终止而消灭。而公民具有权利能力并不一定同时具有行为能力。另外，法人的行为能力是通过法人的代表人来实现的，这与自然人的行为能力是通过自己来实现也是不同的。与行为能力直接相关的是责任能力。责任能力是指法律关系主体通过自己的行为承担法律责任的能力。一般说来，责任能力是通过行为能力表现出来的，完全行为能力人即完全责任能力人，限制行为能力人即限制责任能力人，而无行为能力人则是无责任能力人。但值得注意的是，行为能力与责任能力的年龄在不同法律中的规定是不相同的，因而有时违法主体和承担法律责任主体是不统一的。根据《中华人民共和国刑法》(主席令13届60号)第十七条至第十九条的规定，完全行为能力人、限制行为能力和无行为能力人的刑事责任状况如下：①已满16周岁的人犯罪，应当负刑事责任。已满14周岁不满16周岁的人，犯故意杀人、故意伤害致人重伤或者死亡、强奸、抢劫、贩卖毒品、放火、爆炸、投放危险物质罪的，应当负刑事责任。已满12周岁不满14周岁的人，犯故意杀人、故意伤害罪，致人死亡或者以特别残忍手段致人重伤造成严重残疾，情节恶劣，经最高人民检察院核准追诉的，应当负刑事责任。对依照前三款规定追究刑事责任的不满18周岁的人，应当从轻或者减轻处罚。因不满16周岁不予刑事处罚的，责令其父母或者其他监护人加以管教；在必要的时候，依法进行专门矫治教育。②精神病人在不能辨认或者不能控制自己行为的时候造成危害结果，经法定程序鉴定确认的，不负刑事责任，但是应当责令他的家属或者监护人严加看管和医疗；在必要的时候，由政府强制医疗。间歇性的精神病人在精神正常的时候犯罪，应当负刑事责任。尚未完全丧失辨认或者控制自己行为能力的精神病人犯罪的，应当负刑事责任，但是可以从轻或者减轻处罚。醉酒的人犯罪，应当负刑事责任。③又聋又哑的人或者盲人犯罪，可以从轻、减轻或者免除处罚。

二、教育法律关系的客体

教育法律关系的客体是指教育法律关系的权利和义务所指向的目标或对象。教育法律关系的客体是连接教育法律关系主体的权利和义务的桥梁。如果教育法律关系的客体不存在，那么教育法律关系的主体所享有的权利和承担的义务就会失去目标，教育法律关系就不会存在。可以说，教育法律关系的客体是构成教育法律关系必须具备的要素之一。

(一) 教育法律关系客体的种类

一般来说，教育法律关系的客体包括物、行为和智力成果三类。

1. 物

物是指一切财产权利对象。法律上所说的物包括一切可以成为财产权利对象的自然之物和人造之物。例如学校的经费、校舍、场地、设备等都属于教育法律关系中的物。以是否因为移动而改变用途和降低价值为标准，物又包括动产和不动产两部分。同样，教育法律关系的物也可分为动产和不动产两部分。

不动产主要包括学校占有的土地及各种场地、房屋和其他建筑设施、场馆以及大型设备等，这些是学校进行正常教育教学活动的前提条件。校长和学校的其他教职工要在自己的职权范围内管理好学校内的所有不动产。学校在确定固定资产范围的前提下，要分清产权问题，学校及其他教育机构中的国有资产属于国家所有，任何单位和个人不得侵占或挪用。

动产主要包括学校的各种资金、教学仪器、小型设备等。如何有效合理地利用教学仪器发挥教学仪器的教育功能也是学校亟待解决的问题。

2. 行为

行为是指法律关系主体所表现出的各种活动，即指主体的权利和义务所指向的作为或不作为。行为是教育法律关系客体中最为重要的内容。它主要包括行政机关的行政行为、学校及其他教育机构的管理行为，以及教育者与受教育者的教育教学行为等，具体包括教育拨款、贷款、学校招生、教师的教育教学、学生学习、教育社会实践等行为。

3. 智力成果

智力成果是指人们在智力活动中所创造的精神财富。智力成果具有非物质财富的性质，是人类脑力劳动和人类文明的结晶。教育活动中的智力成果主要包括各种科技成果、专著和教材，具有法律效力的教学方法、教案等。

(二) 成为教育法律关系客体的基本条件

教育法律关系的客体应具备下述三个条件。

第一，必须是一种资源，能够满足人们的某种利益需要。

第二，必须具有一定的稀缺性。

第三，必须具有可控制性，可以被需要它的人为一定目的而占有和利用。

三、教育法律关系的内容

教育法律关系的内容是指教育法律关系的主体所享有的权利和履行的义务，即教育法律关系的主体依法享有的权益和依法应当承担的责任。如国家的权利和义务，教育行政机关、学校的权利和义务，校长、教师的权利和义务，学生的权利和义务，社会组织的权利和义务等。权利和义务是法律的核心问题，也是制定法律的依据。在教育法律关系中，当事人享有的权利和履行的义务是对应的，是相互影响、相互制约的。

(一) 教育法律权利

教育法律权利可以简称为教育权利，是指教育法律关系主体依法享有的某种利益。它通常的表现形式为行为权、要求权和请求权。

1. 行为权

行为权是指教育法律关系的主体为或不为一定行为的权利。教育法律关系主体的行为权是自己以做出或不做出某种行为的方式来满足其利益要求的权利。这种教育权利的形式可以以作为的方式进行，也可以以不作为的方式实现。比如，学校接收适龄学生入学的行为就是一种作为，而学校拒绝教育行政部门违反法律规定侵占或挪用学校教育经费的行为，可以视为对其利益维护的一种不作为。

2. 要求权

要求权是指教育法律关系主体要求义务人做出或者不做出某种行为的权利，以保证权利人要求义务人停止侵害以维护自己的利益，或者要求负有积极义务的义务人做出积极行为以满足权利人的利益要求。例如，学校有维护教育教学正常秩序的权利，其中包括要求义务人停止侵害教育教学正常秩序，维护自己利益的权利，也包括可以要求负有积极义务的义务人做出这种积极行为的权利。

3. 请求权

请求权是指教育法律关系主体在法律权利受到侵害时请求国家提供保护的权利。这一权利直接体现国家的强制力。这种权利主要体现在诉讼教育法律关系之中，表现为对受侵害权利的一种法律救济，可以通过申诉、控告等不同途径来实现。

(二) 教育法律义务

教育法律义务也可称为教育义务，是指教育法律关系主体依法所应承担的某种责任。教育法律义务主要包括不作为、积极作为和接受国家强制三种形式。

1. 不作为的义务

不作为，即义务人不为一定的行为(义务人有义务按照权利人的要求停止实施一定行为的义务)。这一义务与权利人的行为权利相对应。如《义务教育法》第四十九条规定："义务教育经费严格按照预算规定用于义务教育，任何组织和个人不得侵占、挪用义务教育经费，不得向学校非法收取或者摊派费用。"在这里，只要义务人不作为就构成了权利人权利实现的条件。

2. 积极作为的义务

积极作为，即义务人应该按照法律的规定或权利人的要求，做出积极的行为以满足权利人的利益要求。这一义务与权利人的要求权利相对应。例如，《义务教育法》第六条第一款规定："国务院和县级以上地方人民政府应当合理配置教育资源，促进义务教育均衡发展，改善薄弱学校的办学条件，并采取措施，保障农村地区、民族地区实施义务教育，保障家庭经济困难的和残疾的适龄儿童、少年接受义务教育。"在这里，国务院和县级以上地方人民政府在促进义务教育均衡发展，保障残疾儿童接受义务教育上属于积极义务的承担者，这种义务的任何不履行或者不完全履行都可以引起权利人要求权的行使。

3. 接受国家强制的义务

接受国家强制，即义务人不履行义务时，必须接受国家的强制。这一义务与权利人的请求权利相对应。权利人的请求权的行使引起国家强制力的发挥。例如，在《义务教育法》中明确规定了凡年满6周岁的儿童，其父母或者其他法定监护人应当送其入学接受并完成义务教育。如果在没有正当理由的条件下，适龄儿童的父母不让其子女入学接受义务教育，那么相关教育行政部门可以提出强制其子女入学的申请。

(三) 教育权利和义务的关系

权利和义务是一对表征关系和状态的范畴，反映的是人们之间利益的获取或付出。从本质上看，权利是指法律保护的某种利益，表现为要求权利相对人可以怎样行为、必须怎样行为或不得怎样行为。权利关系的主体可以按照自己的意愿放弃或者享有一种权利，权利具有选择性。义务是指人们必须履行的某种责任，表现为必须怎样行为和不得怎样行为。因为不履行相应的义务就会承担相应的法律责任，所以义务不具有选择性。权利和义务是法律调整的特有机制，也是教育法律关系内容的核心。

1. 从宏观方面讲

在教育法律权利和义务的相互关系问题上，没有无权利的义务，也没有无义务的权利，两者是相互联系、相互制约、相互依存、不可分割的统一体。权利是履行义务的前提，义务是享有权利的基础，离开一方另一方也无法实现。因此，任何教育法律关系都可以反映出权利与义务的统一性。例如，贫困大学生在享有国家提供的助学贷款的同时必须履行按期归还贷款的义务。从权利和义务的主体之间的关系来看，虽然权利具有选择性，义务具有不可选择性，但是这并不代表权利是无限的、无条件的，而义务是绝对的、固定不变的。超出一定的范围或者条件，权利和义务也可以相互转化。

2. 从微观方面讲

教育权利与义务的关系可以理解为结构相关、数量相当、功能互补和价值主从的关系。

结构相关是指任何一项教育法律权利的获得都必须有相对应的教育法律义务，两者是相互关联、对立统一的，既没有无义务的权利，也没有无权利的义务。

数量相当是指教育法律权利和义务在总量上总是大体相等的。如果教育法律权利总量大于义务的总量，有的权利就是虚设的；如果教育法律义务总量大于权利的总量，就会出现特权。《宪法》第三十三条第四款规定："任何公民享有宪法和法律规定的权利，同时必须履行宪法和法律规定的义务。"但是这里所说的数量相当并不是指数量的绝对相等或者一个权利主体的出现总是对应着一个义务主体的存在。例如，一个教师要对多个学生负有教育的义务，就不能只强调权利与义务数量的绝对相等。

功能互补是指权利和义务对主体都具有自己独特的贡献。教育法律规范是通过教育法律权利和义务双向机制来调整人们行为的，两者在总体上呈现相互补充的功能。不同的条件下，权利和义务的突出作用也不同。教育法律权利表征利益，教育法律义务表征负担。因此，我们不能只强调自己的权利而忽视履行义务，也不能只强调履行义务而忽视权利的行使。在教育法律关系中，主体之间只有在这种教育法律权利和义务的互动关系中，才能形成良好的教育秩序。

价值主从是指教育法律权利和义务在价值选择上并不是绝对平衡的，而是有主要与次要、主导与非主导之分的。关于权利和义务何为主要或主导方面，大体上有三种意见：权利本位论、义务本位论、权利与义务本位(或权利义务无本位)论。在我国社会主义条件下，社会主义法将权利本位与社会主义原则相结合，在规定权利义务关系上体现出的原则有以下几项：在法律面前人人平等；权利和义务之间的平衡；有关权利的实现与国家的经济发展相适应，不能超越特定的历史发展阶段；公民和政治权利的实现需要一个长期的渐进过程；权利的实现必须制度化、法律化。因此，在教育法律关系中，在对教育法律权利和义务的价值选择上，应当是权利本位的。因此，在教育活动中，我们要积极地使各教育法律关系主体的权利得到充分的保障。

第三节 教育法律关系的形成、变更与消灭

教育法律关系与其他社会关系一样总是处在不断变化之中，其本身具有动态性。教育法律关系的不断变化表现为教育法律关系的形成、变更与消灭的过程。

一、教育法律关系的形成、变更与消灭的含义

教育法律关系的形成、变更和消灭的过程，就是教育法律关系的演变。教育法律关系的演变不是随意的，它以教育法律规范的存在为前提。如果没有相应的教育法律规范，就不会有教育法律关系的形成、变更和消灭。

由于社会生活本身是不断变化的，教育法律关系也就不能不具有某种动态性，从而表现为一个形成、变更与消灭的过程。教育法律关系的演变也就表现为以下三种形式。

(一) 教育法律关系的形成

教育法律关系的形成是指由于一定法律事实的出现，而导致教育法主体间形成一定的教育法律关系。教育法律事件和教育法律行为，均可导致教育法律关系的产生。前者如一名儿童到了入学年龄，走进学校，就导致他和老师、学校等形成教育法律关系；后者如一名大学毕业生走上教师岗位，就导致他和任教的学校之间形成教育法律关系。

(二) 教育法律关系的变更

教育法律关系的变更通常是指教育法律关系的内容，即主体间的权利和义务发生变化。如联合办学的双方主体变更合同，导致双方的教育权利和义务改变。此外，一方主体的变更也可导致教育法律关系的变更。如学校的合并或分立，将导致学生与学校之间的教育法律关系发生改变。

(三) 教育法律关系的消灭

教育法律关系的消灭是指由于一定法律事实的出现，而导致教育法主体间权利义务关系归于消灭。如学生完成学业并毕业，该生与原学校的权利义务关系归于消灭；又如某生因病死亡或因病退学，也会导致该生与原学校教育法律关系归于消灭。

二、教育法律关系的形成、变更与消灭的条件

教育法律关系是根据教育法律规范对教育社会关系的调整而产生的权利、义务关系。没有相应的教育法律规范，就没有教育法律关系的形成、变更与消灭。法律规范本身不会产生教育法律关系，只有当一定的法律事实出现以后，才会引起教育法律关系的形成、变更与消灭。因此，教育法律关系的形成、变更与消灭不是随意的，必须符合两个方面的条件：第一个条件是抽象的，即教育法律规范的存在，这是教育法律关系形成、变更与消灭的前提和依据。例如，没有教育法律规范就没有教育法律关系。第二个条件是具体的，即教育法律事实的存在，它是教育法律规范中假定部分所规定的各种情况，一旦这种情况出现，教育法律规范中有关权利和义务的规定以及有关行为法律后果的规定就发挥作用，从而使一定的教育法律关系形成、变更或消灭。例如，《教师法》明确规定了教师权利、义务和教师任职的条件，只有当教师按《教师法》的规定被学校聘任后，才能引起教育法律关系的出现。

教育法律关系的形成、变更与消灭的条件是教育法律规范加以规定的教育法律事实的存在。教育法律事实是指由教育法律规定的，能够引起教育法律关系形成、变更与消灭的各种客观事实的总称。教育法律事实是由教育法律加以规定，能够引起法律后果的事实，而不是普通意义上的事实。教育法律事实与普通意义上的事实有重要区别：第一，教育法律事实是一种规范性事实。它是教育法律规范的产物，没有教育法律规范就不会有教育法律事实，法律事实的产生必须符合法律规范的要求。第二，教育法律事实是一种能用证据证明的事实。这意味着教育法律事实不能仅凭法律推定得到证实。第三，教育法律事实是一种具有法律意义的事实。它必定会产生一定的法律后果，导致一定的法律权利或义务的形成、变更与消灭。

教育法律事实的种类可以根据不同的标准进行多种划分，常见的划分方法是将教育

法律事实分为事件(教育法律事件)和行为(教育法律行为)。这种分类方法是按照教育法律事实是否与当事人的意志有关的标准而划分的。

教育法律事件是指不以人的意志为转移而发生的事件,由于它的发生而导致一定的后果。导致事件发生的原因,既可以来自社会,如战争等,也可以来自自然,如火山喷发、地震、海啸等,还可能来自时间的流逝,如各种时效的规定等。教育法律事件可以分为绝对教育法律事件和相对教育法律事件。绝对教育法律事件是指不以人的意志为转移而完全自然发生的现象,如自然出生、死亡和自然灾害等。相对教育法律事件是指人做出某种行为,做出该行为的意愿与其引起的教育法律关系没有必然的关联。

教育法律行为是指依据当事人的意愿而做出的可以引起法律后果的活动,它包括合法行为和违法行为。合法行为引起肯定性的法律后果,违法行为引起否定性的法律后果。行为一旦做出,也是一种事实,它与事件的不同之处在于,当事人的主观因素是引发此种事实的原因。因此,如果当事人既无故意又无过失,而是由于不可抗力或不可预见的原因而引起的某种法律后果的活动,在法律上不被视为行为,而被归入事件。教育法上所说的行为,仅指与当事人意志有关且能够引起教育法律关系后果的那些行为。教育法律行为是引起教育法律关系形成、变更和消灭的普遍的法律事实。例如,教师体罚学生是一种违法行为,这种行为导致教师对学生受教育权、人身权等权利的侵犯,从而使"教师不得体罚学生"的法律规范所确认的教师与学生之间的法律关系从可能变为现实。

在研究教育法律事实问题中,我们还要看到两种复杂的现象。一种现象是,同一个教育法律事实可以引起多种教育法律关系的形成、变更与消灭。另一种现象是,存在两个或两个以上的法律事实时,才能引起某种法律关系的形成、变更与消灭。第二种现象中的两个或两个以上的教育法律事实即是教育法律事实构成。多数教育法律关系的形成、变更或消灭,必须以同时具备数个事实为条件,缺一不可。

第四节 教育权利主体及其相互关系

教育权利主体是教育法律关系中的重要组成部分,其各自享有一定的权利,也需要履行一定的义务。这种权利与义务的关系决定了教育法律关系主体之间的相互关系。

一、教育权利主体

教育权利主体是指教育法律关系的参加者,即享有教育权利并且履行教育义务的自然人或法人。教育权利主体并不是只强调教育权利的实现而忽视教育义务的履行,因为教育权利和义务是互为前提条件的。因此，只有教育权利主体履行相应的义务才能保证最大限度地享有自己的权利。从教育权利主体的定义中我们可以看出，教育权利主体包括自然人和法人，在具体的教育活动中教育权利主体包括政府、学校、社会、家庭、校长、教师和学生等。政府作为教育权利主体，其权利能力决定于政府的具体任务和职能。政府依据宪法和其他法律法规行使其权利，是国家强制力的执行者，是国家意志的代表者和执行者。学校作为法人，其法人的权利能力和行为能力自学校依法成立之日开始到解散时终止。学校按照国家的教育方针和教育目的，依法对学校进行自主管理，是重要的教育权利主体。社会作为教育权利主体，既包括依法建立的公众教育设施，如图书馆、科技馆等，又包括依法成立的各种具有民办性质的教育机构或组织，如各种补习学校等。家庭在保证学生的受教育权方面具有重要的作用。家长作为学生的父母或者法定监护人除享有一定的权利外，也要承担相应的义务。教师是教育法律关系中的重要主体之一，在学校教育教学活动中具有不可替代的作用。《教育法》和《教师法》对教师的权利与义务做出了详细的规定，其中教育权是教师享有的主要权利之一。学生是学校教育教学活动的对象，是学校教育教学活动的主体，学生作为教育权利主体所享有的受教育权是学生的基本权利。

二、教育权利主体的相互关系

教育权利主体的相互关系在教育活动中主要表现为管理与被管理、教育与被教育的权利、义务关系，具体包括政府与学校的关系、学校与教师的关系、学校与学生的关系、教师与学生的关系、学校与家庭的关系、学校与社会的关系等。

(一) 政府与学校的关系

政府与学校之间的法律关系是垂直的行政法律关系。学校作为一种教育组织，与其他组织或机构一样必须接受政府的行政管理。因此，学校要在政府部门的领导、管理和监督下，依据国家教育方针和法律法规举办学校。行政法律关系的主体主要包括行政主体(支配者)和行政相对人(受支配者)，也就是行政关系中的双方当事人。在政府与学校的行政关系中，政府是行政主体，而学校是行政相对人。但行政法律关系中的当事人双方不属于完全单向性的支配关系。学校在政府部门的领导、管理和监督下，要受到政府部门的管理与支配，但是这种行政法律关系并不排除学校拥有办学自主权，不排除学校可以在其权限范围内对受教育者行使国家授予的教育权。

政府的教育权利主要体现在政府的教育权上。各级政府的教育权包括以下几项。第一，国务院和地方各级人民政府根据分级管理、分工负责的原则，领导和管理教育工作。中等及中等以下教育在国务院领导下，由地方人民政府管理；高等教育由国务院和省、自治区、直辖市人民政府管理；农村义务教育在国务院领导下，由地方领导负责、以县为主、分级管理——县级人民政府对农村义务教育负有主要责任,省、地(市)、乡等地方各级人民政府承担相应的责任,中央政府给予必要的支持。第二,国务院教育行政部门主管全国教育工作,统筹规划,协调管理全国的教育事业。县级以上地方人民政府教育行政部门主管本行政区域内的教育工作,县级以上各级人民政府及其他有关部门在各自的职责范围内,负责有关的教育工作。这些工作具体包括制定教育方针、法规、政策及地区教育发展规划,建立学制系统、课程设置和课程标准;审核、批准、注册或备案学校;审定基础教育教科书;实施教育考试;管理和认定教师资格和职务;加强对学校教育经费的监督管理;提高教育投资效益;对学校进行督导评估;对学校主管责任人员的违法行为给予行政处分与行政处罚;等等。

学校的权利包括以下几项:按照章程自主管理学校;组织实施教育教学活动;招收学生或者其他受教育者;对受教育者进行学籍管理,实施奖励或者处分;给受教育者颁发相应的学业证书;聘任教师及其他职工,实施奖励或者处分;管理、使用本单位的设施和经费;拒绝任何组织和个人对教育教学活动的非法干涉;法律法规规定的其他权利。

要保证学校的权利得到实现,国家应履行相应的义务,主要包括以下几项:国家建立以财政拨款为主、其他多种渠道筹措教育经费为辅的体制,逐步增加对教育的投入,保证国家举办的学校教育经费的稳定来源;各级人民政府的教育经费支出,按照事权和财权相统一的原则,在财政预算中单独列项;国务院及县级以上地方各级人民政府应当设立专项资金,重点扶持边远贫困地区、少数民族地区实施义务教育;采取优惠措施,鼓励和扶持学校在不影响正常教育教学的前提下开展勤工俭学和社会服务,兴办校办产业;国务院和县级以上地方人民政府应当合理配置教育资源,促进义务教育均衡发展,改善薄弱学校的办学条件,并采取措施,保障农村地区、民族地区实施义务教育,保障家庭经济困难的和残疾的适龄儿童、少年接受义务教育;国家财政性教育经费、社会组织和个人对教育的捐赠,必须用于教育,不得挪用、克扣;地方各级人民政府及其有关行政部门必须把学校的基本建设纳入城乡建设规划,统筹安排学校的基本建设用地及所需物资,按照国家有关规定实行优先、优惠政策;各级人民政府对教科书及教学用图书资料的出版发行,对教学仪器、设备的生产和供应,对用于学校教育教学和科学研究的图书资料、教学仪器、设备的进口,按照国家有关规定实行优先、优惠政策;县级以上人民政府应当发展教育信息技术和其他现代化教学手段,有关行政部门应当优先安排,给予扶持等。另外,《义务教育法》规定,发生违反《义务教育法》的重大事件,妨碍义务教育实施,造成重大社会影响的,负有领导责任的人民政府或者人民政府教育行政部门负责人应当引咎辞职。

(二) 学校与教师的关系

学校与教师的关系可以看作一种学校内部的教育关系,两者之间的关系处理得好坏直接关系到学校的发展以及教育教学质量的高低。学校与教师之间存在着权利与义务的关系，直接地表现为管理与被管理的关系，而这种关系正是通过学校的权利、义务和教师的权利、义务表现出来的。

学校对教师的权利主要包括以下几项：聘任教师；培训教师；组织教师的教育教学活动；对教师的政治思想、业务水平、工作态度和工作成绩进行考核；对教师实施奖励；对故意不完成教育教学任务给教育教学工作造成损失，体罚或者变相体罚学生经教育不改以及品行不良、侮辱学生造成恶劣影响的教师给予行政处分或者解聘；法律、法规规定的其他权利。

教师在学校的权利主要包括以下几项：进行教育教学活动；开展教育教学改革和实验；从事科学研究、学术交流，参加专业的学术团体，在学术活动中充分发表意见；指导学生的学习和发展，评定学生的品行和学业成绩；按时获取工资报酬，享受国家规定的福利待遇以及寒暑假期的带薪休假；对学校教育教学、管理工作和教育行政部门的工作提出意见和建议，通过教职工代表大会或者其他形式，参与学校的民主管理；参加进修或者其他方式的培训等。

从学校与教师的权利可以得知，为保证教师的利益，相应的主体也必须同时履行义务。例如，要保证教师完成教育教学任务，各级人民政府、教育行政部门和学校有义务为教师提供符合国家安全标准的教育教学设施和设备，提供必要的图书、资料及其他教育教学用品，对教师在教育教学、科学研究中的创造性工作给予鼓励和帮助，支持教师制止有害于学生的行为或者其他侵犯学生合法权益的行为等。

经典案例

对行政机关不依法行政侵犯教师受聘权的分析

尹某原为某市中学在聘语文高级教师，1996年12月20日取得教师资格证书。在他撰写的《入学教育课》论文中，提出了"读书考大学，是为了自己，不是别人"的观点。尹某在其《人世老枪》一书中有"世上的一切都必须为我服务，不然，这一切都没有意义"等言论。尹某在教学过程中曾向学生推销该书。某市教育局发现尹某在《入学教育课》论文及《人世老枪》一书中的一些错误言论及其向学生推销作品的问题后，即组织专人对有关情况进行了查处，并向市辖各县市区教育局、城区各中学下发了《关于查处向学生推销〈人世老枪〉问题的情况通报》：同意某市中学对尹某实行解聘；某市(含五县市区)的所有学校不得聘尹某当教师。

尹某认为这一处理不符合《教师法》的规定，教育局的行为已超出了其权限，遂以某市教育局为被告向法院提起行政诉讼。法院经审理认为：某市教育局对尹某做出的"限聘"决定，是超越职权的违法行政行为，判决撤销某市教育局对尹某做出的"某市(含五县市区)的所有学校不得聘尹某当教师"的处理意见。

法院依法撤销了某市教育局违法的行政命令，这是形式法治的内在要求。但这并不表明法律认可尹某的"不符合国家教育主流方向的言行"。

资料来源：人民教育出版社网站. 教师维权之对行政机关不依法行政侵犯教师受聘权的分析 [EB/OL]. (2010-03-02)[2020-07-23]. https://teacher.eol.cn/jiaoshiweiquan_9522/20100302/t20100302_452457.shtml.

课堂讨论

试讨论尹某传播有害学生身心健康的思想最终却没有被限聘的原因。

(三) 学校与学生的关系

在教育实践活动中，辱骂、体罚或者变相体罚等侵犯学生合法权利的事实仍然存在。认清学校与学生之间的法律关系是目前我们亟待解决的问题之一。然而，关于学校与学生的法律关系目前学术界看法不一。通常将学校和学生的教育法律关系看作两种关系：公法上的特别权利关系和教育法上的教育契约关系。学生与学校之间的法律关系是通过两者的权利和义务体现出来的。这种关系虽然发生在教育活动或教育管理活动之中，但却不能等同于教育活动之中的学校与学生之间的"教育者—受教育者"关系，也不能等同于学校管理活动之中的学校与学生之间的"管理者—被管理者"关系。这是因为，学校与学生的法律关系是以法律赋予两者的权利与义务关系为前提的，没有法律规定的学校与学生之间的关系不属于学校与学生之间的法律关系。

我国学校的权利，特别是公立学校的权利，是国家权力和意志的体现。可以说，学校的权利既与国家的权力相互制约，也与学生的权利相互影响。学校的教育权直接作用于学生的受教育权。前面已经详细地阐述了学校的教育权，这里仅阐述法律赋予学生的权利和义务以及学校为保证学生的权利而应承担的义务。

学生享有的权利包括以下几项：参加教育教学计划安排的各种活动，使用教育教学设施、设备、图书资料；按照国家有关规定获得奖学金、贷学金、助学金；在学业成绩和品行上获得公正评价，完成规定的学业后获得相应的学业证书、学位证书；对学校给予的处分不服向有关部门提出申诉，对学校、教师侵犯其人身权、财产权等合法权益，提出申诉或者依法提起诉讼；法律、法规规定的其他权利。

学生承担的义务包括以下几项：遵守法律、法规，遵守学生行为规范，尊敬师长，养成良好的思想品德和行为习惯；努力学习，完成规定的学习任务，遵守所在学校或者其他教育机构的管理制度。

为保证学生权利的实现，学校也应履行相应的义务。学校的义务包括以下几项：遵守法律、法规；贯彻国家的教育方针，执行国家教育教学标准，保证教育教学质量；维护受教育者的合法权益，以适当的方式为受教育者了解学业成绩及其他有关情况提供便利；遵照国家有关规定收取费用并公开收费项目；依法接受监督等。

(四) 教师与学生的关系

教师与学生的关系是教育活动中的核心关系。教师与学生之间的关系仍然是指法律上的权利与义务关系。依据法律，教师对学生具有直接作用的权利包括以下几项：进行教育教学活动，开展教育教学改革和实验；指导学生的学习和发展，评定学生的品行和学业成绩；制止有害于学生的行为或者其他侵犯学生合法权益的行为。学生对教师具有直接作用的权利包括以下几项：参加教育教学计划安排的各种活动，使用教育教学设施、设备、图书资料；在学业成绩和品行上获得公正评价；对教师侵犯其人身权、财产权等合法权益的行为提出申诉或者依法提起诉讼；法律、法规规定的其他权利。

为保证学生的受教育权，教师同样应履行相应的义务。教师对学生应履行的义务包括以下几项：遵守宪法、法律和职业道德，为人师表；贯彻国家的教育方针，遵守规章制度，执行学校的教学计划，履行教师聘约，完成教育教学工作任务；对学生进行宪法所确定的基本原则的教育，爱国主义、民族团结的教育，法制教育以及思想品德、文化、科学技术教育，组织、带领学生开展有益的社会活动；关心、爱护全体学生，尊重学生人格，促进学生在品德、智力、体质等方面全面发展；制止有害于学生的行为或者其他侵犯学生合法权益的行为，批评和抵制有害于学生健康成长的现象；不断提高思想政治觉悟和教育教学业务水平。

教师与学生之间的法律关系在较多的情况下可以理解为学校与学生之间的一种行政法律关系。因为学校特别是公立学校是依据国家的相关法律法规，由国家批准设立的，学校要按照国家的教育方针和教育目的进行教育教学活动，对学生进行一定的行政管理，而教师是接受学校委托对学生进行教育和管理的主体。在此情况下，我们可以把教师与学生之间的法律关系，看作学校与学生之间的行政法律关系。另外，学生和教师都是自然人或公民，教师与学生之间也可以形成一定的民事法律关系。因此，学生有权对学校、教师侵犯其人身权、财产权等合法权益的行为，依法提出申诉或者提起诉讼。

(五) 学校与家庭的关系

通常来说，学校与家庭的关系在一定程度上也可以看作学校和家长的关系。家庭在保证学生的教育权利方面具有重要的作用，它需要与学校配合，并参与和监督学校的教育教学工作。学校不仅有权实施教育教学活动，也有权对学生家长提供家庭教育指导，同时，还要对受教育者的监护人履行一定的义务。学校应履行的义务主要包括以下几项：以适当的方式为受教育者的监护人了解受教育者的学业成绩及其他有关情况提供便利;遵照国家有关规定收取费用并公开收费项目;依法接受学生家长的监督;等等。未成年学生的父母或者其他法定监护人,除具有参与、监督学校的教育教学工作的权利之外,还要依法履行相应的义务。家庭应履行的义务主要包括以下几项:保障适龄儿童按时入学接受义务教育,为未成年子女或者其他被监护人受教育提供必要的条件;配合学校,对其未成年子女或者其他被监护人进行教育;等等。学生家长如果不履行相应的义务就要承担相应的法律责任。例如,《义务教育法》第五条第二款规定:"适龄儿童、少年的父母或者其他法定监护人应当依法保证其按时入学接受并完成义务教育。"《义务教育法》第五十八条规定:"适龄儿童、少年的父母或者其他法定监护人无正当理由未依照本法规定送适龄儿童、少年入学接受义务教育的,由当地乡镇人民政府或者县级人民政府教育行政部门给予批评教育,责令限期改正。"

(六) 学校与社会的关系

学校作为一个开放的系统与社会之间依法存在权利和义务关系。随着学生的成长,他们与社会接触的机会越来越多,在社会中所获得的知识也越来越丰富。因此,学校教育权和学生受教育权的实现需要社会的支持,社会的发展也需要学校和学生的帮助。社会有权参与学校的管理,也有支持学校的教育教学工作的义务。社会应履行的义务主要包括以下几项:依法为儿童、少年、青年学生的身心健康成长创造良好的社会环境;同高等学校、中等职业学校在教学、科研、技术开发和推广等方面进行多种形式的合作;通过适当的形式,支持学校的建设,为学校组织的学生实习、社会实践活动提供帮助和便利;图书馆、博物馆、科技馆、美术馆、体育馆(场)等社会公共文化体育设施,以及历史文化古迹和革命纪念馆(地)应对教师、学生实行优待,为受教育者接受教育提供便利;广播、电视台(站)应当开设教育节目,促进受教育者思想品德、文化和科学技术素质的提高;建立和发展对未成年人进行校外教育的设施,开展有益于受教育者身心健康的社会文化教育活动;等等。在享受社会对其教育教学给予的基础上,学校有义务积极参加当地的社会公益活动,与基层群众性自治组织、企事业单位、社会团体相互配合,加强对未成年人的校外教育工作等。

【小　结】

1. 教育法律关系是指教育法律规范在调整教育社会关系中所形成的人们之间的权利与义务关系。

2. 教育法律关系是由教育法律关系的主体、客体与内容三个要素构成的。教育法律关系的主体主要包括三类:公民(自然人)、机构和组织(法人)以及国家。教育法律关系的客体主要包括物、行为和智力成果。教育法律关系的内容是指教育法律关系的主体所享有的权利和履行的义务,即教育法律关系的主体依法享有的权益和依法应当承担的责任。

3. 教育法律关系与其他社会关系一样总是处在一种不断变化之中，其本身具有动态性。教育法律关系的不断变化表现为教育法律关系的形成、变更与消灭的过程。

4. 教育法律关系的形成是指在教育法律关系主体之间产生了权利、义务关系。教育法律关系的变更是指教育法律关系主体、客体，或权利、义务的变化。教育法律关系的消灭是指教育法律关系主体间权利、义务的完全终止。

5. 教育法律关系的形成、变更与消灭的条件是教育法律规范加以规定的教育法律事实的存在。教育法律事实是指由教育法律规定的，能够引起教育法律关系形成、变更与消灭的各种客观事实的总称。教育法律事实可分为教育法律事件和教育法律行为。

6. 教育权利主体是教育法律关系中的重要组成部分。教育权利主体是指教育法律关系的参加者，即享有教育权利并且履行教育义务的自然人或法人。

7. 教育权利主体之间的相互关系在教育活动中主要表现为管理与被管理、教育与被教育的权利、义务关系，具体包括政府与学校的关系、学校与教师的关系、学校与学生的关系、教师与学生的关系、学校与家庭的关系、学校与社会的关系等。

课后练习

一、选择题

1. 下列不属于教育法律关系的主体的是(　　)。
   A. 公民　　　　B. 学校课程　　　C. 机构和组织　　　D. 国家
2. 对于违反学校管理制度的义务教育在校生，学校应该采取(　　)的措施。
   A. 开除学籍　　　　　　　　B. 批评并开除学籍
   C. 劝退　　　　　　　　　　D. 批评教育
3. 下列属于受教育者义务的有(　　)。
   A. 使用教学设施、设备、图书资料
   B. 完成规定的学习任务
   C. 在学业成绩上获得公正评价
   D. 按规定获得奖学金
4. 教育法律关系是以教育法律规范为(　　)而形成的特殊社会关系。
   A. 前提　　　　B. 准则　　　　C. 宗旨　　　　D. 根本

二、填空题

1. 法律关系是指在法律规范调整社会关系的过程中所形成的人们之间的_____关系。

2. 教育法律关系是由教育法律关系的_____、_____与_____三个要素构成的。

3. 教育法律义务主要包括_____、积极作为和_____三种形式。

4. 教育法律关系的客体包括物、_____和智力成果三类。

三、简答题

1. 什么是教育法律关系？教育法律关系具有哪些特性？
2. 简述具备什么条件才能成为教育法律关系主体。
3. 简述成为教育法律关系客体的基本条件。
4. 教育法律关系形成、变更与消灭的条件是什么？

第四章 教育法的制定、实施与监督

学习目标

1. 了解教育立法的含义、教育立法程序的含义,理解教育立法权限的划分及教育立法的基本程序。

2. 了解教育法实施的含义,理解教育法的解释形式,掌握教育法适用的含义及主体,掌握教育法遵守的含义及条件。

3. 了解教育法制监督的含义,理解教育法制监督的作用及主体。

4. 重点掌握教育法实施的内容,并能应用教育法的实施原理分析教育法实施中的具体问题。

知识结构图

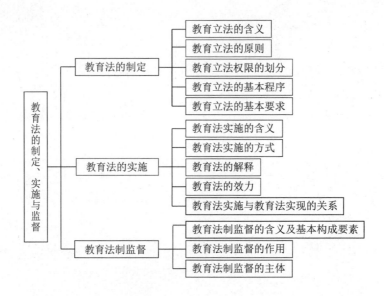

> **引言**
>
> 要保证教育事业健康有序地进行，必须走依法治教之路。教育法的制定是依法治教的前提，它解决的是教育"有法可依"的问题。在教育法治的过程中，除要有法可依外，还要"有法必依、执法必严、违法必究"，即有效实施教育法。

第一节 教育法的制定

一、教育立法的含义

法律制定是国家机关依据法定权限和程序，制定、修改和废止法律的活动，通常可以简称为立法。立法有广义和狭义之分，广义的立法泛指有关的国家机关依照法定权限和程序制定各种具有不同法律效力的规范性文件的活动；狭义的立法专指国家最高权力机关及其常设机关，依据法定权限和程序制定特定、具体的规范性文件的活动。教育法是整个法律体系中的组成部分，在我国现行的立法体制下，教育法的制定遵循一般法律制定的要求。教育法的制定是依法治教的前提，只有制定科学完善的教育法才可能实现教育领域的"有法可依，有法必依，执法必严，违法必究"。

立法通常指国家、国际机构或个人依照法定职权和法定程序制定、修改和废止法律及其他规范性法律文件的一种专门活动。在不同的历史时期或不同的国家，立法的程序和内容有很大差异。在古代社会，国家实行的是王制或帝制，以国王或皇帝为代表的少数人是法律的制定者。在现代社会，国家建立在公民概念的基础上，国家设立专门的立法机构制定法律。我国是社会主义国家，立法工作是由全国人民代表大会及其常务委员会、地方各级人民代表大会以及有关的授权机构开展的。

"立法"一词，很早就出现在中外古典书籍。我国战国时期的《商君书》记载："伏羲、神农教而不诛，黄帝、尧、舜诛而不怒，及至文武，各当时而立法，因事而制礼。"古希腊时期的思想家柏拉图在《理想国》和《法律篇》中对法律问题进行了讨论，他说："我们认为应该有办法效仿'黄金时代'的生活，如同传说的那样，在家庭和国家方面都要服从我们内心中那种永恒的素质，它就是理性的命令，我们称之为法律。"

立法的基本特点如下所述：从立法的性质来看，立法是国家的专有活动，是国家权力的运用；从方式上讲，它是一定国家机关依照法定职权和程序进行的活动；从立法的内容来看，它是国家机关制定或认可法律规范的活动，其目的在于制定具有普遍约束力的一般规范。

法治的前提是要有法可依，要做到依法治国必然要求建立起完善的法制，在教育领域也是如此。教育法的制定是依法治教的前提条件之一。

教育法的制定又称教育立法，我国的教育立法也可以从广义和狭义两方面来理解。广义的教育立法是指国家机关依据法定的权限和程序，创制、修改、补充和废止规范性教育法律文件的活动；狭义的教育立法是指最高国家权力机关及其常设机关依据法定的权限和程序，创制、修改、补充和废止教育法律的活动。

从立法及教育立法的含义，我们可以看出，立法活动是专门的国家机关的专门活动，不同于其他国家机关、社会组织和公民的活动，它具有主体法定、程序法定、立法权威等特点。主体法定是指要由专门的国家机关立法，其他任何国家机关、社会组织和公民都不得行使这项权力；程序法定是指要严格按照法定职权和法定程序进行专门的立法活动，以保证法律的公正性；立法权威是指只有享有特定的立法权的国家机关才能进行立法活动。因此，立法活动表现出国家的意志，任何组织和个人都必须遵守，不得擅自修改和违抗。

二、教育立法的原则

立法原则是立法主体进行立法活动所依据的准绳，是立法指导思想在立法实践中的重要体现。教育立法是我国立法活动中的重要组成部分，遵循我国立法活动的共同原则。

(一) 民主化原则

立法应坚持民主化原则，是人们的共识。教育立法遵循的民主化原则包括以下三个方面的内容：第一，人民是立法的主体，立法权是属于人民的。第二，立法内容以维护人民的利益为宗旨，注意确认和保障人民的权利，而不是以少数人的意志为归依。第三，立法过程和立法程序具有民主性。在立法过程中，立法机关要坚持民主集中制，使人民群众有效地参与立法，广泛采纳群众的意见。

(二) 科学化原则

现代立法应是一种科学活动。坚持立法的科学化原则，有助于产生建设现代法治国家所需要的高质量的良法，有益于尊重立法规律、克服立法中的主观随意性和盲目性，也有利于避免或减少错误和失误，降低成本，提高立法效率。教育立法遵循的科学化原则包括以下三个方面的内容：第一，尊重客观事实，从实际出发。在教育立法过程中，立法机关要尊重我国教育的客观实际，根据教育发展的客观需要来制定教育法律。第二，注重社会效益。从某种意义上讲，立法过程也是一种"经济"过程，立法行为应符合经济学的效益最大化原理，所以，在立法过程中，立法机关要树立和强化立法的成本观念与效益意识。第三，重视专家作用。在我国的教育立法过程中，很多时候立法机关都会聘请相关教育领域的专家和学者，对将要进行立法的有关问题予以论证，力求做到教育立法的科学化。

(三) 法治化原则

现代社会最为显著的标志就在于要求建设法治国家，实现国家生活的法治化和法治生活的现代化。教育立法的法治化原则包括以下三个方面的内容：第一，教育立法权的存在和行使应有法的根据，即立法权的法治化是立法法治化的必然要求。第二，教育立法内容要具有合法性。第三，教育立法程序要法定化。

三、教育立法权限的划分

依法治国的观念深入人心，国家、组织和公民的行为均要遵守法律的规定，所以建立合理的立法体制具有重要意义。而立法体制的核心内容就是立法权限的划分，从这个角度看，我国现行的立法体制是中央统一领导和适度分权相结合的立法权限划分体制。根据宪法和立法法的规定，我国的立法权限(包括教育立法权限)，可以分为以下几个层次。

(一) 全国人民代表大会及其常务委员会行使国家立法权

中华人民共和国全国人民代表大会是最高国家权力机关，它的常设机关是全国人民代表大会常务委员会。全国人民代表大会及其常务委员会行使国家立法权。全国人民代表大会的立法权限包括以下几项：修改宪法；制定和修改刑事、民事、国家机构的和其他的基本法律；改变或者撤销全国人民代表大会常务委员会不适当的决定。全国人民代表大会常务委员会的立法权限包括以下几项：解释宪法、监督宪法的实施，制定和修改除应当由全国人民代表大会制定的法律以外的其他法律；在全国人民代表大会闭会期间，对全国人民代表大会制定的法律进行部分补充和修改，但是不得同该法律的基本原则相抵触；撤销国务院制定的同宪法、法律相抵触的行政法规、决定和命令；撤销省、自治区、直辖市国家权力机关制定的同宪法、法律和行政法规相抵触的地方性法规和决议。据此，教育法律要由全国人民代表大会或全国人民代表大会常务委员会制定。

(二) 国务院根据宪法和法律制定行政法规

中华人民共和国国务院，即中央人民政府，是最高国家权力机关的执行机关，是最高国家行政机关。国务院的立法权限包括以下几项：根据宪法和法律，规定行政措施，制定行政法规，发布决定和命令；改变或者撤销地方各级国家行政机关的不适当的决定和命令；改变或者撤销各部、各委员会发布的不适当的命令、指示和规章。国务院制定的行政法规的法律效力仅次于国家法律，除最高国家权力机关外，任何机关无权予以改变或者撤销。据此，教育行政法规要由国务院制定。

(三) 省、自治区、直辖市的人民代表大会及其常务委员会根据本行政区域的具体情况和需要，在宪法、法律、行政法规相抵触的前提下，可以制定地方性法规

根据宪法和《中华人民共和国地方各级人民代表大会和地方各级人民政府组织法》的规定，省、直辖市、县、市、市辖区、乡、民族乡、镇设立人民代表大会和人民政府，以及自治区、自治州、自治县设立自治机关人民代表大会和人民政府。地方各级人民代表大会是地方国家权力机关，县级以上的地方各级人民代表大会设立常务委员会。省、自治区、直辖市的人民代表大会及其常务委员会根据本行政区域的具体情况和实际需要，在宪法、法律、行政法规相抵触的情况下，可以制定地方性法规。设区的市的人民代表大会根据本市的具体情况和实际需要，在宪法、法律、行政法规和本省、自治区的地方性法规相抵触的前提下，可以制定地方性法规，报省、自治区的人民代表大会常务委员会批准后施行。据此，地方性教育法规要由法律规定的有权制定地方性法规的地方国家权力机关及其常设机关制定。

(四) 民族自治地方的自治机关制定教育自治条例和单行条例的权限

民族自治地方的自治机关是自治区、自治州、自治县的人民代表大会和人民政府。民族自治地方的人民代表大会有权依照当地民族的政治、经济和文化的特点，制定自治条例和单行条例。自治区的自治条例和单行条例，报全国人民代表大会常务委员会批准后生效。自治州、自治县的自治条例和单行条例，报省、自治区、直辖市的人民代表大会常务委员会批准后生效。自治条例和单行条例可以依照当地民族的特点，对法律和行政法规的规定做出变通规定，但不得违背法律或者行政法规的基本原则，不得对宪法和民族区域自治法的规定以及其他有关法律、行政法规专门就民族自治地方所做的规定做出变通规定。据此，教育自治条例和单行条例要由有权制定自治条例和单行条例的地方自治机关制定。

(五) 国务院所属机构及地方国家行政机关制定教育规章的权限

国务院各部、各委员会、中国人民银行、审计署和具有行政管理职能的直属机构，可以根据法律和国务院的行政法规、决定、命令，在本部门的权限范围内制定规章。部门规章规定的事项应当属于执行法律或者国务院的行政法规、决定、命令的事项。涉及两个以上国务院部门职权范围的事项，应当提请国务院制定行政法规或者由国务院有关部门联合制定规章。

省、自治区、直辖市和较大的市的人民政府，可以根据法律、行政法规和本省、自治区、直辖市的地方性法规制定规章。

据此，教育规章要由有权制定规章的国务院各部、各委员会、中国人民银行、审计署和具有行政管理职能的直属机构以及省、自治区、直辖市和较大的市的人民政府制定。

四、教育立法的基本程序

立法是一个复杂的过程，需要经历多个步骤。为了保障立法的质量，需要将立法过程中一些重要的步骤通过法律确定下来。最高国家权力机关及其常设机关的立法程序可以分为以下4个步骤，如图4-1所示。

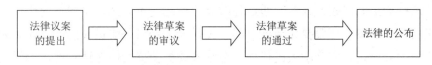

图4-1　教育立法的基本程序

(一) 法律议案的提出

法律议案的提出是指依法享有专门权限的国家机关或人员向立法机关提出制定、修改、补充和废止某项法律的有效建议，这是立法程序的第一个步骤。提出法律议案是一种法定权力，通常称为提案权或立法提案权。立法提案权是法律规定的有关国家机关、组织或人员的一项专门职权，未经法律或立法机关授权者不具有提案权。根据我国宪法和法律的规定，享有立法提案权的机关和人员如下所述。

有权向全国人民代表大会提出宪法修正案的机关和人员有全国人民代表大会常务委员会、1/5以上的全国人民代表大会代表。

有权向全国人民代表大会提出属于全国人民代表大会职权范围内的法律议案的机关和人员有全国人民代表大会主席团、全国人民代表大会常务委员会、全国人民代表大会各专门委员会、一个代表团或30人以上的全国人大代表、国务院、中央军事委员会、最高人民法院、最高人民检察院。

有权向全国人民代表大会常务委员会提出属于全国人民代表大会常务委员会职权范围内的法律议案的机关和人员有全国人民代表大会常务委员会委员长会议、全国人民代表大会各专门委员会、全国人民代表大会常务委员会组成人员10人以上、国务院、中央军事委员会、最高人民法院、最高人民检察院。

法律议案的提出应依据法定程序进行。有关立法问题的论著、讲话、建议、设想，在立法时可作为参考，有些还应受到重视，但都不属于法律议案。法律议案的提出应遵循的法定程序主要有以下几点：就本身职权或业务范围内的事项提案，提出属于接受法案的主体的职权范围内的法案；应向自己能够提案的机关提案；要符合法定人数才能提案；应采取一定形式如书面形式，通过一定方式如通过一定机关，在规定时间内提案。

法律议案形成后，经过审查、讨论，被通过的法律议案则作为拟订法律草案的依据，依此形成可以提交法律制定机关审议的正式法律草案。

(二) 法律草案的审议

法律草案的审议是指法律制定机关对列入议程的法律草案正式进行讨论和审议的活动。这是立法程序中的关键步骤，其结果不仅直接关系到法律草案的命运，还直接关系到法律草案被通过后的社会效果。对法律草案审议的程序一般分为两步：其一，听取提案人关于法律草案的解释、说明，包括法律草案的立法理由、起草经过、指导思想和原则以及立法中的主要问题；其二，通过各种具体形式，审议法律草案。向全国人民代表大会提交的法律草案，一般要先经过全国人民代表大会常务委员会的审议，然后提交全国人民代表大会审议。向全国人民代表大会常务委员会提交的法律草案，一般采取初步审议和再次审议，然后由全国人民代表大会常务委员会会议决定是否通过。对于在审议后仍有重大问题需要进一步研究的法律草案，可以暂不付表决。法律草案被搁置审议满两年的，或因暂不付表决经过两年没有再次列入常委会会议议程审议的，该法律草案终止审议。

此外，全国人大各代表团全体会议、代表小组会议、主席团会议和大会全体会议也是审议法律草案的具体形式。

(三) 法律草案的通过

法律草案的通过是指立法机关对于经过审议的法律草案正式表示同意与否的活动。这是立法程序中具有决定性的一个步骤。通过的基本原则一般是少数服从多数，即法律草案只有获得法定多数表决者的赞同，才能通过而成为法律。《宪法》第六十四条第一款规定："宪法的修改，由全国人民代表大会常务委员会或者1/5以上的全国人民代表大会代表提议，并由全国人民代表大会以全体代表的2/3以上的多数通过。"根据《宪法》第六十四条第二款和第六十七条第(二)项的规定，法律和其他议案由全国人民代表大会或全国人民代表大会常务委员会法定人数的过半数通过。法律议案的通过方式，一般采取无记名投票方式或举手表决方式或其他方式。目前我国在全国人民代表大会会议和全国人民代表大会常务委员会会议中，经常采取电子表决方式，不仅提高了效率，还增加了准确性。

(四) 法律的公布

法律的公布是指立法机关将通过的法律以法定形式公布出去，这是立法的最后阶段。根据《宪法》第八十条的规定，中华人民共和国主席根据全国人民代表大会的决定和全国人民代表大会常务委员会的决定，公布法律。根据《立法法》的规定，法律签署公布后，及时在全国人民代表大会常务委员会公报和在全国范围内发行的报纸上刊登。在常务委员会公报上刊登的法律文本为标准文本。

五、教育立法的基本要求

由法律规定的立法程序本身是对立法活动的一种严格要求，即程序化要求。教育立法活动除了要按照程序化要求进行之外，尚有一些其他基本要求应予以把握与遵循。

第一，任何教育法律都必须根据《宪法》制定。《宪法》是国家的根本大法，是母法。《宪法》规定着国家的社会制度、国家制度、国家机构、公民的基本权利和义务。《宪法》也规定着国家教育事业发展的总政策与基本原则。《宪法》为我国各部门立法提供了法律依据。任何教育法律的制定都需要根据《宪法》，遵从《宪法》，以保证各种教育事业的发展在《宪法》规定的国家制度和国家结构中进行，保证各种教育法律赋予公民受教育的权利和义务与国家《宪法》赋予公民的权利和义务相一致。总之，各种教育法律的制定都不得与《宪法》的精神相背离，不得与《宪法》的任一条款相冲突。

第二，各种专项(单项)教育法规的制定在依据《宪法》的同时，也必须依据《教育法》。《教育法》是国家教育的基本法，它是以《宪法》为基础制定的，主要规定着教育的基本性质、任务、基本制度和基本法律准则。《教育法》在国家教育法规体系中处于第一层次，具有"母法"的性质，起着统领与规范教育部门其他法律法规制定的作用。教育部门法规、专项法规及地方性法律规章的制定在依据国家《宪法》的同时，也必须依据《教育法》，必须与《教育法》的基本原则、基本精神相一致，从而保证国家各级各类教育事业的发展在《教育法》所规定的总体框架内，并沿着教育法指示的方向进行。

第三，教育法规的制定，需要参照其他相关法规的精神与原则，以协调好教育法规与其他法规的关系。现代教育是一个开放的系统，与其他社会关系主体有着千丝万缕的联系。教育法规与其他相关法规之间存在着相互交叉、渗透、相互补充的关系。除《宪法》外，《中华人民共和国劳动法》《中华人民共和国经济法》《中华人民共和国国旗法》《中华人民共和国兵役法》等都与教育活动紧密相关。例如，有关教师劳动的问题也同样属于劳动法的调整范围；教育中的侵权、违法行为的处理也需要依据民法与刑法的规定。所以，教育法规的制定不能孤立地进行，要参照相关法规的有关规定，吸取相关法规的成功经验与有益成果。教育法规与其他法规相重合或相交叉的条款，应保持法律的相通性与一致性。如有不协调或矛盾之处，则需要按照法律程序对教育法规或其他相关法规进行修改与补充。

第四，教育法规的制定需要遵循民主化与科学化的要求。教育立法活动的基本程序的规定实际上内含着教育法规制定的民主化与科学化的要求。按照法定的程序进行教育立法活动，在一定程度上恰恰是为了保障教育法规制度的科学化与民主化。从立法的准备活动到提出法律草案，从审议法律草案到通过与公布法律，教育立法的每一个步骤、每一个环节都蕴含着民主化、科学化的要求。在现代社会，尤其在我国社会主义制度下，任何法律都是人民权力的依据，都强烈而深刻地体现着人民的意志与利益。所以，任何立法活动的过程，也是充分地表达人民意志、利益与愿望的过程。立法活动的这种性质决定着它必须且应该遵循民主化和科学化的原则。教育事业是国家事业的重要组成部分，是人民的事业。为教育事业立法，不管制定什么形式或类别的教育法律，其共同目的之一就是更好地赋予广大人民以教育权利，更好地保护或激发人民参与教育的积极性。同样，教育的立法活动是全体人民教育意志与愿望的表现。总之，立法过程的民主化与科学化是制定教育法规的重要要求。

第二节 教育法的实施

一、教育法实施的含义

教育法的实施是指教育法在现实社会中的贯彻和实行。教育法作为一种国家意志，其本身不能自我转化和自动实施，必须通过一定的方式才能在社会生活中实现。法律的制定只是将社会关系上升为法律规范，法律规范是一种普遍的、抽象的权利义务关系的行为模式，是一种可能性的规定。要使这种可能性转化为现实性，就必须使法律规范在社会生活中得以贯彻实施，并以此规范人们的行为，调整社会关系，维护国家利益，实现教育法的目的。

二、教育法实施的方式

教育法作为一种国家意志，其本身不能自我转化和自动实施，必须通过一定的方式才能在社会生活中实现。与其他法律相一致，教育法实施的方式有三种，即守法、执法和司法。

（一）守法

守法也称为法律遵守，是指国家机关、社会组织和公民个人依照法的规定，行使权利和履行义务的活动。

守法是法律实施的基本要求,也是法律实施的基本方式。立法者制定法的目的就是要使法在社会生活中得到实施。如果制定出的法不能在社会生活中得到遵守,那必将失去立法的目的,也会失去法的权威。

守法是针对一切组织和个人的义务。《宪法》第五条第四款规定:"一切国家机关和武装力量、各政党和各社会团体、各企业事业组织都必须遵守宪法和法律。一切违反宪法和法律的行为,必须予以追究。"第五款规定:"任何组织或者个人都不得有超越宪法和法律的特权。"《宪法》第三十三条规定:"任何公民享有宪法和法律规定的权利,同时必须履行宪法和法律规定的义务。"由此可见,守法是每一个社会主体应尽的法律义务,谁也没有凌驾于法律之上的特权。

教育法作为我国法律体系的重要组成部分,每一个公民必须予以遵守,严格依法办事,正确享有法律权利,切实履行法律义务。任何组织和个人都没有超越法律的特权,在法律面前人人平等。遵守教育法是发展教育事业的必然要求,是依法治教的基础。

(二) 执法

执法有广义和狭义之分。广义的执法是指一切执行法律、适用法律的活动,包括国家行政机关、司法机关和法律授权、委托的组织及其公职人员依照法定职权和程序,贯彻实施法律的活动。狭义的执法仅指国家行政机关和法律授权、委托的组织及其公职人员在行使行政管理权的过程中,依照法定职权和程序,贯彻实施法律的活动。狭义的执法通常称为行政执法。

执法是法律实施的重要组成部分和基本实现方式。法的生命在于它在社会生活中的具体实施。高度重视执法,是现代社会实现依法治国的必然要求。我国宪法规定,国家行政机关是国家权力机关的执行机关,国家权力机关制定的法律和其他规范性法律文件主要通过国家行政机关贯彻和执行。国家行政机关职权范围十分广泛,涉及国家管理和社会生活的各个领域,因此,执法内容和范围也极为广泛。

教育作为一项关系到国家兴衰的重要事业,受到法律的保护和约束。因此,要促进教育的发展,必然要在社会活动中贯彻实施教育法的基本要求。教育执法主要是行政执法,国家行政机关及其工作人员以及授权单位通过执法活动将教育活动纳入教育法要求的秩序范围,实现对教育活动的调整,保证教育活动的有序运作,促进教育的发展。

(三) 司法

司法是指国家司法机关依据法定职权和法定程序,具体应用法律处理案件的专门活动。

司法是法律实施不可或缺的一种重要方式。如果说执法主要是通过建立普遍的、正常的、肯定性的法律关系来实现社会利益和社会秩序的话,那么司法主要是通过解决数量较少的、反常的、否定性的社会关系来保障社会利益和社会秩序。因此,司法对法律目的的实现以及法律功能的发挥具有重要意义。

在我国，司法主体由国家宪法和法律所确认。根据我国宪法和《中华人民共和国人民法院组织法》及《中华人民共和国人民检察院组织法》的规定，我国现行司法主体包括人民法院和人民检察院。其中人民法院由地方各级人民法院、专门人民法院和最高人民法院组成，人民检察院由地方各级人民检察院、专门人民检察院和最高人民检察院组成。

当教育法律关系的权利和义务的主体发生争执时，或在教育活动中发生违法行为甚至是犯罪时，必然需要应用司法来解决。

三、教育法的解释

教育法的解释是指特定的机关、组织或个人对教育法律规范的内容和含义所做的说明。这种说明要根据一定的标准和原则，按照一定的权限和程序进行。教育法的解释可以帮助人们准确理解教育法律规范的精神、实质和内容，保证教育法律规范的准确实施，达到预期效果。根据解释的效力不同，教育法的解释可以分为正式解释和非正式解释。

(一) 正式解释

正式解释又称法定解释、有权解释或官方解释，是指特定的国家机关依照宪法和法律所赋予的权力，对法律所做的具有法律效力的解释。正式解释又分为立法解释、行政解释和司法解释。

1. 立法解释

立法解释有广义和狭义之分。广义的立法解释泛指所有依法有权制定法律、法规的国家机关或其授权机关，对自己制定的法律、法规进行的解释。狭义的立法解释专指国家立法机关对法律所做的解释。

2. 行政解释

行政解释是指国家行政机关依法对有关的法律、法规、规章如何具体应用的问题所做的解释。国务院及其主管部门有对不属于审判和检察工作中的其他法律如何具体应用的问题进行解释的权力。省、自治区、直辖市人民政府主管部门有对属于地方性法规如何具体应用的问题进行解释的权力。

3. 司法解释

司法解释是指国家的审判机关和国家的检察机关(即最高人民法院和最高人民检察院)依法对如何具体应用法律法规的问题所做的解释。最高人民法院有对属于法院审判工作中具体应用法律的问题进行解释的权力，最高人民检察院有对属于检察院检察工作中具体应用法律的问题进行解释的权力。

(二) 非正式解释

非正式解释又称学理解释、无权解释，是指学术界、社会团体及公民个人对有关法律所做的法理性和学术性的解释。一般来说，这种解释属于研究性质，不具有法律上的约束力，但它对于正确理解和实施法律、提高公民的法律意识、增强法治观念、加强社会主义法治建设具有重要的意义。

四、教育法的效力

教育法的效力是指教育法对其所指向的人们的强制力或约束力。从效力的类型上看，教育法的效力可分为效力等级和效力范围两方面，其中效力范围包括教育法的空间效力、时间效力和对人的效力。

(一) 教育法的效力等级

法律的效力等级是指一国法律体系中不同渊源形式的法律规范在效力方面的等级差别。教育法作为我国法律体系中的组成部分，其效力等级的确认要遵循一定的原则。

首先，效力等级取决于其制定机关在国家机关体系中的地位，不同机关制定的法律规范，效力等级也不相同。一般来说，制定机关地位越高，法律规范的效力等级也越高。例如，全国人民代表大会通过的《教育法》的效力高于全国人民代表大会常务委员会通过的《教师法》的效力。其次，后法优于前法，即同一主体按照相同的程序就同一问题制定的两个以上的法律规范，后制定的法律规范在效力上高于先前制定的。再次，特殊优于一般，即同一位阶的特殊法与普通法产生冲突时，特殊法的效力等级高于一般法。最后，法律渊源体系中成文法的效力一般高于习惯法等不成文法。

(二) 教育法的效力范围

1. 教育法的空间效力

教育法的空间效力是指教育法律规范生效的地域范围，由于具体教育法律的内容和制定机关不同，其空间效力也不完全相同。一部教育法律的有效范围只能依据制定机关是中央国家机关还是地方国家机关来判断。一般情况下，由全国人民代表大会及其常务委员会制定的教育法律、国务院制定的教育行政法规、国务院所属各部委制定的政府教育规章适用于我国全部领域，包括领土、领海、领空以及延伸意义上的领土(有特殊规定除外)。地方国家机关制定的地方性教育法规，只在制定机关管辖的行政区域内有效。

2. 教育法的时间效力

教育法的时间效力是指教育法律规范的有效期间，包括何时生效、何时失效以及有无溯及力。

(1) 何时生效。教育法的生效时间通常有两种情况：①自法律颁布之日起生效；②法律通过并颁布后经过一段时间再开始生效。规定教育法开始生效时间的具体形式包括以下几种：①法律条文中自行规定生效时间；②由法律的制定机关另行发布专门文件规定开始生效的时间；③没有明文规定生效时间时，按照惯例自法律公布之日起生效。

(2) 何时失效。法的失效在我国可以分为明示失效和默示失效两种，这同样适用于教育法。明示失效有4种情况：①法律中自行规定了有效期间，当有效期届满，立法机关又未做出延长其法律效力的决定时，该法律自动失效；②规范性文件中规定某法律仅适用于特定情况，当这种特定情况不复存在时，该法律自动失效；③新法律明确规定当本法开始生效时，旧有的同类法律即行失效；④有关立法机关发布专门文件宣布某一规范性文件失效。默示失效主要是指在已生效的新法律与原有法律的规定在某些方面有冲突时，尽管新法律或立法机关并未明确废止旧法律，但按照新法优于旧法的原则，原有法律中与新法律冲突的部分自然失效。

(3) 有无溯及力。教育法的溯及力即教育法溯及既往的效力，是指新的教育法律对其生效以前发生的事件和行为是否有效力的问题。如果有效力，该法律就有溯及力；反之，就没有溯及力。在我国，"法律不溯及既往"已成为公认的法治原则。这一原则既强调在立法上不溯及既往，又强调在执法上、司法上不溯及既往。作为对"法律不溯及既往"这一原则的补充，如我国刑法又提出了"有利追溯"的原则，其表现为"从旧兼从轻"原则，即新法律在原则上不溯及既往，但新法律不认为是犯罪的或处罚较轻的，适用新法律。

3. 教育法对人的效力

教育法对人的效力是指教育法对哪些主体有约束力。对于这一问题，各国主要采用4种原则：①属地原则，即一国法律对处于其管辖领土范围内的一切人都有约束力，不论其是本国人、外国人还是无国籍人。②属人原则，即根据公民的国籍确定法律的效力范围。一国公民无论其在国内还是在国外都要受国籍国法的约束。③保护原则，即任何人侵害了本国或本国公民利益，不论实施侵害行为者的国籍和侵害行为是否发生在本国境内，都要受到本国法律的追究。④结合原则，即在确定法律的效力时，以属地原则为基础，同时结合属人原则和保护原则。我国教育法适用于全体中国公民及在中国境内的外国人和无国籍人。教育法对中国境内的外国人和无国籍人的效力不仅保障了其受教育的权利，还有效地规范了其办学行为。

五、教育法实施与教育法实现的关系

教育法的实现与教育法的实施是两个非常相似的概念。教育法的实施可以理解为教育法在现实社会中的贯彻和实行，即教育法自公布后进入实际运行；而教育法的实现是指通过守法、执法、司法和法制监督的过程，达到教育法设定的权利义务的结果。

从教育法实现与教育法实施的含义可知，两者存在不同，主要表现为以下几点：①教育法的实现比教育法的实施含义更广泛，它既包括贯彻执行法律规范的过程，又包括执行法律的后果，而教育法的实施仅指前者；②教育法的实施是指守法、执法和司法，而教育法的实现还包括法制监督；③教育法的实施可能是正值也可能是负值，教育法的实现肯定是正值，两者产生的社会效益不同。

总之，教育法的实施强调的是在社会生活中贯彻实行教育法律规范的过程，而教育法的实现则强调教育法律规范实施的结果，即教育法的规则与原则变成社会现实，权利得以实现，义务得以履行，责任得以兑现。由此可见，教育法的实现是教育法实施的直接结果和目的，而教育法的实施则是教育法实现的手段和过程，两者密不可分。

经典案例

某中学青年教师薛明，因学校未给他分配新住房以及在同年的职称评定中没能晋升中学一级教师，思想上想不通，觉得自己受到排挤，于是向学校提出了请调报告，要求立即调走。当时学校正值学期中间，工作非常紧张，并且薛明担任的课程还未结束，其与学校签订的聘任合同也还未到期。因而，经研究，学校决定暂不考虑薛明的调动申请，并派人做他的思想工作，劝其认真考虑，最好还是能继续留校任教。薛明却认为学校这样做是有意拦阻，故拒不上课，致使其所担任的语文课被迫停课。学校领导多次找薛明谈话，但其仍不去上课，并声称："教师有教育权，权利可以放弃，因此，我不上课并不犯法。"

资料来源：豆丁网. 教师的教育权能否自行放弃[EB/OL]. (2021-01-19)[2021-05-05]. https://max.book118.com/html/2021/0118/7062114050003044.shtm.

课堂讨论

教师薛明的违法行为体现在哪里？

第三节 教育法制监督

为了防止、控制和纠正教育法实施中出现的偏差或失误，保障教育法的有效运行，必须实施教育法制监督。

一、教育法制监督的含义及基本构成要素

(一) 教育法制监督的含义

从广义上讲,教育法制监督是指各类国家机关、政治或社会组织和公民依法对教育法运行情况进行的审查、督促、纠正等活动。

从狭义上讲,教育法制监督是指国家专门法制监督机关依照法定权限和程序对教育法运行情况进行的审查、督促、纠正等活动。

在教育法学领域通常使用广义上的监督概念。实施教育法制监督的目的是保障依法治教的顺利进行,促进我国教育事业的健康发展。

(二) 教育法制监督的基本构成要素

教育法制监督的基本构成要素主要包括监督主体、监督对象、监督的内容、监督的依据及监督的方式。

(1) 监督主体是指教育法律监督权的实施者,它有来自国家机构内部的自上而下或自下而上的国家监督和来自国家机构以外的各种组织和个人的社会监督之分。

(2) 监督对象是指在教育法运行过程中负有责任和义务的组织和个人,它既包括运用国家权力的国家机关及其公职人员,也包括运用公共权力、具有政治优势地位的政治或社会组织。

(3) 监督的内容是指教育法的运行情况,主要就行为和结果的合法性进行监督。

(4) 监督的依据是指教育法制监督的标准,我国教育法制监督的依据是教育法律本身。

(5) 监督的方式指教育法制监督是按照何种方式和途径进行的,具体可分为自上而下和自下而上的双向监督,以及每一层级的横向监督。

二、教育法制监督的作用

(一) 教育法制监督是保障教育法正确制定的关键

教育法制监督有各类国家机关的监督,这可以在纵向上依据法定权限监督教育法的制定,对违背法律制定原则、违背法律制定程序的教育法依法予以纠正。这在教育法的形成阶段就起到了有效的监督作用,可以避免任何有权制定法律的机关违背法律制定的基本准则,从而保证教育法的科学性、严肃性和普遍的适用性。

(二) 教育法制监督是保障教育法正确实施的必要手段

制定教育法的目的在于实施。然而，在教育法的实施中仍然存在着有法不依、执法不严、违法不究的情况，这就需要有保证教育法实施的必要手段。教育法制监督通过各类国家机关、社会组织和公民来进行，可有效防止或避免教育法实施中的失误与偏差，使由违反教育法而导致的教育损失减至最少。

(三) 教育法制监督是保障教育法律关系主体行使权利的重要途径

民主与法治是相互对立的统一体。要保障教育法的实施，就要保障公民在依法治国、依法治教中的地位与作用，也就是要保障公民民主权利的发挥。教育法律关系主体通过监督教育法的实施，能够有效维护法律赋予的权利，有效促进相应义务的履行。

三、教育法制监督的主体

我国教育法制监督已经形成了一个比较完善的体系。从教育法制监督的主体来看，可以分为国家监督和社会监督两大系统。国家监督可分为国家权力机关的监督、行政机关的监督以及司法机关的监督。社会监督可以分为中国共产党的监督、民主党派的监督、人民政协的监督、社会团体的监督、社会舆论的监督和公民的监督。

(一) 国家监督

1. 国家权力机关的监督

国家权力机关的监督是指最高国家权力机关和地方国家权力机关在其职责范围内对教育立法和教育法实施情况的监督。权力机关的监督是最高层次的监督，具有最高的权威性，包括国家权力机关对教育立法的监督与国家权力机关对教育法实施的监督。

2. 国家行政机关的监督

国家行政机关的监督是指各级政府部门及其所属的教育行政部门和有关职能部门对教育法实施情况的监督，包括各级政府的监督、教育行政部门的监督、行政监察和审计监督及有关部门的监督。

3. 国家司法机关的监督

国家司法机关的监督是指国家检察机关和国家审判机关对教育法实施情况实行的监督和制裁活动，包括国家检察机关的监督和国家审判机关的监督。

> **经典案例**
>
> 2019年，教育部出台新规，中小学、幼儿园应当建立集中用餐陪餐制度，每餐均应有学校相关负责人与学生共同用餐。为此，苏州市姑苏区教育体育和文化旅游委员会对学校午餐配送企业进行了食品安全卫生突击检查。
>
> 据悉，苏州市共有4家午餐配送单位为姑苏区31所学校提供午餐的配送。检查组实地察看了这几家供餐公司的食品操作间、备餐间、消毒间等场所的设施设备及卫生情况，详细询问了食品的制作加工过程，检查了原辅料、主食仓库，重点对食材的进货渠道、索证索票进行了核查。检查结果显示所有公司提供的快餐使用的食材均来自安全可靠的食材供应商，供应商提供的食材原材料等均经过苏州市食品药品监督局检测，快餐公司与食材供应商都签订了购销合同，所有食材都是集中采购，定点配送。
>
> 这样的检查可不是"一阵风"式的，对姑苏区来说已是常态，每个月都会进行。这样不仅实现了学校食堂食品原材料检测、溯源，还实现了烹饪制作和配餐送餐全流程监测及管理，确保学生午餐食材新鲜卫生。
>
> 资料来源：搜狐新闻.孩子们在学校吃得安全吗？姑苏区突击检查结果来了[EB/OL]. (2019-03-28) [2021-07-22]. https://www.sohu.com/a/304447450_349673.

课堂讨论

行政机关的突击检查对解决学生食品安全问题有哪些方面的帮助？

(二) 社会监督

1. 中国共产党的监督

中国共产党对教育法律制定和实施的监督主要表现在以下几个方面：通过制定正确的教育方针政策，指导并要求各级党组织和党员模范地执行和遵守教育法律；通过各级党组织特别是党的纪律委员会监督教育法的实施，并提出改进的意见和建议；通过对教育领域中的党员干部进行考察及对违纪党员干部进行处分，实现监督职能；通过党员权利和义务的发挥对教育法的实施情况进行监督。

2. 民主党派的监督

我国各民主党派以参政党的身份参与我国社会的政治生活，参与国家方针、政策、法律、法规的制定。因此，对教育工作或对教育问题的处理，民主党派都可以提出自己的建议，进行批评等。

3. 人民政协的监督

人民政协是联系各方面群众的纽带，政协会议与人民代表大会同时召开，政协委员可以通过列席人民代表大会会议或常务委员会的某些会议，听取或审议政府工作报告，从而对政府和教育行政部门进行监督；政协委员可以通过视察教育工作，能对教育法的实施情况提出意见、批评和建议；政协委员还可以通过其他方式对教育法的实施情况进行监督。

4. 社会团体的监督

工会、共青团、妇联、城市居民委员会、农村村民委员会等社会团体可以通过建议、检举、批评和申诉等形式对教育法的实施进行监督。

5. 社会舆论的监督

社会舆论监督一般是通过报纸、电台、广播、互联网等舆论工具来实现的。社会舆论监督影响大、时效快，是一种有效、独特的监督形式。

6. 公民的监督

公民的监督是强化法制监督体系的基础和力量源泉。《宪法》第四十一条第一款规定："中华人民共和国公民对于任何国家机关和国家工作人员，有提出批评和建议的权利；对于任何国家机关和国家工作人员的违法失职行为，有向有关国家机关提出申诉、控告或者检举的权利，但是不得捏造或者歪曲事实进行诬告陷害。"第二十七条第二款规定："一切国家机关和国家工作人员必须依靠人民的支持，经常保持同人民的密切联系，倾听人民的意见和建议，接受人民的监督，努力为人民服务。"根据法律规定，人民群众可以通过信访、舆论、批评、建议、申诉、检举、控告等方式对教育法的实施进行监督。

【小　　结】

1. 广义的教育立法是指国家机关依据法定的权限和程序，创制、修改、补充和废止规范性教育法律文件的活动；狭义的教育立法是指最高国家权力机关及其常设机关依据法定的权限和程序，创制、修改、补充和废止教育法律的活动。

2. 教育立法的原则：民主化原则、科学化原则、法治化原则。

3. 最高国家权力机关及其常设机关的立法程序可以分为4个步骤：法律议案的提出、法律草案的审议、法律草案的通过、法律的公布。

4. 教育法的实施是指教育法在现实社会中的贯彻和实行。教育法实施的方式主要有三种，即守法、执法和司法。

5. 教育法的解释可以分为正式解释和非正式解释。正式解释又称法定解释、有权解释或官方解释，是指特定的国家机关依照宪法和法律所赋予的权力，对法律所做的具有法律效力的解释。非正式解释又称学理解释、无权解释，是指学术界、社会团体及公民个人对有关法律所做的法理性和学术性的解释。

6. 广义的教育法制监督是指各类国家机关、政治或社会组织和公民依法对教育法运行情况进行的审查、督促、纠正等活动。狭义的教育法制监督是指国家专门法制监督机关依照法定权限和程序对教育法运行情况进行的审查、督促、纠正等活动。

7. 教育法制监督是保障教育法正确制定的关键，是保障教育法正确实施的必要手段，是保障教育法律关系主体行使权利的重要途径。

8. 教育法制监督的主体可分为国家监督和社会监督两大系统。国家监督可以分为国家权力机关的监督、行政机关的监督以及司法机关的监督。社会监督可以分为中国共产党的监督、民主党派的监督、人民政协的监督、社会团体的监督、社会舆论的监督和公民的监督。

【课后练习】

一、填空题

1. 教育立法程序一般分为_____、_____、_____、_____。
2. 教育立法的原则包括_____、_____、_____。
3. 教育法的实施主要有_____、_____和_____三种形式。
4. _____的监督是最高层次的监督，具有最高的权威性。

二、选择题(多选)

1. 教育法的正式解释主要有(   )。
   A. 学理解释   B. 立法解释   C. 司法解释   D. 行政解释
2. 教育法的实施主要有三种方式，即(   )。
   A. 守法   B. 执法   C. 立法   D. 司法
3. 国家司法机关的监督主要包括(   )。
   A. 审计机关的监督   B. 行政机关的监督
   C. 审判机关的监督   D. 检察机关的监督
4. 从效力的类型上看，教育法的效力可分为效力等级和效力范围两个方面，其中效力范围包括教育法的(   )。
   A. 空间效力   B. 时间效力   C. 对人的效力   D. 对设施的效力

三、简答题

1. 什么是教育法的解释？为什么要进行教育法的解释？
2. 简述进行教育法制监督的重要性和必要性。
3. 为什么要遵守教育法？
4. 结合实际谈谈如何更好地实现教育法的效力。

第五章 法律责任与法律救济

学习目标

1. 了解教育法律责任的含义和类型。
2. 理解教育法律责任的归责原则、构成要件及责任形式。
3. 掌握《教育法》《义务教育法》《教师法》《未成年人保护法》《预防未成年人犯罪法》等相关法律对法律责任的规定。
4. 掌握学生伤害事故的法律责任以及学生伤害事故的预防措施。
5. 了解法律救济的含义、基本特征和途径。

知识结构图

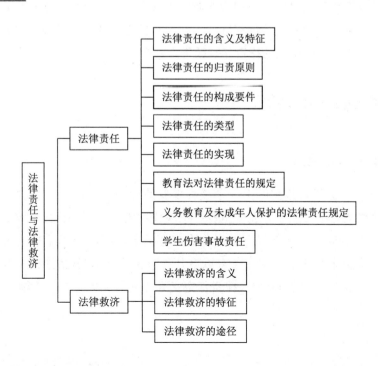

> **引言**

教育法是确定人的教育权利和义务及其界限的规则体系。如果说对教育权利和义务的分析属于静态分析的话，那么，对教育法律责任的研究则偏重动态的研究。因为相关教育法律关系主体如果规避或疏于履行法定义务，超越法定权利，就意味着违法行为的发生，也就出现了对其法律责任的认定和归结以及具体的法律责任承担问题。

在教育教学活动中，教育法律关系主体可能因产生各种纠纷而导致自身合法权益受到损害。这种损害既包括基于教育行政机关在教育行政管理活动中，运用教育行政权力发生的过错、过失或滥用职权造成教育行政相对人权益的损害，也包括教育法律关系中平等主体之间因人身权或财产权纠纷导致的损害。那么，作为教育法律关系的主体，面对自己的合法权益受到损害，该如何寻求法律的保护，获得恢复和补偿呢？本章将围绕此问题展开讨论。

第一节 法律责任

法律责任在整个法律制度中居于核心地位。法律责任是法学的基本范畴之一，它的构成要素是复杂的，许多学者对此持不同的看法，并试着从不同的角度揭示法律责任的内涵。我们生活在一个社会的共同体之中，人与人之间的利益既有协调也有冲突，为此，法律对那些应当予以保护的权益以权利与义务关系进行协调。当人们受法律保护的权益受到阻碍或者损害的时候，法律则强制损害人们权益的行为人承担一定的责任，以弥补被损害者的利益，维护法律的权威性。法律责任是法律运行的保障机制，融入了法律实施的各个阶段，正确认识法律责任有助于全社会形成法治风尚。

一、法律责任的含义及特征

(一) 法律责任的含义

法律责任是法学理论和实践中一个极其重要的问题。法律责任的含义是理论法学的核心，在法律运行中必须予以充分重视。在现代汉语中，"责任"一词有两层含义：一是指分内应做的事；二是指没有做好分内应做的事，因而应当承担的过失。而关于法律责任的含义历来众说纷纭，主要有以下几种学说：义务说(把法律责任定义为"义务""第二性义务")、处罚说(把法律责任定义为"处罚""惩罚""制裁")、后果说

(把法律责任定义为某种不利后果)、责任能力说及法律地位说(把法律责任说成一种主观责任)等。可见，法律责任含义的复杂性。虽然这几种观点从不同的侧面揭示了法律责任的含义，但总体来看，法律责任分为广义和狭义两个方面。广义的法律责任与法律义务同义，如每个公民都有遵守法律的责任(义务)，人民法院有责任(义务)保证当事人的合法权益等。狭义的法律责任是指因违法行为或其他法律规定的事实的出现，一定主体应当承担的不利后果。本章所讲的法律责任指后者。

(二) 法律责任的特征

法律责任的本质是要从更深层次回答法律责任是什么和为什么的问题。它与道义责任、社会责任、纪律责任等有着本质上的不同，具有如下几个特征。

1. 法律规定性

法律责任必须以具体的法律规定为前提，即法律责任是由国家运用法律形式事先予以明确规定的、要求必须实施的法律行为模式。承担责任的具体情形，以及法律责任的性质、范围、大小、期限等，都由法律明确规定；法律没有规定的一般不承担惩罚性的责任。由于法律并不规定人们必须履行哪些社会责任，在调整人们的社会关系过程中，社会责任不具有法律规定性。

2. 国家强制性

法律责任的追究和实现均以国家强制力做保证，它具有普遍的约束力，是维护社会正常秩序的有力手段。这种国家强制性一方面表现为国家制裁方式的实现，即依靠国家强制力追究违法者的法律责任，使其接受某种约束、负担，甚至是惩罚；另一方面表现为责任由国家专门机关或国家授权的组织追究，如国家司法机关，其他组织或个人无此权力。这也被称为法律责任的专权追究性。

3. 条件性

法律责任以违法行为和法律规定的事实为条件。违法行为是承担法律责任的前提。如果行为不违法，也不能追究责任。与引起道义责任、纪律责任的行为不一样，违法行为必须具有社会危害性，且行为人自身存有过错。

二、法律责任的归责原则

归责原则是法律责任制度的核心问题，是判断行为人是否应当承担法律责任的规则。法律责任的判断结果既可能是有责，也可能是无责。有责还是无责，取决于行为人的行为是否符合法律责任的构成要件。在法学中，法理学和民法学对归责原则的界定并不完全相同。总体来看，主要有以下几种归责原则。

(一) 过错责任原则

过错责任原则是指法律关系主体由于过错侵害了他人权利而应承担责任的法律规则。过错责任原则是侵权民事责任的重要归责原则，它以过错作为归责的最终构成要件，行为人是否有过错是其核心问题，无过错即无责任。如果行为人由于过错侵害了他人的权利，则必须承担相应的法律责任。

具体来说，过错责任包括以下几个方面。

(1) 过错是承担责任的最重要的构成要件。确定行为人的责任时，不仅要考察其行为与损害事实的因果关系，还要考察其主观过错，只有行为人主观上有过错，才应当承担责任。

(2) 过错是归责的最终要件，不能与其他构成要件(如违法行为、损害事实、因果关系)等量齐观，要在过错的范围内来考察其他构成要件。

(3) 依据过错程度来确定责任的范围，即行为人的主观过错是确定责任范围、责任大小的依据，无过错则无责任。

(4) 过错构成了承担责任的要件，也由此产生了抗辩的理由。其抗辩的理由就是，只要证明自身无过错，就不应承担法律责任。

(二) 过错推定责任原则

过错推定责任原则是指根据法律规定推定行为人有过错，行为人不能证明自己没有过错而应承担责任的法律规则。从此种意义上说，过错推定责任中的"过错推定"是不容否认的推定。行为人只有证明存在法定的抗辩事由，才能证明自己没有过错。《民法典》第一千一百六十五条规定："行为人因过错侵害他人民事权益造成损害的，应当承担侵权责任。依照法律规定推定行为人有过错，其不能证明自己没有过错的，应当承担侵权责任。"

过错推定可分为一般过错推定和特殊过错推定。一般过错推定，即法律规定行为人侵害他人人身、财产并造成损害的，应负民事责任，但如果加害人能证明损害不是自己的过错所致则可免责。在具体案件中只要被告证明自己无过错，就可推翻推定。因此，又被称为"可以推倒的过错推定"。特殊过错推定，是指在某些特殊的侵权行为中，法律规定行为人要推翻对其过错的推定，必须证明有法定的抗辩事由的存在，以表明自己是无过错的，才能免责，这种过错推定又被称为"不可推倒的过错推定"。

另外，过错推定责任实行举证责任倒置，即被告人就自己没有过错承担举证责任。过错推定责任作为一项归责原则主要适用于《民法典》规定的几种特殊侵权行为，法律对过错推定责任的免责事由做出了严格的限定，主要包括受害人的过错、第三人的过错、不可抗力等。

(三) 公平责任原则

公平责任原则是指当事人双方在对造成损害均无过错的情况下，由法院(法官)根据公平的观念，综合考虑当事人财产状况、支付能力等情况，确定一方对另一方的损失给予适当补偿的法律责任规则。公平责任原则在归责时仍然考虑过错，只是损害事实的发生并不是当事人的过错，而是由于第三方介入或者不可抗力因素造成的。在这种情况下，适用公平责任原则。《民法典》第一千一百八十六条规定："受害人和行为人对损害的发生都没有过错的，依照法律的规定由双方分担损失。"

(四) 严格责任原则

严格责任原则是指行为人的行为或与行为相关的事件对他人的合法权益造成损害时而应承担责任的法律规则。适用严格责任原则其条件一般是由法律明确规定的。《民法典》第一千一百六十六条规定："行为人造成他人民事权益损害，不论行为人有无过错，法律规定应当承担侵权责任的，依照其规定。"《民法典》第一千二百四十条规定："从事高空、高压、地下挖掘活动或者使用高速轨道运输工具造成他人损害的，经营者应当承担侵权责任；但是，能够证明损害是因受害人故意或者不可抗力造成的，不承担责任。被侵权人对损害的发生有重大过失的，可以减轻经营者的责任。"在这种归责原则下，只要行为人的行为造成了损害，无论其是否存在主观过错，都要承担法律责任，这是一种绝对责任。

三、法律责任的构成要件

法律责任的形成是需要一定条件的，这些条件即是它的构成要件。具体地说，法律责任的构成要件是指构成法律责任所必备的主客观条件的总和。科学合理地确定法律责任的构成对保护责任主体利益、维持社会秩序具有重要的作用。由于违法行为是产生法律责任的根本原因，根据其构成要素一般将法律责任的构成要件概括为责任主体、违法行为、主观过错、损害事实和因果关系5个方面。

(一) 责任主体

法律责任构成要件中的责任主体是指因违反法律或法律规定的事由而承担法律责任的，具有法定责任能力的自然人、法人或其他社会组织。这表明并不是实施了违法行为就要承担法律责任，也就是说违法主体和责任主体不总是一致的。就自然人来说，只有到了法定年龄，具有理解、辨认和控制自己行为能力的人，才能成为责任承担的主体。没有达到法定年龄或不能理解、辨认和控制自己行为的精神病患者，即使其行为对社会造成了危害，也不能承担法律责任。对其行为造成的损害，由其监护人承担相应的责任。

(二) 违法行为

违法行为是指责任人实施了违反法律规定的行为。违法行为分为作为和不作为两类。作为是指责任人直接做出与法律相悖的行为，侵害了他人的合法权益而导致的法律责任；不作为是指责任人因不履行自己应尽的义务对他人的合法权益造成损害而导致的法律责任。违法行为与法律责任的关系存在着两种情况：一是违法行为是法律责任产生的前提，没有违法行为就没有法律责任，这是两者关系的一般情形或多数情形；二是法律责任的承担不以违法的构成为条件，而是以法律规定为条件，这是两者关系的特殊情形。

(三) 主观过错

主观过错是指行为主体实施违法行为时的主观故意或主观过失。故意是指行为人明确知道自己行为的不良后果，却希望或放任其发生。过失是指行为人应当预见到自己的行为可能发生不良后果而没有预见，或者已经预见而轻信不会发生或自信可以避免。主观过错作为法律责任的构成要件在不同的法律责任中的作用是不一样的。在刑事法律责任中，主观过错是犯罪构成的必要条件，对于区分是否犯罪以及罪行的轻重都有重要的作用；而在民事责任中，有时不以过错为前提条件，如《民法典》第一千一百六十六条规定："行为人造成他人民事权益损害，不论行为人有无过错，法律规定应当承担侵权责任的，依照其规定。"

(四) 损害事实

损害事实是指行为人的违法行为对受害方的合法权益造成了客观存在的损害后果。损害事实包括对人身的、财产的、精神的损害或者三者兼有的损害。损害必须具有确定性，即损害事实是一个确定的事实，而不是臆想的、虚构的或尚未发生的现象。任何人只有在合法权益受到损害的情况下才能请求法律救济，让行为人承担必要的法律责任。

(五) 因果关系

因果关系是指违法行为与损害事实两者之间存在必然的联系，即损害事实是由行为人的行为直接引起的，两者之间是一种引起与被引起的关系。因此，确定法律责任时，首先要确认行为与损害结果之间的因果联系，确认意志、思想等主观方面因素与外部行为之间的因果联系，同时还要区分这种因果联系是必然的还是偶然的、直接的还是间接的。有直接因果联系的，行为人要承担责任；而有间接因果联系的，只有在法律有规定的情况下行为人才承担法律责任。

四、法律责任的类型

法律责任的类型是指法律责任的各种表现形式。根据引起法律责任时的行为性质及危害程度,法律责任可分为刑事法律责任、民事法律责任、行政法律责任和违宪法律责任。

(一) 刑事法律责任

1. 刑事法律责任的含义

刑事法律责任简称刑事责任,是指行为人因违反刑事法律规范,由司法机关依法强制其承担的刑事法律后果。它是所有法律责任中性质最严重、制裁最严厉的法律责任。《刑法》第四条规定:"对任何人犯罪,在适用法律上一律平等。不允许任何人有超越法律的特权。"

2. 刑事法律责任的特点

(1) 因果性。犯罪与刑事法律责任之间存在着必然的因果联系,没有犯罪就没有刑事责任,有犯罪必然会引起法律责任,罪责相当。这里所说的犯罪是指犯罪主客观要件的统一,即指有刑事责任能力的自然人或单位,由于故意或过失实施的具有严重社会危害性且由刑法规定其为犯罪的行为。当行为人的行为构成犯罪时,才能追究其刑事责任。

(2) 严厉性。刑事法律责任的严厉性主要体现在行为人承担法律责任的方式上。我国现行法律规定的刑罚包括主刑和附加刑,其中主刑包括管制、拘役、有期徒刑、无期徒刑和死刑,附加刑包括罚金、剥夺政治权利和没收财产。可见,刑罚不仅可以剥夺犯罪人的财产权、自由权、政治权,甚至能剥夺其生命权,这是其他任何一种法律责任方式无法比拟的。

(3) 法定性。刑事法律责任的法定性表现为两个方面:一方面,犯什么罪,承担何种刑事责任,应当依法确定,刑事法律是追究刑事责任的唯一法律依据;另一方面,国家司法机关要严格按照法定程序追究犯罪人的刑事责任,刑事责任一旦经有关机关确定后成立,犯罪人和被害人之间不能协商变通。

(4) 罪责自负性。刑事法律责任只能由犯罪人自己承担,不能株连其他人,也不能将罪行转嫁给其他人,这是近年来世界各国普遍采用的原则。承担刑事责任的,既包括犯罪的自然人,也包括犯罪单位。

(5) 强制性。刑事法律责任必须由特定的国家机关予以追究,司法机关代表国家强制犯罪人承担相应的刑事法律责任。

> **经典案例**
>
> ## 药家鑫案
>
> 2010年10月20日22时30分许,药家鑫驾驶陕A419NO号红色雪佛兰小轿车从西安外国语大学长安校区返回市区途中,将前方在非机动车道上骑电动车同方向行驶的被害人张妙撞倒。药家鑫恐张妙记住车牌号找其麻烦,即持尖刀在张妙胸、腹、背等处捅刺数刀,将张妙杀死。逃跑途中又撞伤二人。同月22日,公安机关找其询问被害人张妙被害案是否系其所为,药家鑫矢口否认。同月23日,药家鑫在其父母陪同下到公安机关投案。
>
> 法院认为,被告人药家鑫开车将被害人张妙撞倒后,为逃避责任而杀人灭口,持尖刀捅刺被害人胸、腹、背等处数刀,将被害人杀死,其行为构成故意杀人罪。药家鑫交通肇事后杀人灭口,不属于激情杀人。药家鑫开车将被害人张妙撞倒后,不予施救,反而杀人灭口,犯罪动机极其卑劣,主观恶性极深,手段特别残忍,情节特别恶劣,后果特别严重,属罪行极其严重,应依法惩处。其虽有自首情节,仍不足以从轻处罚。
>
> **案件经过:**
>
> 2010年10月,西安音乐学院学生药家鑫将张妙撞倒并连刺数刀致受害人死亡的事件引发舆论热议。
>
> 10月23日,药家鑫在父母的陪同下到公安机关投案。
>
> 2011年4月,西安市中级人民法院对此案作出一审判决,以故意杀人罪判处药家鑫死刑,剥夺政治权利终身,并赔偿被害人家人经济损失费;药家鑫随后提起上诉。
>
> 2011年5月,二审判决宣布维持原判。
>
> 2011年6月7日,药家鑫被依法执行注射死刑。

> **课堂讨论**
>
> 试讨论药家鑫案给社会带来的负面影响。

(二) 民事法律责任

1. 民事法律责任的含义

民事法律责任简称民事责任,是指民事主体因违反民事法律规范而应当依法承担的民事法律后果,它主要以恢复被损害的权利和利益为目的。民事法律责任包括违约责任和侵权责任。

2. 民事法律责任的特点

(1) 民事法律责任主要是财产责任。《民法典》第二条规定："民法调整平等主体的自然人、法人和非法人组织之间的人身关系和财产关系。"在民事活动中，一方不履行民事义务，给另一方的财产和精神造成损失的，通常都是通过财产性的赔偿方式对受害者进行补偿的。但这些财产性责任的承担并不影响某些非财产责任的承担，比如赔礼道歉、消除影响、恢复名誉等。

(2) 民事法律责任允许当事人在法律许可的范围内协商解决。这是民事法律责任与其他法律责任区别最明显的一点。民事法律责任是一方当事人对另一方的责任，在法律许可的情况下，可以不经过诉讼程序，由当事人协商解决。行为人是否承担民事法律责任取决于受害人是否追究其责任，如果不追究，仲裁机关不得主动受理。

(3) 民事法律责任具有补偿性。追究刑事法律责任的目的是惩罚犯罪人，起到警示和教育的作用，但追究行为人的民事法律责任的目的是对受害人进行补偿，即行为人承担民事法律责任的大小与其给受害人带来的损失是相适应的。

(三) 行政法律责任

1. 行政法律责任的含义

行政法律责任简称行政责任，是指行为人因违反行政法律规范而应当依法承担的行政法律后果。

2. 行政法律责任的特点

(1) 行政法律关系主体是行政责任的主体，包括行政主体和行政相对人。在行政法律关系中，当行政主体不依法做出行政行为，行政相对人不履行法定义务时，都要承担相应的行政法律责任。行政法律责任是在行政法律关系调整范围内发生的，行政主体与行政相对人在其他法律关系中违法而引起的责任不是行政法律责任。

(2) 行为人的行政违法行为和法律规定的一些特殊情况是行政法律责任产生的原因，这些行为包括以下几项：行政主体的违法行为，行政主体的行政侵权行为，行政机关公职人员的违法失职行为，普通公民、法人违反一般经济、行政管理法律、法规的行为，行政主体的行政不当行为，法律规定实行严格责任的情况。

(3) 追究行政法律责任机关的多样性。民事法律责任和刑事法律责任主要是由国家司法机关依法予以追究，而追究行政法律责任的机关既可以是国家的权力机关、司法机关，也可以是国家的行政机关。

(4) 追究行政法律责任应用行政程序，如行政复议制度、申诉制度等，这是其他形式法律责任所不具备的。

刑事法律责任、民事法律责任、行政法律责任是法律责任在某一领域内的特定表现,但在现实中这三种形式并不是完全单独使用的,对于同一个违法行为,有时需要同时追究行为人多种形式的法律责任。法律责任分类如表5-1所示。

表5-1　法律责任分类

行政法律责任	违背行政法规,包括行政处分和行政处罚
民事法律责任	违反民法
刑事法律责任	违反刑法,犯罪

五、法律责任的实现

法律责任的实现主要是指追究法律责任的方式,包括惩罚、补偿、强制等,它是指特定国家机关依法对违法者实施的强制性的惩罚措施,这种惩罚既包括人身的,也包括财产的和精神的。其中惩罚也称法律制裁,是常用的法律责任实现方式。法律制裁是以违法行为的发生和法律责任的承担为前提的,追究法律责任必然导致相应的法律制裁。根据法律责任的类型划分,法律制裁可相应地分为刑事制裁、民事制裁、行政制裁和违宪制裁。

(一) 刑事制裁

刑事制裁是指依照刑事法律规定,国家司法机关依据其权限,对犯罪人所实施的惩罚性措施。刑事制裁是各种法律制裁中最严厉的制裁,刑罚是刑事制裁的主要方式。《刑法》第三十二条、三十三条、三十四条和三十五条分别规定:"刑罚分为主刑和附加刑。""主刑的种类如下:管制;拘役;有期徒刑;无期徒刑;死刑。""附加刑的种类如下:罚金;剥夺政治权利;没收财产。附加刑也可以独立适用。""对于犯罪的外国人,可以独立适用或者附加适用驱逐出境。"除了刑罚以外,还有一些非刑罚作为刑事制裁的辅助方式。《刑法》第三十七条规定:"对于犯罪情节轻微不需要判处刑罚的,可以免予刑事处罚,但是可以根据案件的不同情况,予以训诫或者责令具结悔过、赔礼道歉、赔偿损失,或者由主管部门予以行政处罚或者行政处分。"另外,根据我国《刑法》第十一条的规定:"享有外交特权和豁免权的外国人的刑事责任,通过外交途径解决。"这是一种国际惯例。

(二) 民事制裁

民事制裁是指国家司法机关依法对负有民事责任的违法者实施的强制性惩罚措施。依据《民法典》第一百七十九条的规定,承担民事责任的方式主要有:①停止侵害;②排除妨碍;③消除危险;④返还财产;⑤恢复原状;⑥修理、重作、更换;⑦继续履行;⑧赔偿损失;⑨支付违约金;⑩消除影响、恢复名誉;⑪赔礼道歉。以上承担民事责任的方式,可以单独适用,也可以合并适用。人民法院审理民事案件,除适用上述规定外，还可以予以训诫、责令具结悔过、收缴进行非法活动的财物和非法所得，并可以依照法律规定处以罚款、拘留。

(三) 行政制裁

行政制裁是对因违反行政法律规范而负有行政法律责任的行为人实施的惩罚性措施，承担行政责任的方式包括行政处分和行政处罚。

行政处分是指国家行政机关依照行政隶属关系对有违法失职行为的国家机关工作人员实施的惩罚措施。《中华人民共和国公务员法》第六十二条规定，处分分为警告、记过、记大过、降级、撤职、开除。这几种处分也是行政处分的主要方式。

行政处罚是指国家特定的行政执法机关对犯有违法行为而尚不构成犯罪的公民或者法人进行处罚的一种制裁方式。行政处罚必须由有关的行政主管机关实施。依据《中华人民共和国行政处罚法》第八条的规定，我国的行政处罚方式有以下几类：警告、通报批评；罚款、没收违法所得、没收非法财物；暂扣许可证件、降低资质等级、吊销许可证件；限制开展生产经营活动、责令停产停业、责令关闭、限制从业；行政拘留；法律、行政法规规定的其他行政处罚。

六、教育法对法律责任的规定

教育法律责任是指行为人违反了有关的教育法律规定而必须承担的法定后果。教育法律责任在《教育法》《教师法》《义务教育法》等法律中都做了具体的规定。

(一) 与教育行政有关的法律责任

1. 与教育经费管理有关的法律责任

《教育法》第七十一条第一款、第二款分别规定："违反国家有关规定，不按照预算核拨教育经费的，由同级人民政府限期核拨；情节严重的，对直接负责的主管人员和其他直接责任人员，依法给予行政处分。""违反国家财政制度、财务制度，挪用、克扣教育经费的，由上级机关责令限期归还被挪用、克扣的经费，并对直接负责的主管人员和其他直接责任人员，依法给予处分；构成犯罪的，依法追究刑事责任。"

教育经费的各级财政预算内拨款，是教育经费来源的主渠道，是决定教育事业发展的重要因素。严格按照预算要求核拨教育经费，是适应国民经济总体发展计划的要求，是教育事业以合理的规模及速度发展的保证。《教育法》第七十一条第一款规定的"违反国家有关规定，不按照预算核拨教育经费"的行为，是指违反《中华人民共和国预算法》及国家关于教育经费管理体制等方面的规定要求，不按照经本级人民代表大会审查和批准的本级人民政府的预算内容，向教育行政部门、学校或者其他教育机构核拨相应教育经费的情形。根据本款规定，对不及时、不足额核拨教育经费或者擅自调整、更改教育预算支出的，同级政府应当及时责成有关部门限期核拨；对不及时、不足额核拨教育经费，造成严重后果或者拒绝、拖延执行同级政府限期核拨的要求等情况的，应当视为不按照预算核拨教育经费中的"情节严重的"情形，对直接负责的主管人员和其他经手、参与的直接责任人员，由有关主管部门或单位给予相应的处分。

《教育法》第七十一条第二款规定的"违反国家财政制度、财务制度，挪用、克扣教育经费"的行为，是指各级政府的行政部门、学校或其他教育机构及其他企业、事业单位等社会组织，或者上述部门、组织中的主管负责、经手参与人员，违反国家财政预算内以及财政性质的预算外教育经费的核拨、征收、上缴、划分、留解、使用等方面的财政管理制度，或者违反国家有关收支、核算、监督等方面的财务管理规定，挪用或者克扣教育经费的情形。根据本款规定，对有关单位和人员挪用、克扣教育经费的行为，由上级机关责令限期归还被挪用、克扣的经费；对直接负责的主管人员和直接经手、参与的其他责任人员，应当由有关部门和单位予以相应的处分。对挪用教育经费归个人使用，进行非法活动的，或者挪用教育经费数额较大，进行营利活动，或者挪用教育经费数额较大，超过3个月不退还的，属于挪用公款，处5年以下有期徒刑或者拘役；情节严重的，处5年以上有期徒刑。挪用公款数额巨大不退还的，处10年以上有期徒刑或者无期徒刑。对克扣教育经费集体私分或为有关人员非法占有，构成犯罪的，依照《刑法》第三百八十三条规定的贪污罪予以刑事处罚。

2. 与校舍及设施有关的法律责任

《教育法》第七十三条规定："明知校舍或者教育教学设施有危险，而不采取措施，造成人员伤亡或者重大财产损失的，对直接负责的主管人员和其他直接责任人员，依法追究刑事责任。"

校舍或者教育教学设施有危险，是指在学校供受教育者、教师及其他员工学习、教学、居住、锻炼、游玩的校舍和场地中，房屋的承重物件已属危险物件，结构丧失稳定和承载能力，随时有倒塌、毁损的可能，不能确保住用安全；在学校的教育教学场地中施工、建筑等，危及人身、财产安全；教具、实验仪器设备、体育游玩等设施在结构、功能上具有潜在的不安全因素，或采用有毒、有害物质制成，可能会给受教育者、教职员工带来身体或健康损害以及造成重大财产损失的情形。

《教育法》第七十三条中规定的"明知校舍或者教育教学设施有危险，而不采取措施，造成人员伤亡或者重大财产损失"的情形主要有以下几种：负责房屋维修及教育教学设施的购买、保管、维护的单位和个人不认真履行职责，发现隐患不及时报告或通知有关人员的；设计、建筑校舍及设计、生产教育教学设施的单位及个人在设计、建筑、生产过程中因设计失误、粗制滥造及偷工减料造成不安全的隐患，已发现、察觉有危险而不及时采取补救措施或故意隐瞒真相，欺骗学校及有关人员的；学校的负责人、教师及其他员工已经知道或发现校舍、教育教学设施不安全，可能发生危险事故，不及时报告或采取有效措施进行预防和修缮的；教育及其他有关主管部门、当地人民政府的有关负责人员在得知有关事故隐患或险情报告后，推脱搪塞、久议不决或有其他玩忽职守及严重官僚主义的。

对具有上述情形之一，造成人员伤亡或者重大财产损失负有直接责任的主管人员和其他直接责任人员，依照刑法的有关规定，分别追究刑事责任。《刑法》第一百三十八条规定："明知校舍或者教育教学设施有危险，而不采取措施或者不及时报告，致使发生重大伤亡事故的，对直接责任人员，处3年以下有期徒刑或者拘役；后果特别严重的，处3年以上7年以下有期徒刑。"同时，在《教育法》第七十三条的适用中，要注意区分行为情节和危害后果的程度，从而决定对有关责任人员是否追究刑事责任。其中，如属情节轻微，危害后果不严重，依照《刑法》尚未构成犯罪的，对有关行政管理及其他国家公职人员给予相应的处分。

经典案例

某乡是个远近闻名的贫困乡，该乡的一所小学设在两间破旧的土坯房中，校长多次向乡政府反映校舍问题，可由于乡财政严重不足，一直没有解决。2013年秋天，当地连续几天下大雨，本已破旧的土坯房墙体开裂，门窗变形，情况更为危险。为了赶教学进度，学校仍然让学生们上课，最终酿成悲剧，其中一间土坯房倒塌，一名学生牛某被埋在废墟中。校长及老师们奋力抢救，将其送往县医院救治，牛某方获救，但伤势较为严重。

资料来源：私念.教育法违法行为案例[EB/OL]. (2013-12-23)[2021-10-09]. https://www.docin.com/p-744809416.html.

课堂讨论

谁应该为牛某的受伤承担责任，牛某应该怎么办？

3. 与收费有关的法律责任

《教育法》第七十四条规定："违反国家有关规定，向学校或者其他教育机构收取费用的，由政府责令退还所收费用；对直接负责的主管人员和其他直接责任人员，依法给予处分。"

"违反国家有关规定，向学校或者其他教育机构收取费用"，是指一些地区和部门的单位、个人，在国家法律、法规和有关收费管理规定之外，无依据或违反有关收费标准、范围、用途和程序的要求，向学校乱收费、乱罚款和进行各种摊派的活动。此外，有关单位不执行国家对有关学校或者其他教育机构的税收减免政策，随意征收应当减免的税款或应当依法返还而不予返还的，也属于本条的适用范围。

根据《教育法》第七十四条规定，对违法向学校或者其他教育机构收取费用的，当地人民政府应当责令违法收费的部门和单位退还所收费用。对有关部门、单位直接负责的主管人员和其他违法收费的直接责任人员，依照干部管理权限由有关主管部门予以相应的处分或由当地人民政府责成有关部门予以处分。

4. 与招生有关的法律责任

《教育法》第七十七条规定："在招收学生工作中滥用职权、玩忽职守、徇私舞弊的，由教育行政部门或者其他有关行政部门责令退回招收的不符合入学条件的人员；对直接负责的主管人员和其他直接责任人员，依法给予处分；构成犯罪的，依法追究刑事责任。"

"在招收学生工作中滥用职权、玩忽职守、徇私舞弊"，是指主管、直接从事和参与学校及其他教育机构统一招生工作的人员，违反招生管理的有关规定和要求，利用职权或工作之便，为了达到使考生或其他人员被学校或其他教育机构招收录取的个人目的，故意采取隐瞒、虚构、篡改、毁灭、泄露、提示、协助考生作弊等手段，在相应招生统一考试的报名，命题，试卷的印刷、接送、保管，考场管理，评卷时；在招生考核工作中调阅考生档案，对考生及其他人员进行政治思想品德考核审查，身体健康状况检查时；在对招收录取人员的确定，保送生和其他人员的推送、推荐时；在新生入学的复查、体检等招生的各个环节，实施歪曲事实、掩盖真相、以假乱真等枉法渎职行为，使不应被招收录取的考生及其他人员被招收录取，或使符合招收录取条件的考生及其他人员未被招收录取的情形。

对上述行为主体在招生工作中有滥用职权、玩忽职守、徇私舞弊行为的，招生管理机构、同级教育行政部门的监察机构或行政监察机关应当在相应的职责范围内进行严肃查处，视情节和危害后果的轻重给予有关责任人员处分或按照干部管理权限，建议有关部门和单位依法予以处分。对因有关人员滥用职权、玩忽职守、徇私舞弊致使不符合条件的人员被招收录取的，一经查实，学校及其他教育机构应当取消有关被招收学员的入学资格和学籍，予以清退；未予以清退的，主管教育行政部门有权和有义务责令学校及其他教育机构做出清退决定和采取清退措施。对被清退的学生，要退回原户口所在地，原户口所在地有关部门要协助做好有关工作。对招收学生工作中出现的滥用职权、玩忽职守、徇私舞弊行为的有关责任主体，除对其依法予以处分外，凡违反治安管理，尚不构成刑事处罚的，应当按照《中华人民共和国治安管理处罚条例》(以下简称《治安管理处罚条例》)的规定实施处罚；情节严重，构成犯罪的，由司法机关分别依照《刑法》的有关规定追究行为人的刑事责任。

(二) 与学校管理有关的法律责任

1. 与招生有关的法律责任

《教育法》第七十六条规定："学校或者其他教育机构违反国家有关规定招收学生的，由教育行政部门或者其他有关行政部门责令退回招收的学生，退还所收费用；对学校、其他教育机构给予警告，可以处违法所得五倍以下罚款；情节严重的，责令停止相关招生资格一年以上三年以下，直至撤销招生资格、吊销办学许可证；对直接负责的主管人员和其他直接责任人员，依法给予处分；构成犯罪的，依法追究刑事责任。"

"违反国家有关规定招收学员"，主要是指学校及其他教育机构或者其他社会组织、个人，违反国家办学和招生方面的规定，不按照国家的招生计划或者超出经批准的办学权限和招生范围，招收录取学员的情形。不具有招生审批权限的部门，违反国家有关招生管理的规定，擅自越权批准学校及其他教育机构招生或擅自更改招生计划，造成本条规定的违法招生后果的，也属于本条的适用范围。

对违反国家规定招收学员的学校及其他教育机构、其他社会组织和个人，教育主管部门要及时给予干预和严肃查处。对非法招收学员的学校及其他教育机构，应当责令其清退招收的有关学员并做好善后工作。对直接负责的主管人员，如学校及其他教育机构、其他社会组织的主管领导、招生负责人及其他组织实施和直接参与非法招收学员工作的责任人员，应视情节的轻重、危害后果和社会不良影响的恶劣程度，由教育行政部门或其他主管部门予以相应的行政处分。在招收学员工作中有其他违法行为，如诈骗钱财、侵吞款物的，如触犯《治安管理处罚条例》或构成犯罪的，应同时对有关责任主体依法予以治安管理处罚或由司法机关依法追究刑事责任。

2. 与学校收费有关的法律责任

《教育法》第七十八条规定："学校及其他教育机构违反国家有关规定向受教育者收取费用的，由教育行政部门责令退还所收费用；对直接负责的主管人员和其他直接责任人员，依法给予处分。"

"学校及其他教育机构违反国家有关规定向受教育者收取费用"，是指国家和社会力量举办的各级各类学校及其他教育机构，违反国家有关收费范围、收费项目、收费标准以及有关收费事宜的审批、核准、备案以及收费的减免等方面的规定，自立收费项目或超过规定的收费标准，非法或不合理向受教育者收取费用，给受教育者的财产权益和其他合法权益带来损害的情形。

对违反本条规定，向受教育者违法或不合理收取费用的学校及其他教育机构，经发现和查实，主管教育行政部门有权和应当责令向受教育者退还所收费用，有关学校及其他教育机构不得拒绝。对违法或不合理收取费用的学校及其他教育行政机构直接主管的领导以及直接负责人员，视其行为的具体情节和造成的后果、对社会不良影响的恶劣程度，由主管教育行政部门及其他有关部门予以相应的处分。

(三) 与教师有关的法律责任

1. 侮辱、殴打、报复教师的法律责任

《教师法》第三十五条规定："侮辱、殴打教师的,根据不同情况,分别给予行政处分或者行政处罚;造成损害的,责令赔偿损失;情节严重,构成犯罪的,依法追究刑事责任。"

为保障教师的申诉权、控告权、检举权得到切实行使,《教师法》第三十六条规定:"对依法提出申诉、控告、检举的教师进行打击报复的,由其所在单位或者上级机关责令改正;情节严重的,可以根据具体情况给予行政处分。"

2. 拖欠教师工资或者侵犯教师其他合法权益的法律责任

《教师法》第三十八条规定:"地方人民政府对违反本法规定,拖欠教师工资或者侵犯教师其他合法权益的,应当责令其限期改正。违反国家财政制度、财务制度,挪用国家财政用于教育的经费,严重妨碍教育教学工作,拖欠教师工资,损害教师合法权益的,由上级机关责令限期归还被挪用的经费,并对直接责任人员给予行政处分;情节严重,构成犯罪的,依法追究刑事责任。"地方人民政府和上一级人民政府的有关部门对《教师法》的实施起着关键的作用。对于实施过程中出现的"拖欠教师工资""挪用经费"等政府行为,本法条明确规定"上级机关责令限期归还",这样就把政府置于法律的监督之下,尽量减少上下级之间的推诿。本法条还指出,要追究违法行为的"直接责任人员"的责任,这又对违法者个人产生威慑力,防止其逃避法律的制裁。

3. 教师不履行义务所应承担的法律责任

教师在享受一定的法律保障的同时,必然要对自己的违法行为承担一定的法律责任。

《教师法》第三十七条规定:"教师凡有下列情形之一,由所在学校、其他教育机构或者教育行政部门给予行政处分或者解聘:①故意不完成教育教学任务给教育教学工作造成损失的;②体罚学生,经教育不改的;③品行不良、侮辱学生,影响恶劣的。""教师有前款第②项、第③项所列情形之一,情节严重,构成犯罪的,依法追究刑事责任。"

经典案例

贵州一县"拖欠教师工资补贴4.7亿"

党中央、国务院高度重视教师队伍建设,要求各级政府将教师队伍建设作为教育投入重点予以优先保障,切实提高教师工资待遇和职业地位。但是,一些地方在落

实政策中仍然存在不少薄弱环节。近日，根据群众在国务院"互联网+督查"平台上反映的问题线索，国办督查室派员赴贵州省毕节市大方县进行了明察暗访，发现大方县自2015年起即拖欠教师工资补贴，截至2020年8月20日，共计拖欠教师绩效工资、生活补贴、五险一金等费用47961万元，挪用上级拨付的教育专项经费34194万元。同时，调查人员发现，大方县假借推进供销合作社改革名义，发起成立融资平台公司违规吸纳资金，变相强制教师存款入股，截留困难学生生活补贴。现将有关情况通报如下：

一、拖欠教师绩效工资及各类津补贴18 031万元。

二、未按时缴纳教师五险一金，欠缴29 930万元。

三、擅自改变教育专项经费用途，违规挪用上级资金34 194万元。

四、未落实义务教育阶段教师平均工资水平不低于公务员平均工资水平的要求。

五、以发放所拖欠的绩效工资等款项为由，变相强制要求教师存款入股。

六、改变困难学生补助发放渠道，强制未成年学生入社入股，导致210多万元困难学生补助被违规截留。

七、以推进供销合作社改革为名，发起成立所谓的供销合作公司行融资周转之实，严重背离"服务三农"宗旨。

近年来，党中央、国务院相继出台一系列政策措施，要求加强教师队伍建设，不断提高教师待遇，健全教师工资保障机制，实现教师工资稳步增长。从督查情况看，大方县长期拖欠教师工资补贴，违规挤占挪用教育经费，严重侵害了教师合法权益，影响了教师队伍的稳定。

贵州省委省政府对督查发现的教师工资拖欠问题高度重视，责令大方县认真核查、切实整改，对违规行为立即纠正、严肃问责，同时举一反三，对类似问题开展全面清查。国办督察室将密切跟踪有关工作进展情况，督促推动问题整改到位。

资料来源：刘佳. 贵州一地拖欠教师工资4.7亿，被国务院通报[EB/OL]. (2020-09-05). [2021-08-05]. http://edu.china.com.cn/2020-09/05/content_76672958.html.

课堂讨论

大方县拖欠教师工资违反了什么法律？侵犯了教师的什么权益？

(四) 与学生有关的法律责任

《教育法》第七十九条规定："考生在国家教育考试中有下列行为之一的，由组织考试的教育考试机构工作人员在考试现场采取必要措施予以制止并终止其继续参加考试；组织考试的教育考试机构可以取消其相关考试资格或者考试成绩；情节严重的，由教育行政部门责令停止参加相关国家教育考试1年以上3年以下；构成违反治安管理行为的，由公安机关依法给予治安管理处罚；构成犯罪的，依法追究刑事责任：非法获取考试试题或者答案的；携带或者使用考试作弊器材、资料的；抄袭他人答案的；让他人代替自己参加考试的；其他以不正当手段获得考试成绩的作弊行为。"

《教育法》第八十条规定："任何组织或者个人在国家教育考试中有下列行为之一，有违法所得的，由公安机关没收违法所得，并处违法所得1倍以上5倍以下罚款；情节严重的，处5日以上15日以下拘留；构成犯罪的，依法追究刑事责任；属于国家机关工作人员的，还应当依法给予处分：组织作弊的；通过提供考试作弊器材等方式为作弊提供帮助或者便利的；代替他人参加考试的；在考试结束前泄露、传播考试试题或者答案的；其他扰乱考试秩序的行为。"

对在国家教育考试中作弊的，应根据具体情况，对下列人员依法处理：对作弊考生，视其作弊行为的程度、情节轻重，由主管教育行政部门宣布相应的考试科目或所有的考试科目成绩无效；作弊的考生、替考生如属国家机关、企业事业单位及其他在职公职人员，依照规定应当予以行政处分的，其所在单位应予以相应的处分；负责组织、实施考试工作的直接主管负责人员和其他参加考试的工作人员，实施相应违法作弊行为或因不认真履行职责造成考点或者考场纪律混乱，舞弊抄袭现象严重或一科1/3以上试卷雷同以及其他严重后果的，由考试管理机构、主管教育行政部门对其进行行政处分，并规定予以一定期限内撤销考试工作人员资格、调离考试工作岗位及今后不准再从事考试工作的处理。对有关作弊考生的考试成绩或作弊考场的考试由主管教育行政部门宣布无效。

(五) 与社会有关的法律责任

1. 与教育秩序及学校财产有关的法律责任

《教育法》第七十二条第一款、第二款分别规定："结伙斗殴、寻衅滋事，扰乱学校及其他教育机构教育教学秩序或者破坏校舍、场地及其他财产的，由公安机关给予治安管理处罚；构成犯罪的，依法追究刑事责任。""侵占学校及其他教育机构的校舍、场地及其他财产的，依法承担民事责任。"

本条第一款中的"结伙斗殴、寻衅滋事，扰乱学校及其他教育机构教育教学秩序"的行为，是指有关人员或组织，在学校及其他教育机构内部或周围，寻衅滋生事端，结伙打仗斗殴，围攻教师、学生或者调戏女学生，闯入课堂、教学场地，妨碍或阻挠教师的授课活动以及在学校及其他教育机构周围架设高音喇叭或非法施工以及进行造坟、哭坟等活动，致使学校及其他教育机构停学停课、师生没有安全感，使正常的教学活动无法开展或造成其他严重后果的情形。"破坏校舍、场地及其他财产"的行为，主要是指偷窃、抢夺或哄抢、勒索学校及其他教育机构的教学仪器设施或者其他物资，故意打、砸、毁坏房屋校舍及其他校产，包括勤工俭学学生生产基地，破坏、侵占教学、运动场地等侵犯学校及其他教育机构财产所有权的活动。在对有关违法行为的处理中，要区分不同的情况进行相应的法律处理。其中，扰乱学校的秩序，致使教学、科研不能正常进行，但尚未造成严重损失的；或者结伙斗殴、寻衅滋事、侮辱教师和学生以及进行其他流氓活动，尚未构成明显犯罪的，依照《治安管理处罚条例》的有关规定处理。上述违法行为，如情节恶劣、危害后果严重，构成犯罪的，依照《刑法》的规定，依法追究刑事责任。

本条第二款的"侵占学校及其他教育机构的校舍、场地及其他财产"，是指有关单位和人员非法占有、使用学校及其他教育机构的校舍、场地和设备等情形，包括在学校校园内非法摆摊设点，非法改变学校场地的用途，进行放牧、种植作物、打场、堆物、取土、采石以及在校园内建造、恢复祠堂、庙宇等。对侵占学校的校舍、场地及其他财产的，学校有权向有关机关及时做出反应，或者向人民法院依法提出诉讼，要求有关单位和个人承担停止侵害，退回侵占的校舍、场地及资产，恢复校舍、场地及有关资产的原状以及赔偿相应的财产损失等方面的民事责任。对在侵占学校的校舍、场地及其他财产的过程中，有关人员严重纠缠和无理取闹，实施了扰乱教育教学秩序行为或者破坏了校舍、场地及其他财产行为的，应当对有关直接责任人员依照本条第一款的规定处理。造成对教师职工、受教育者人身损害的，由公安机关予以治安管理处罚或依法追究行为人的刑事责任，或(并)承担相应的民事责任。

2. 与办学有关的法律责任

《教育法》第七十五条规定："违反国家有关规定，举办学校或者其他教育机构的，由教育行政部门或其他有关行政部门予以撤销；有违法所得的，没收违法所得；对直接负责的主管人员和其他直接责任人员，依法给予处分。"

我国在教育机构的设置问题上，实行批准设立制度和登记注册制度。办学校及其他教育机构，必须经主管机关的批准或者经主管机关登记注册，才能取得合法地位，并受到法律保护。违背《教育法》及其他有关法律、法规、规章关于教育机构设置管理的规定，举办的学校或者其他教育机构是非法的。主管的教育行政部门根据上述法律规定，应当予以撤销，并应追究当事人的行政责任；有违法所得的，应没收违法所得。

3. 与举办考试有关的法律责任

《教育法》第七十七条规定："在招收学生工作中滥用职权、玩忽职守、徇私舞弊的，由教育行政部门或者其他有关行政部门责令退回招收的不符合入学条件人员；对直接负责的主管人员和其他直接责任人员，依法给予处分；构成犯罪的，依法追究刑事责任。"第八十条规定："任何组织或者个人在国家教育考试中有下列行为之一，有违法所得的，由公安机关没收违法所得，并处违法所得一倍以上五倍以下罚款；情节严重的，处五日以上十五日以下拘留；构成犯罪的，依法追究刑事责任；属于国家机关工作人员的，还应当依法给予处分：组织作弊的；通过提供考试作弊器材等方式为作弊提供帮助或者便利的；代替他人参加考试的；在考试结束前泄露、传播考试试题或者答案的；其他扰乱考试秩序的行为。"第八十一条规定："举办国家教育考试，教育行政部门、教育考试机构疏于管理，造成考场秩序混乱、作弊情况严重的，对直接负责的主管人员和其他直接责任人员，依法给予处分；构成犯罪的，依法追究刑事责任。"

4.与颁发证书有关的法律责任

《教育法》第八十二条规定："学校或者其他教育机构违反本法规定，颁发学位证书、学历证书或者其他学业证书的，由教育行政部门或其他有关行政部门宣布证书无效，责令收回或者予以没收；有违法所得的，没收违法所得；情节严重的，责令停止相关招生资格一年以上三年以下，直至撤销招生资格、颁发证书资格；对直接负责的主管人员和其他直接责任人员，依法给予处分。"

违反本法及国家有关规定，颁发学位证书、学业证书的行为主要有以下几项：①不具有颁发学业证书和学位证书资格而发放学业证书、学位证书的；②伪造、编造、买卖学业证书、学位证书的；③在颁发学业证书、学位证书中弄虚作假、徇私舞弊的；④对不符合规定条件的受教育者和其他人员颁发学业证书、学位证书的；⑤滥发学业证书、学位证书以牟利的。

对于上述违法行为，由教育行政部门或其他有关行政部门依照规定的职权予以行政处理。处理的方式有三种：一是向社会公开宣布所发证书无效，国家不予承认其证明的学历和学位，并责令颁发证书的单位收回所发证书，或者对其颁发的证书予以没收。二是对违法颁发学业证书、学位证书情节严重的行为人，可以取消其颁发学位证书、学业证书的资格。所谓"情节严重"，是指买卖证书、牟取暴利；滥发证书，妨碍教育管理秩序，导致教育质量严重下降；弄虚作假、徇私舞弊，在社会上造成恶劣影响等行为。三是对于有违法所得的，即通过违法颁发学业证书、学位证书而取得不正当的、违法的收入，主管机关应当全部没收其违法所得。以上三种处罚方式，第一种可以单独使用，也可以同第二种、第三种并列使用；第二种、第三种使用要以第一种为前提，不宜单独使用；在违法颁发学业证书、学位证书情节严重，且有违法所得的情况下，三种处罚方式应当同时使用。

此外，《教育法》第八十三条还规定："违反本法规定，侵犯教师、受教育者、学校或者其他教育机构的合法权益，造成损失、损害的，应当依法承担民事责任。""违反本法规定"，是指违反《教育法》中一切涉及教师、受教育者、学校或者其他教育机构的合法权益的规定，依法应当承担民事责任的各项条款。"造成损失、损害的"，是指因实施有关侵权行为而给教师、受教育者、学校或者其他教育机构造成的经济损失，以及造成人身和财产的损害。"合法权益"包括的主要内容为以下几项：①教师、受教育者的人格权，即生命健康权、姓名权、肖像权、名誉权和荣誉权等；②学校或者其他教育机构的名称权、名誉权、荣誉权等；③学校及其他教育机构的校舍、场地，或者损害学校及其他教育机构、教师、受教育者的财产所有权；④教师、受教育者、学校或者其他教育机构的著作权、专利权、商标权、发现权、发明权和其他科技成果权；等等。

七、义务教育及未成年人保护的法律责任规定

(一) 与义务教育有关的法律责任

《义务教育法》对违反《义务教育法》的行为，根据其性质和情节的严重程度，规定了相应的法律责任。

1. 政府的法律责任

(1) 不依法保障义务教育经费的法律责任。《义务教育法》第五十一条规定："国务院有关部门和地方各级人民政府违反本法第六章的规定，未履行对义务教育经费保障职责的，由国务院或者上级地方人民政府责令限期改正；情节严重的，对直接负责的主管人员和其他直接责任人员依法给予行政处分。"

(2) 不依法实施教育教学活动的法律责任。《义务教育法》第五十二条规定："县级以上地方人民政府有下列情形之一的，由上级人民政府责令限期改正；情节严重的，对直接负责的主管人员和其他直接责任人员依法给予行政处分：①未按照国家有关规定制定、调整学校的设置规划的；②学校建设不符合国家规定的办学标准、选址要求和建设标准的；③未定期对学校校舍安全进行检查，并及时维修、改造的；④未依照本法规定均衡安排义务教育经费的。"

同时，第五十六条第三款规定："国家机关工作人员和教科书审查人员参与或者变相参与教科书编写的，由县级以上人民政府或者其教育行政部门根据职责权限责令限期改正，依法给予行政处分；有违法所得的，没收违法所得。"

(3) 不依法保证义务教育均衡发展的法律责任。《义务教育法》第五十三条规定："县级以上人民政府或者其教育行政部门有下列情形之一的，由上级人民政府或者其教育行政部门责令限期改正、通报批评；情节严重的，对直接负责的主管人员和其他直接责任人员依法给予行政处分：①将学校分为重点学校和非重点学校的；②改变或者变相改变公办学校性质的。县级人民政府教育行政部门或者乡镇人民政府未采取措施组织适龄儿童、少年入学或者防止辍学的，依照前款规定追究法律责任。"

2. 学校的法律责任

(1) 不遵守教育法、教师法的法律责任。《义务教育法》第五十五条规定："学校或者教师在义务教育工作中违反教育法、教师法规定的，依照教育法、教师法的有关规定处罚。"

(2) 违反国家规定收取费用的法律责任。《义务教育法》第五十六条第一款规定："学校违反国家规定收取费用的，由县级人民政府教育行政部门责令退还所收费用；对直接负责的主管人员和其他直接责任人员依法给予处分。"第二款规定："学校以向学生推销或者变相推销商品、服务等方式谋取利益的，由县级人民政府教育行政部门给予通报批评；有违法所得的，没收违法所得；对直接负责的主管人员和其他直接责任人员

依法给予处分。"

(3) 不依法实施教育教学活动的法律责任。《义务教育法》第五十七条规定："学校有下列情形之一的，由县级人民政府教育行政部门责令限期改正；情节严重的，对直接负责的主管人员和其他直接责任人员依法给予处分：①拒绝接收具有接受普通教育能力的残疾适龄儿童、少年随班就读的；②分设重点班和非重点班的；③违反本法规定开除学生的；④选用未经审定的教科书的。"

经典案例

"义务教育阶段不得开除学生"体现教育责任

2013年，成都市教育局公布《成都市义务教育阶段学生学籍管理办法》。其中规定，成都市小学和初中不得开除或劝退学生，不得招收复读生。义务教育阶段学生原则上不留级，学习成绩特别优异的学生可申请跳级。

不得开除或劝退学生，在法律上有着明确的规定。2006年新修订的《义务教育法》，已经由原来的"不得随意开除学生"修改为"不得开除学生"。学校开除学生学籍虽然于法无据，但由于地方层面立法的滞后，使得开除或劝退在一些地方并不鲜见，甚至衍生出测智商的荒唐做法。2010年在北京大学第三医院儿童智测室，10岁的小学生思阳在诊室里接受智商检测；在广东，一小学为提高升学率，组织13名学生测智商；在重庆渝中区下半城一小学，学生因为成绩下滑也被老师叫去测评智商。学校这样做的目的在于，通过智商测试结果，厘清老师和学校的责任，并为劝告学生不参加考试，甚至退学创造条件。

时下义务教育阶段的学生流失严重，其中固然跟"学习无用论"的社会风气有关，也跟"随意开除"下责任缺失有关。一方面，受教育政绩的影响，一些学校和老师千方百计对差生实行"定点清除"；另一方面，在教育惰性的影响下，通过开除或者劝退，可以减轻教育责任和管教压力，将教育和引导孩子的责任转嫁给社会、家庭或者其他学校，从而控制自身的教育成本和精力付出。

虽然"没有教不好的学生，只有不会教的老师"对教育者相对不公，但"不得开除"是最基本的责任要求。只有当这个权利得到了实现，对于孩子的保护才能落到实处。因为当开除不能成为逃避责任的手段之后，才会促使学校和老师采取更加人性化和有针对性的教育方式。孩子的成长决定着国家的未来，具有某种公共性，教育和保护未成年人就是所有人的共同责任，自然也就容不得以开除的办法进行推卸。

资料来源：观点库."义务教育阶段不得开除学生"体现教育责任[EB/OL]. (2013-01-08)[2021-07-21]. http://opinion.china.com.cn/opinion_5_62505.html.

> **课堂讨论**
>
> 结合实际，试分析义务教育阶段不得开除学生的原因。

3. 家庭的法律责任

《义务教育法》对适龄儿童、少年的父母或者其他法定监护人不履行义务的行为要追究法律责任。《义务教育法》第五十八条规定："适龄儿童、少年的父母或者其他法定监护人无正当理由未依照本法规定送适龄儿童、少年入学接受义务教育的，由当地乡镇人民政府或者县级人民政府教育行政部门给予批评教育，责令限期改正。"

4. 社会的法律责任

《义务教育法》对社会不依法保障适龄儿童、少年接受义务教育的行为予以处罚。《义务教育法》第五十九条规定："有下列情形之一的，依照有关法律、行政法规的规定予以处罚：①胁迫或者诱骗应当接受义务教育的适龄儿童、少年失学、辍学的；②非法招用应当接受义务教育的适龄儿童、少年的；③出版未经依法审定的教科书的。"

除上述规定外，《义务教育法》第六十条还规定："违反本法规定，构成犯罪的，依法追究刑事责任。"

(二) 与未成年人保护有关的法律责任

《中华人民共和国未成年人保护法》(以下简称《未成年人保护法》)和《中华人民共和国预防未成年人犯罪法》(以下简称《预防未成年人犯罪法》)中规定的法律责任主要分为三种，即行政责任、民事责任和刑事责任。《未成年人保护法》采取列举式逐条规定了每种违法行为的概念和构成要件以及实施何种处罚。概括起来，可以归纳为以下4个方面。

1. 违反家庭保护的法律责任

《未成年人保护法》第一百一十八条规定："未成年人的父母或者其他监护人不依法履行监护职责或者侵犯未成年人合法权益的，由其居住地的居民委员会、村民委员会予以劝诫、制止；情节严重的，居民委员会、村民委员会应当及时向公安机关报告。公安机关接到报告或者公安机关、人民检察院、人民法院在办理案件过程中发现未成年人的父母或者其他监护人存在上述情形的，应当予以训诫，并可以责令其接受家庭教育指导。"《预防未成年人犯罪法》第六十一条规定："公安机关、人民检察院、人民法院在办理案件过程中发现实施严重不良行为的未成年人的父母或者其他监护人不依法履行监护职责的，应当予以训诫，并可以责令其接受家庭教育指导。"

2. 违反学校保护的法律责任

《未成年人保护法》第一百一十九条规定："学校、幼儿园、婴幼儿照护服务等机构及其教职员工违反本法第二十七条、第二十八条、第三十九条规定的，由公安、教育、卫生健康、市场监督管理等部门按照职责分工责令改正；拒不改正或者情节严重的，对直接负责的主管人员和其他直接责任人员依法给予处分。"

3. 违反社会保护的法律责任

《未成年人保护法》第五十八条规定："学校、幼儿园周边不得设置营业性娱乐场所、酒吧、互联网上网服务营业场所等不适宜未成年人活动的场所。营业性歌舞娱乐场所、酒吧、互联网上网服务营业场所等不适宜未成年人活动场所的经营者，不得允许未成年人进入；游艺娱乐场所设置的电子游戏设备，除国家法定节假日外，不得向未成年人提供。经营者应当在显著位置设置未成年人禁入、限入标志；对难以判明是否是未成年人的，应当要求其出示身份证件。"第五十九条规定："学校、幼儿园周边不得设置烟、酒、彩票销售网点。禁止向未成年人销售烟、酒、彩票或者兑付彩票奖金。烟、酒和彩票经营者应当在显著位置设置不向未成年人销售烟、酒或者彩票的标志；对难以判明是否是未成年人的，应当要求其出示身份证件。任何人不得在学校、幼儿园和其他未成年人集中活动的公共场所吸烟、饮酒。"第六十条规定："禁止向未成年人提供、销售管制刀具或者其他可能致人严重伤害的器具等物品。经营者难以判明购买者是否是未成年人的，应当要求其出示身份证件。"第六十一条规定："任何组织或者个人不得招用未满十六周岁未成年人，国家另有规定的除外。营业性娱乐场所、酒吧、互联网上网服务营业场所等不适宜未成年人活动的场所不得招用已满十六周岁的未成年人。招用已满十六周岁未成年人的单位和个人应当执行国家在工种、劳动时间、劳动强度和保护措施等方面的规定，不得安排其从事过重、有毒、有害等危害未成年人身心健康的劳动或者危险作业。任何组织或者个人不得组织未成年人进行危害其身心健康的表演等活动。经未成年人的父母或者其他监护人同意，未成年人参与演出、节目制作等活动，活动组织方应当根据国家有关规定，保障未成年人合法权益。"第六十二条规定："密切接触未成年人的单位招聘工作人员时，应当向公安机关、人民检察院查询应聘者是否具有性侵害、虐待、拐卖、暴力伤害等违法犯罪记录；发现其具有前述行为记录的，不得录用。密切接触未成年人的单位应当每年定期对工作人员是否具有上述违法犯罪记录进行查询。通过查询或者其他方式发现其工作人员具有上述行为的，应当及时解聘。"

同时，《未成年人保护法》第一百二十三条规定："相关经营者违反本法第五十八条、第五十九条第一款、第六十条规定的，由文化和旅游、市场监督管理、烟草专卖、公安等部门按照职责分工责令限期改正，给予警告，没收违法所得，可以并处五万元以下罚款；拒不改正或者情节严重的，责令停业整顿或者吊销营业执照、吊销相关许可证，可以并处五万元以上五十万元以下罚款。"第一百二十四条规定："违反本法第五十九条第二款规定，在学校、幼儿园和其他未成年人集中活动的公共场所吸烟、饮酒的，由卫生健康、教育、市场监督管理等部门按照职责分工责令改正，给予警告，可以并处五百元以下罚款；场所管理者未及时制止的，由卫生健康、教育、市场监督管理等部门按照职责分工给予警告，并处一万元以下罚款。"第一百二十五条规定："违反本法第六十一条规定的,由文化和旅游、人力资源和社会保障、市场监督管理等部门按照职责分工责令限期改正,给予警告,没收违法所得,可以并处十万元以下罚款;拒不改正或者情节严重的,责令停产停业或者吊销营业执照、吊销相关许可证,并处十万元以上一百万元以下罚款。"第一百二十六条规定:"密切接触未成年人的单位违反本法第六十二条规定,未履行查询义务,或者招用、继续聘用具有相关违法犯罪记录人员的,由教育、人力资源和社会保障、市场监督管理等部门按照职责分工责令限期改正,给予警告,并处五万元以下罚款;拒不改正或者造成严重后果的,责令停业整顿或者吊销营业执照、吊销相关许可证,并处五万元以上五十万元以下罚款,对直接负责的主管人员和其他直接责任人员依法给予处分。"第五十七条规定:"旅馆、宾馆、酒店等住宿经营者接待未成年人入住,或者接待未成年人和成年人共同入住时,应当询问父母或者其他监护人的联系方式、入住人员的身份关系等有关情况;发现有违法犯罪嫌疑的,应当立即向公安机关报告,并及时联系未成年人的父母或者其他监护人。"

4. 违法司法保护的法律责任

《未成年人保护法》第一百一十四条规定:"公安机关、人民检察院、人民法院和司法行政部门发现有关单位未尽到未成年人教育、管理、救助、看护等保护职责的,应当向该单位提出建议。被建议单位应当在一个月内作出书面回复。"第一百二十八条规定:"国家机关工作人员玩忽职守、滥用职权、徇私舞弊,损害未成年人合法权益的,依法给予处分。"

八、学生伤害事故责任

(一) 学生伤害事故的界定

近些年来,学生伤害事故频频发生,影响了学校正常的教育教学秩序,侵害了学生的合法权益,也加重了学校和家长的经济负担。在一些影响较大的学生伤害事故而引发的相关诉讼纠纷案件之后,学生伤害事故越来越引起全社会的关注。

学术界对学生伤害事故的界定,莫衷一是。有的学者从伤害事故的时间、空间角度来加以界定,认为学生伤害事故是学生在校期间所发生的人身伤害事故;有的从学校的职责范围出发,认为学生伤害事故是在学校管理之下所发生的事故;还有的将由主观故意导致的学生人身伤害事故排除在学生伤害事故之外,认为只有因过失或者意外而导致的学生人身伤害事故才可称为学生伤害事故;也有的国外学者认为,学生伤害事故是学校事故中的一部分,而学校事故有广义和狭义之分,广义上的学校事故是指在学校发生的学生、教员、设施、设备的事故以及盗窃、火灾等其他灾害的总称,狭义的学校事故是指在学校教育教学活动中发生的学生受伤、疾病、死亡事故。

根据《学生伤害事故处理办法》第二条的规定,学生伤害事故是指"在学校实施的教育教学活动或者学校组织的校外活动中,以及在学校负有管理责任的校舍、场地、其他教育教学设施、生活设施内发生的,造成在校学生人身损害后果的事故"。可见,《学生伤害事故处理办法》对学校的职责范围是从时间和空间两个角度来加以界定的。

从时间上看,学生伤害事故是指"在学校实施的教育教学活动或者学校组织的校外活动中"发生的伤害事故。学校实施的教育教学活动或者学校组织的校外活动的时间包括以下几项:学生合理的到校时间与合理的离校时间的中间时间;教师要求学生提前到达学校或延迟离开学校的时间;教师要求学生补课的时间;课间休息时间;体育课、实验课、劳动课等课上时间;学校组织学生参加集会、比赛、演出、参观、旅游、军训等活动的路上或活动期间的时间等。但学生在校期间擅自离开学校发生的伤害,学校已经尽到通知义务的可以免责。从空间上看,学生伤害事故是指"在学校负有管理责任的校舍、场地、其他教育教学设施、生活设施内"发生的伤害事故。学校负有管理责任的校舍、场地、其他教育教学设施、生活设施的空间包括以下几项:学校的教室、走廊、操场、图书馆、游泳池、食堂、宿舍等所有由学校管理的场所,以及学校的教育教学及生活用具、用品、设备、设施等。

(二) 学生伤害事故的类型

学生伤害事故发生的范围、种类极其复杂。根据主体的不同,学生伤害事故可以大致分为以下几种类型:与学校设施、设备有关的学生伤害事故,这是由于学校设施、设备不全,建筑物倒塌,火灾等原因造成的学生人身伤害事故;与教职员有关的学生伤害事故,这是由于教职员在教育教学过程中由于主观故意或者过失所造成的学生人身伤害事故;与学生个人有关的伤害事故,这是由于学生体育运动、游戏、斗殴等原因所造成的学生人身伤害事故。

(三) 学生伤害事故的责任承担

1. 学生伤害事故中的归责

学生伤害事故的发生,往往侵害了学生生命健康权、自由权等人身权利,因而也存在相应的侵权行为。对学生伤害事故的归责,目前的法律根据主要有《民法典》,其中,《学生伤害事故处理办法》第八条规定:"学生伤害事故的责任,应当根据相关当事人的行为与损害后果之间的因果关系依法确定。因学校、学生或者其他相关当事人的过错造成的学生伤害事故,相关当事人应当根据其行为过错程度的比例及其与损害后果之间的因果关系承担相应的责任。当事人的行为是损害后果发生的主要原因,应当承担主要责任;当事人的行为是损害后果发生的非主要原因,承担相应的责任。"可见,就现行法而言,对学生伤害事故的归责,主要采取"过错责任原则"。

(1) 学校的法律责任。《学生伤害事故处理办法》第九条规定:"因下列情形之一造成的学生伤害事故，学校应当依法承担相应的责任：①学校的校舍、场地、其他公共设施，以及学校提供给学生使用的学具、教育教学和生活设施、设备不符合国家规定的标准，或者有明显不安全因素的；②学校的安全保卫、消防、设施设备管理等安全管理制度有明显疏漏，或者管理混乱，存在重大安全隐患，而未及时采取措施的；③学校向学生提供的药品、食品、饮用水等不符合国家或者行业的有关标准、要求的；④学校组织学生参加教育教学活动或者校外活动，未对学生进行相应的安全教育，并未在可预见的范围内采取必要的安全措施的；⑤学校知道教师或者其他工作人员患有不适宜担任教育教学工作的疾病，但未采取必要措施的；⑥学校违反有关规定，组织或者安排未成年学生从事不宜未成年人参加的劳动、体育运动或者其他活动的；⑦学生有特异体质或者特定疾病，不宜参加某种教育教学活动，学校知道或者应当知道，但未予以必要的注意的；⑧学生在校期间突发疾病或者受到伤害，学校发现，但未根据实际情况及时采取相应措施，导致不良后果加重的；⑨学校教师或者其他工作人员体罚或者变相体罚学生，或者在履行职责过程中违反工作要求、操作规程、职业道德或者其他有关规定的；⑩学校教师或者其他工作人员在负有组织、管理未成年学生的职责期间，发现学生行为具有危险性，但未进行必要的管理、告诫或者制止的；⑪对未成年学生擅自离校等与学生人身安全直接相关的信息，学校发现或者知道，但未及时告知未成年学生的监护人，导致未成年学生因脱离监护人的保护而发生伤害的；⑫学校有未依法履行职责的其他情形的。"

(2) 学生或者未成年学生监护人的法律责任。《学生伤害事故处理办法》第十条规定："学生或者未成年学生监护人由于过错，有下列情形之一，造成学生伤害事故，应当依法承担相应的责任：①学生违反法律法规的规定，违反社会公共行为准则、学校的规章制度或者纪律，实施按其年龄和认知能力应当知道具有危险或者可能危及他人的行为的；②学生行为具有危险性，学校、教师已经告诫、纠正，但学生不听劝阻、拒不改正的；③学生或者其监护人知道学生有特异体质，或者患有特定疾病，但未告知学校的；④未成年学生的身体状况、行为、情绪等有异常情况，监护人知道或者已被学校告知，但未履行相应监护职责的；⑤学生或者未成年学生监护人有其他过错的。"

《学生伤害事故处理办法》在规定学校应当依法承担法律责任的同时，还规定了学校无法律责任的情形。《学生伤害事故处理办法》第十二条规定："因下列情形之一造成的学生伤害事故，学校已履行了相应职责，行为并无不当的，无法律责任：①地震、雷击、台风、洪水等不可抗的自然因素造成的；②来自学校外部的突发性、偶发性侵害造成的；③学生有特异体质、特定疾病或者异常心理状态，学校不知道或者难于知道的；④学生自杀、自伤的；⑤在对抗性或者具有风险性的体育竞赛活动中发生意外伤害的；⑥其他意外因素造成的。"

《学生伤害事故处理办法》第十三条规定："下列情形下发生的造成学生人身损害后果的事故，学校行为并无不当的，不承担事故责任；事故责任应当按有关法律法规或者其他有关规定认定：①在学生自行上学、放学、返校、离校途中发生的；②在学生自行外出或者擅自离校期间发生的；③在放学后、节假日或者假期等学校工作时间以外，学生自行滞留学校或者自行到校发生的；④其他在学校管理职责范围外发生的。"

(3) 其他主体的法律责任。《学生伤害事故处理办法》第十一条规定："学校安排学生参加活动，因提供场地、设备、交通工具、食品及其他消费与服务的经营者，或者学校以外的活动组织者的过错造成的学生伤害事故，有过错的当事人应当依法承担相应的责任。"第十四条同时规定："因学校教师或者其他工作人员与其职务无关的个人行为，或者因学生、教师及其他个人故意实施的违法犯罪行为，造成学生人身损害的，由致害人依法承担相应的责任。"

2. 学生伤害事故中的赔偿责任

《学生伤害事故处理办法》第二十三条规定："对发生学生伤害事故负有责任的组织或者个人，应当按照法律法规的有关规定，承担相应的损害赔偿责任。"针对不同主体，《学生伤害事故处理办法》第二十六条、第二十七条和第二十八条分别规定："学校对学生伤害事故负有责任的，根据责任大小，适当予以经济赔偿，但不承担解决户口、住房、就业等与救助受伤害学生、赔偿相应经济损失无直接关系的其他事项。学校无责任的，如果有条件，可以根据实际情况，本着自愿和可能的原则，对受伤害学生给予适当的帮助。""因学校教师或者其他工作人员在履行职务中的故意或者重大过失造成的学生伤害事故，学校予以赔偿后，可以向有关责任人员追偿。""未成年学生对学生伤害事故负有责任的，由其监护人依法承担相应的赔偿责任。"其中，学校无责任而对受伤害学生给予的适当帮助不属于赔偿责任承担。

另外，《学生伤害事故处理办法》第三十条、第三十一条分别规定："县级以上人民政府教育行政部门或者学校举办者有条件的，可以通过设立学生伤害赔偿准备金等多种形式，依法筹措伤害赔偿金。""学校有条件的，应当依据保险法的有关规定，参加学校责任保险。教育行政部门可以根据实际情况，鼓励中小学参加学校责任保险。提倡学生自愿参加意外伤害保险。在尊重学生意愿的前提下，学校可以为学生参加意外伤害保险创造便利条件，但不得从中收取任何费用。"

(四) 学生伤害事故的防范

对学生伤害事故预防的主要措施有以下几种。

1. 保障设施安全，重点排查隐患

学校的举办者应当提供符合安全标准的校舍、场地、其他教育教学设施和生活设施，同时切实保障校舍、场地、其他教育教学设施和生活设施的安全。对于设施的安全防范，排查是其重要措施。排查是防范中的防范，是以积极的态度防止和避免伤害事故发生的体现。排查包括检查和排除两个方面。检查是排除的前提，排除是检查的目的。隐患排查应当按照规定，建立健全安全制度，采取相应的管理措施，预防和消除教育教

学环境中存在的安全隐患。在排查隐患的过程中，发现的问题应及时被解决，包括维修、改造、重建学校建筑，清理整顿周边环境，妥善管理各种设施设备，调换有关人员，以及建立完善各种规章制度等。同时，在排查以后，相关部门要总结经验教训，拟订后续阶段学生伤害事故防范目标，将防范工作落到实处。

2. 加强安全教育，提高学生自救能力

学校应当对在校学生进行必要的安全教育和自护自救教育。学校对学生进行安全教育、管理和保护，应当针对学生年龄、认知能力和法律行为能力的不同，采用相应的内容和预防措施。加强安全教育的目的在于提高学校安全意识、提高安全操作技能和提高安全工作水平。学校进行安全教育可以采取多种方法，其中讲授、参观、讨论是经常采用且效果较好的方法。通过上述安全教育，学生可以清晰、明了、系统地掌握安全教育知识，增强对安全教育知识重要性的认识，提高安全意识。在教育教学活动中，每个学生也有义务掌握学校安全知识，主动进行自我教育。

3. 遵守法律法规，建立健全管理责任制度

预防学生伤害事故的发生，已经有许多法律法规可以遵循。学校有义务遵守这些法律法规，依法保障学生的人身安全。在常规教育教学方面，学校应当遵循《教育法》《教师法》《未成年人保护法》《预防未成年人犯罪法》《中小学校建筑设计规范》等法律法规；在大型活动方面，学校应当遵循《未成年人保护法》《中小学校园环境管理的暂行规定》等法律法规；在设施设备方面，学校应当遵循《教育法》《教师法》《中小学校园环境管理的暂行规定》《全面清除和杜绝中小学危房的规定》以及《中小学校建筑设计规范》等法律法规的有关规定；在饮食卫生、疾病防治方面，学校应当遵循《食品卫生法》《传染病防治法实施办法》《学校卫生工作条例》等法律法规的有关规定；在消防方面，学校应当遵循《消防法》等法律法规的有关规定；在治安方面，学校应当遵循《教育法》《教师法》《未成年人保护法》《预防未成年人犯罪法》《中小学校园环境管理的暂行规定》《中小学校建筑设计规范》等法律法规的有关规定；在交通安全方面，学校应当遵循《道路交通管理条例》《中小学校园环境管理的暂行规定》《中小学校建筑设计规范》等法律法规的有关规定。学校举办者应当提供符合安全标准的校舍、场地、其他教育教学设施和生活设施。

法律法规是规范学校行为的外部制度，要使法律法规得到遵守，学校要依法建立健全学校内部的责任制度，履行防范学生伤害事故发生的义务。学校应当建立的责任制度包括领导人员责任制度、行政人员责任制度、教师责任制度、职能人员责任制度和学校自护制度等。

4. 救治及时，形成合力

在学生伤害事故发生后，学校应当及时采取措施救助受伤学生。教育行政部门应当加强学校安全工作，指导学校落实预防学生伤害事故的措施，指导、协助学校妥善处理学生伤害事故，维护学校正常的教育教学秩序。未成年学生的父母或者其他监护人应当依法履行监护职责，配合学校对学生进行安全教育、管理和保护工作。

经典案例

陈某和周某均为广州某大学西语系2001级法语班学生，住在该校女生宿舍3栋305室。2003年7月4日晚，睡在该室双层铁架床下铺的周某在学校规定的熄灯时间后仍未休息，在蚊帐内点燃蜡烛看书以备期末考试。7月5日凌晨1时许，蜡烛倾倒将周某蚊帐烧着，火苗迅速蔓延至上铺，并烧着陈某床上蚊帐等物品。此时，周某及其他6人跑出宿舍，并大声呼喊陈某赶快逃出火场。20分钟后，火被扑灭。严重烧伤的陈某立即被送往医院抢救。住院期间，广州某大学先后支付医疗费合计14万元。此外，陈某的父亲收取了周某的家长支付的医疗费1万元。陈某于2004年3月22日向广州市白云区人民法院提起诉讼，请求法院判令被告周某、广州某大学除已支付的医药费外，另赔偿自受伤之日起至今的各项费用共计55万元。

法院查明：广州某大学于2001年12月10日颁布了《广州某大学学生宿舍管理规定》，该文件第12条规定："不允许熄灯后在床上点蜡烛看书。"对于此规定，广州某大学将其编入《学生手册》，并要求每个学生均要严格遵守。但是，学校并未在学生宿舍走廊等处安设消防水龙头及灭火用具。事发之后，广州某大学立即向广州市公安局报案。广州市公安局随后做出了"广州某大学'七·五'火灾认定报告"，认定起火原因是周某违章在床上点蜡烛看书，不慎引燃蚊帐。2003年11月7日，海南中级人民法院做出法医鉴定结论：陈某头部和身体大部分体表被火灼伤后增生疤痕占体表70%，并面部重度毁容，上下肢关节活动功能障碍，劳动能力丧失100%，属伤残一级。2003年11月11日，广州某大学做出给予周某勒令退学的处分决定。2004年6月12日，白云区人民法院做出判决：被告周某对原告陈某遭受的经济损失和精神损害承担全部责任；广州某大学没有过错，不承担赔偿责任。

资料来源：豆丁网.大学生伤害事故案例[EB/OL]. (2012-12-14)[2021-07-25]. https://www.docin.com/p-553443630.html.

课堂讨论

通过阅读案例，谈谈怎样才能减少校园火灾的发生。

第二节 法律救济

国家机关或行政机关在执行法律或执行公务的时候，有可能伤害到法律关系主体的合法权益。国家机关是强势群体，相对人则处于弱势地位，为保障法律关系主体的合法权益，法律中专门设了若干救济条款，来补救法律关系主体受到的损害。

一、法律救济的含义

"救济"一词在日常用语中表示的是给予灾区或生活困难的人以金钱或物质上的帮助。而法律救济是法律上的一个专门概念，是指当法律关系主体的权益受到侵害时，特定机关通过一定的程序和途径对其利益进行恢复和补救的一种法律制度。法律救济是以损害事实的发生为前提的，没有损害事实就没有法律救济，只有当相对人的合法权益受到侵害时，才可提出救济请求。

二、法律救济的特征

(一) 法律救济是以宪法为依据的

《宪法》是规定国家根本制度和根本任务，确认和保障公民基本权利，集中表现各种政治力量对比关系的国家根本法。宪法从国家根本大法的高度为法律救济的存在提供了基础和保障。

《宪法》第四十一条第一款规定："中华人民共和国公民对于任何国家机关和国家工作人员，有提出批评和建议的权利；对于任何国家机关和国家工作人员的违法失职行为，有向有关国家机关提出申诉、控告或者检举的权利，但是不得捏造或者歪曲事实进行诬告陷害。"第三款规定："由于国家机关和国家工作人员侵犯公民权利而受到损失的人，有依照法律规定取得赔偿的权利。"

(二) 法律救济是由各种纠纷引起的

要想解决纠纷就需要建立解决纠纷的程序，并通过裁决纠纷补救相对人受损的利益。如在民事活动中，民事纠纷的产生是因为民事主体的一方侵犯另一方的利益，这种纠纷的产生是法律救济发生的基础，没有纠纷就没有救济。

(三) 法律救济的发生是以损害事实的发生为前提的

在社会生活中，存在着许多权利纠纷或权利冲突，例如公民之间因争夺财产而导致民事纠纷。在这些纠纷中，都存在权利受到侵害的现象。这在客观上就要求建立解决纠纷补救权益受害者的制度。而法律救济就是针对这一客观需要而建立的一种制度。没有损害事实的发生，也就没有救济可言。即便发生了法律纠纷，但没有造成实际上的损害，也无从产生法律救济。如在行政法律关系中，只有当行政相对人的利益受到侵害时，才能从法律上对其进行公平的补救。

(四) 从本质上讲，法律救济也是一种权利，其目的在于补救利益受损者

法律救济是第二性权利，是附属于第一性权利的权利，有权利的地方一定有法律救济，法律救济与法律权利是相伴而生的。当第一性权利受到侵害或未实现的情况下，权利人有权要求责任主体履行义务或要求对方就未履行的义务或不适当履行义务给予救济。所以法律救济是对利益受损者权利的一种补救，也可以说没有法律救济的权利不是真正的权利。但在行政法律关系中，行政机关并不在救济的范畴之内，因为行政机关属于权力机关，有能力排除障碍，其利益一般不会受到行政相对人的侵害。

三、法律救济的途径

教育法律救济的途径是指在教育活动中合法权益受到侵害的一方当事人请求法律救济的渠道和程序。

教育法律救济的途径主要包括教育诉讼渠道、教育行政渠道以及其他渠道。教育诉讼渠道是指通过诉讼程序获得教育法律救济的司法救济渠道，主要体现在行政诉讼制度中。教育行政渠道是指按照教育法律法规有关规定，受教育者与教师可以通过申诉制度来对抗侵权行为以获得法律救济，我国《中华人民共和国教育法》(以下简称《教育法》)和《中华人民共和国教师法》(以下简称《教师法》)都规定了教育申诉制度，我国《中华人民共和国行政复议法》(以下简称《行政复议法》)也规定了行政复议制度，用来补充受教育者与教师的申诉制度。其他渠道通常指诉讼渠道和行政渠道以外的教育调解制度和教育仲裁制度，目前我国的教育调解制度正在逐步建立和完善，教育仲裁制度尚在探索之中。

教育法律救济制度能够有效地保障教育法律关系主体，尤其是学校、教师及学生在教育活动中的合法权益，促进教育法律关系主体依法履行职责，对教育法制建设具有积极推动作用，是教育法治化建设的重要环节。在教育法律救济具体实践中，教育申诉制度、教育行政复议制度与教育行政诉讼制度是教育法律救济实现的最主要途径，我们下面对三种制度进行进一步解读。

1. 教育申诉制度

申诉制度是指公民在其合法权益受到损害时，向国家机关申诉理由，请求处理或重新处理的制度，它是保障宪法赋予公民申诉权利的一项具体制度。教育申诉制度分为教师申诉制度与受教育者申诉制度。

1) 教师申诉制度

(1) 教师申诉制度的含义。所谓教师申诉制度，是指教师在其合法权益受到侵犯时，依照法律法规的规定，向主管的行政机关申诉理由，请求处理的制度。《教师法》第三十九条规定："教师对学校或者其他教育机构侵犯其合法权益的，或者对学校或者其他教育机构做出的处理不服的，可以向教育行政部门提出申诉，教育行政部门应当在接到申诉的三十日内做出处理。教师认为当地人民政府有关行政部门侵犯其根据本法规定享有的权利的，可以向同级人民政府或上一级人民政府有关部门提出申诉；同级人民政府或上一级人民政府有关部门应当做出处理。"

(2) 教师申诉的范围。《教师法》对可以提起申诉的范围规定得比较宽泛，具体内容包括以下三点：第一，教师认为学校或其他教育机构侵犯其《教师法》规定的合法权益的，可以提起申诉。这里的合法权益，包括教师在职务聘任、教学科研、工作条件、民主管理、考核奖惩、培训进修、工资福利待遇、退休等方面的各项权益。第二，教师对学校或其他教育行政机构做出的处理不服的，可以提出申诉。学校和其他教育机构本无教育执法的职权，但是有关教育法律法规授权其实施某些执法行为，其中与教师相关的包括评定教师职称、依法奖励或处分教师等行为，从而使得这些组织成为教育执法的主体。因此，教师对学校和其他教育机构做出的决定不服的，可以比照行政执法机关的执法行为提起申诉。第三，教师认为当地人民政府的有关行政部门侵犯其根据《教师法》享有的合法权益的，可以提出申诉。受理教师申诉的机关因被申诉的对象不同而有所不同，教师如果是对学校和其他教育机构提出申诉，受理申诉的机关为主管的教育行政部门；如果是对当地人民政府有关行政部门提出申诉，受理申诉的机关可以是同级人民政府或者是上一级人民政府对应的教育行政主管部门。

(3) 教师申诉的程序。教师申诉的程序主要包括提出申诉、对申诉进行处理以及对申诉做出处理决定三步。

第一步，提出申诉。教师应当以书面形式提出申诉。申诉书应载明如下内容：①申诉人的姓名、性别、年龄、住址等信息。②被申诉人(指教师所在学校或其他教育机构以及当地人民政府的有关行政部门)的名称、地址、法定代表人的姓名、性别、职务等信息。③申诉要求，主要写明申诉人对被申诉人因侵犯其合法权益或不服对申诉人的处理决定而要求受理机关进行处理的具体要求。④申诉理由，主要写明被申诉人侵害其合法权益或不服被申诉人处理决定的事实依据，针对被申诉人的侵权行为或处理决定的错误，提出纠正的法律、政策依据，并就其陈述理由。⑤附项，写明并附交有关的物证、书证或复印件等文件。

第二步，对申诉的处理。主管的教育行政部门接到申诉书后，应对申诉人的资格和申诉的条件进行审查，根据不同情况，做出如下处理：①对于符合申诉条件的应予以受理。②对于不符合申诉条件的，答复申诉人不予受理。③对于申诉书未说明申诉理由和申诉要求的，要求其重新提交申诉书。

第三步，对申诉做出处理决定。行政机关对受理的申诉案件，应当进行全面核查，根据不同情况，做出如下处理决定：①学校或其他教育机构的管理行为符合法定权限和程序，适用法律法规正确，事实清楚的，可以维持原处理结果。②对于被申诉人不履行法律、法规和规章规定的职责的，可以责令其限期改正。③学校管理行为部分适用法律、法规和规章错误的，或处理决定事实不清的，可变更不适用部分或责令学校重新处理。④学校管理行为违反法律法规的，可撤销其原处理决定，其所依据的内部规章制度与法律、法规及其他规范性文件相抵触的，可责令学校进行修改或废止。⑤对学校和其他教育机构提起的申诉，主管教育行政部门应在收到申诉书的次日起30天内进行处理，在移送管辖的情况下，从有管辖权的主管教育部门接到移送的申诉案件的次日起计算期限。主管教育部门逾期未作处理的，或者久拖不决的，其申诉内容直接涉及人身权、财产权以及属于其他行政复议、行政诉讼受案范围的，申诉人可依法提起行政复议或行政诉讼。⑥行政机关做出申诉处理决定后，应当将申诉处理决定书发送申诉当事人。申诉处理决定书自送达之日起发生效力。申诉当事人对申诉处理决定书不服的，可向原处理机关隶属的人民政府申请复核。其申诉内容直接涉及人身权、财产权内容的，可依法提起行政诉讼。

2) 受教育者申诉制度

(1) 受教育者申诉制度的含义。受教育者申诉制度，是指受教育者在其合法权益受到侵害时，依照《教育法》及其他法律的规定，向主管的行政机关申诉理由，请求处理的制度。《教育法》第四十三条规定，受教育者对学校给予的处分不服向有关部门提出申诉，对学校、教师侵犯其人身权、财产权等合法权益，提出申诉或者依法提起诉讼。这为维护受教育者的合法权益确立了明确的法律救济制度，同时也是教育法赋予受教育者维护自身合法权益的一项民主权利。根据学校教育的实际情况，如果受教育者对学校的处分不服或因学校侵犯其人身权、财产权等合法权益而提出的申诉，学校是被申诉人，受理申诉的机关应是与该校有隶属关系的教育行政主管部门；如果受教育者因教师侵犯其权益而提出申诉，那么，教师是被申诉人，此时，受理申诉的机关应是学校或教育行政部门。

(2) 受教育者申诉的范围。根据《教育法》的规定，学生申诉的范围包括以下几个方面：第一，受教育者对学校给予的处分不服的，包括学籍、考试、校规等方面，有权申诉。第二，受教育者对学校侵犯其合法财产权利的，可以提出申诉。例如，对学校违反《义务教育法》实施细则和地方性法规的规定乱收费的，学生有权申诉。第三，受教育者对学校侵犯其人身权利的，可以提出申诉。例如，受教育者对学校在校纪管理中处理不当而侵害其名誉权的，有权申诉。第四，受教育者对教师侵犯其合法财产权利的，可以提出申诉。例如，学生对教师强迫其购买与教学无关的东西，有权申诉。第五，受教育者对教师侵犯其人身权利的，可以提出申诉。例如，学生对教师私拆其信件而导致身心受害的，有权申诉。第六，受教育者对学校或教师侵害其知识产权的，可以提出申诉。

(3) 受教育者申诉的程序。受教育者申诉要遵循严格的法定程序，由受教育者提出申诉、等待主管机关受理审查、听取对申诉的处理结果三步构成。受教育者对申诉不服，还可以向人民法院提起诉讼。

第一步，提出申诉。受教育者可以以口头或书面形式提出申诉。以口头形式提出的申诉要讲明被申诉人的状况、申诉的理由和事件发生的基本事实经过，最后提出申诉的要求。书面形式的申诉要载明的内容有以下几项：①申诉人，包括申诉人的姓名、年龄、性别、住址及与被申诉者的关系等。由于学生法律地位的特殊性，这里的申诉人既包括合法权益受到损害的学生，也包括其监护人，监护人可依据法律规定产生。②被申诉人，包括被申诉人的名称、地址、法定代表人的姓名、性别、职务等。这里所指的被申诉人包括学校或其他教育机构，以及学校的教师和其他工作人员。③申诉要求，包括申诉人对被申诉人因侵犯其合法权益不服处理决定或对某个具体行为的实施，要求受理机关重新处理或撤销决定的具体要求。④申诉理由和事实经过，包括申诉人合法权益受到侵犯的事实经过和处理或行为决定的事实与法律政策依据，并陈述理由。只要认为合法权益受到损害，则可提出申诉。

第二步，对申诉的处理。主管机关在接到受教育者的口头或书面申诉后，可以依具体情况经审查后做出如下不同的处理：对属于自己主管的，予以受理；对不属于自己主管的，告知受教育者向其他部门申诉或驳回申诉；对于虽属本部门主管，但不符合申诉条件的，告知受教育者不能申诉；对于未说明申诉理由和要求的，可要求其再次说明或重新提交申诉书。主管机关对于口头申诉应在当时或规定时间内做出是否受理的答复；对于书面申诉则应在规定时间内给予是否受理的正式通知。

第三步，对申诉做出处理决定。主管机关受理申诉后，应该对事件进行调查核实，根据实际情况做出正确处理：如果学校、教师或其他教育机构的行为或决定符合法定权限或程序，适用法律规定正确，事实清楚，可以维持原来的处分或决定和结果；如果处分或决定违反相关的法律法规规定，侵害了申诉人合法权益，可以撤销原处理决定或责令被申诉人限期改正；具体处分决定或具体行为决定的一部分适用法律、法规或规章错误，或事实不清的，可责令退回原机关重新处理或部分撤销原决定；处理或决定所依据的规章制度或校纪校规与法律、法规及其他规范性文件相抵触时，可撤销原处理决定；如果是对侵犯人身权、财产权等进行的申诉，受教育者对申诉处理结果不服，可依法向人民法院起诉。

2. 教育行政复议制度

(1) 教育行政复议制度的含义。行政复议制度是我国行政法律制度的重要组成部分，是向公民、法人和其他组织提供行政法律救济的基本渠道之一。教育行政复议，是指教育行政管理相对人认为教育行政机关做出的具体行政行为侵犯其合法权益，向做出该行为机关的上一级教育行政机关或该机关所属的人民政府提出申请，受理申请的行政机关对发生争议的具体行政行为进行复查并做出决定的活动。

(2) 教育行政复议的范围。教育行政复议的范围，是指教育行政复议机关受理行政复议案件的权限和界域，即教育行政相对人对教育行政机关做出的具体行政行为不服，认为侵犯其合法权益而向有关机关申请救济的范围。教育行政复议的范围主要包括以下几种：对教育行政处罚不服的；对教育行政强制措施不服的；对教育行政机关做出的有关许可证、执照、资质证、资格证等证书变更、中止、撤销的决定不服的；对教育行政机关不作为或违法的行为不服的；认为教育行政机关违法集资、征收财物、摊派费用或者违法要求履行其他义务；认为教育行政机关侵犯自己合法的经营自主权的；认为教育行政机关的其他具体行政行为侵犯其合法权益的。

申请复议的人在申请复议时如果认为教育行政机关的具体行政行为所依据的规定不合法，可以一并向行政复议机关提出对该规定的审查申请，但是不能提出对国务院各部委规章和地方人民政府规章的审查，因为规章的审查须依照相关法律、行政法规办理；如果不服教育行政机关做出的行政处分或者其他人事处理规定的，不能申请复议，可以依照有关法律、行政法规的规定提出申诉；如果不服教育行政机关对民事纠纷做出的调解或者其他处理，可以依法申请仲裁或者向人民法院提起诉讼。

其中，行政复议机关是指受理行政复议申请，依法对具体行政行为进行合法性、适当性审查并做出裁决的行政机关。我国并未特设行政复议机关，一般是做出具体行政行为的行政机关的上一级行政机关即为行政复议机关，但是法律法规另有规定时，从其规定。

(3) 教育行政复议的程序。教育行政复议程序基本上分为申请、受理、审理、决定和执行5个步骤。

第一步，申请。申请是指公民、法人或其他组织认为行政机关的具体行政行为侵犯其受到教育法所保护的合法权益，依照法律规定的条件向有关机关提出复议的要求。申请人应以书面形式在60日内提出复议申请。复议申请书应载明下列内容：申请人的自然情况(姓名、性别、年龄、职业、住址等)；被申请人的名称、地址；申请复议的要求和理由；附交有关的物证、书证或复印件；提出申请的日期。

第二步，受理。受理是指教育行政复议机关基于相对人的申请，经审查认为符合法律规定的申请条件，决定立案并准备审理的行为。复议机关决定受理的标志是立案。一旦立案，复议机关必须依法对案件进行审理，复议申请人和被申请人法律地位平等，申请人不得重复申请复议。

第三步，审理。审理是教育行政复议的中心阶段。复议机关应当在受理之日起7日内将复议申请书副本发送被申请人。被申请人在收到复议申请书副本之日起10日内，应向复议机关提交做出该具体行政行为的有关材料或者证据以及答辩书。被申请人逾期不答辩，不影响复议。复议机关根据复议申请书和被申请人提供的材料、证据和答辩书，对原行政执法决定进行审查。通过审查，查明事实真相，确定原行政执法决定是否违法、失当、侵害了申请人的合法权益。行政复议应以书面形式进行，复议机关认为必要时，也可采取其他方式。

第四步，决定。决定是指对案件进行审理后，在判明具体行政行为的合法性、正当性的基础上，有关机关做出相应的裁决。复议机关应在复议期限内(自受理之日起60日内)做出决定。复议决定包括维持决定、补正程序决定、撤销和变更决定、履行职责决定以及赔偿决定。

第五步，执行。复议决定生效后便具有国家强制力，复议双方应自觉履行，否则，将被强制执行。在教育行政复议的过程中，如果行政机关拒绝履行复议决定的，复议机关可以直接或建议有关部门对该行政机关的法定代表人给予行政处分。复议参加人或其他人员阻碍复议人员依法执行职务的，在未使用暴力和其他威胁手段的情况下，由公安机关给予行政处罚；在使用暴力或其他威胁手段的情况下，则依法追究其刑事责任。复议机关工作人员失职的，复议机关或有关部门应批评教育或给予行政处分，直至追究刑事责任。

3. 教育行政诉讼制度

(1) 教育行政诉讼制度的含义。行政诉讼是指公民、法人或者其他组织认为行政机关的具体行政行为侵犯其合法权益，依法向人民法院提起诉讼，由人民法院进行审理并做出判决的制度。教育行政诉讼，是指教育行政管理相对人认为教育行政机关或教育法律、法规授权的组织的具体行政行为侵犯其合法权益，依法向人民法院起诉，请求给予法律救济；人民法院对教育行政机关或教育法律、法规授权的组织的具体行政行为的合法性进行审查，维护和监督行政职权的依法行使，矫正或撤销违法侵权的具体行政行为，给予相对人合法权益以保护的法律救济活动。

(2) 教育行政诉讼的范围。在教育行政诉讼中，教育行政案件的涉案范围与教育行政复议的范围极为相似，主要集中在以下几个方面：对教育行政处罚不服的；认为符合法定条件申请教育行政机关颁发许可证或执照，教育行政机关拒绝颁发或不予答复的；申请教育行政机关履行保护人身权、财产权的法定职责，教育行政机关拒绝履行或者不予答复的；认为教育行政机关违法要求履行义务的；认为教育行政机关侵犯其人身权、财产权的。

不可诉的行政行为主要包括以下几个方面：教育行政法规、规章或者教育行政机关制定、发布的具有普遍约束力的决定、命令；教育行政机关对行政机关工作人员的奖惩、任免等决定；法律规定由教育行政机关最终裁决的具体行政行为。

(3) 教育行政诉讼的程序。行政诉讼的程序包括起诉和受理、审理和判决以及执行三个步骤。

第一步，起诉和受理。起诉是公民、法人或其他组织依法向人民法院提出诉讼请求的诉讼行为，将产生一定的法律后果，因此，必须符合法定的起诉条件。起诉条件是有明确的原告；有明确的被告；有具体的诉讼请求和事实依据；属于人民法院受案范围和受诉人民法院管辖。人民法院在接到起诉状时对符合《行政诉讼法》规定的起诉条件的，应当登记立案。对当场不能判定是否符合本法规定的起诉条件的，人民法院应当接收起诉状，出具注明收到

日期的书面凭证，并在7日内决定是否立案。不符合起诉条件的，做出不予立案的裁定。裁定书应当载明不予立案的理由。原告对裁定不服的，可以提起上诉。

第二步，审理和判决。行政诉讼实行两审终审制，二审做出的判决和裁定为终审的判决裁定。如果发现已生效判决确有错误，可以再经审判监督程序予以纠正。人民法院对行政案件做出审理后，根据不同情况做出维持、撤销、履行职责、变更、驳回诉讼请求、确认的不同判决。

第三步，执行。执行是诉讼活动的最后阶段，人民法院对发生法律效力的判决裁定，在义务人逾期不执行时，有权依法采取强制措施，迫使其履行义务。行政诉讼的执行有两种情况：一种是当公民、法人或其他组织拒不履行判决、裁定时，行政机关可以向人民法院申请强制执行；另一种是当行政机关不履行判决、裁定时，根据另一方当事人的申请，人民法院依法强制执行。

【小　　结】

1. 法律责任的特征：法律规定性、国家强制性、条件性。

2. 法律责任的归责原则主要包括过错责任原则、过错推定责任原则、公平责任原则、严格责任原则。法律责任的构成要件包括责任主体、违法行为、主观过错、损害事实和因果关系。

3. 法律责任按照引起法律责任时的行为性质及危害程度可分为刑事法律责任、民事法律责任、行政法律责任。相应的法律责任实现方式可分为刑事制裁、民事制裁、行政制裁。

4. 教育法对法律责任的规定主要包括与教育行政有关的法律责任、与学校管理有关的法律责任、与学生有关的法律责任、与教师有关的法律责任、与社会有关的法律责任等。

5. 《未成年人保护法》采取列举式逐条规定了每种违法行为的概念和构成要件以及实施何种处罚，可以归纳为4个方面：违反家庭保护的法律责任、违反学校保护的法律责任、违反社会保护的法律责任、违法司法保护的法律责任。

6. 学生伤害事故是指在学校管理职责范围内发生的、学生人身伤害或死亡的各类事故。对学生伤害事故的归责，主要采取"过错责任原则"。学校、学生及其监护人、其他当事人都可能成为学校伤害事故的责任主体。

7. 防止学生伤害事故的发生重在预防。预防要从保障设施安全、重点排查隐患，加强安全教育、提高学生自救能力，遵守法律法规、建立健全管理责任制度，救治及时、形成合力等方面入手。

8. 法律救济是指当法律关系主体的相关权益受到损害时，特定机关通过一定的程序和途径对其利益进行恢复和补救的一种法律制度。法律救济的途径包括行政渠道、诉讼渠道和其他渠道三种。

9. 教育申诉制度是指当作为教育法律关系主体的个体及教育行政相对人的合法权益

受到损害时,向有关的国家机关申诉理由,请求处理或重新处理的制度。教育申诉制度按照申诉主体的不同又可分为教师申诉制度和学生申诉制度。

【课后练习】

一、填空题

1. 法律责任是指行为人违反了有关的_____而必须承担的_____后果。
2. 归责原则是法律责任制度的核心问题,主要包括过错责任原则、_____、_____、_____。
3. 法律责任的构成要件有_____、_____、主观过错、_____、_____。
4. 法律救济的途径有_____、_____和其他救济渠道。
5. 教师申诉制度由_____、受理和处理三个环节组成。

二、选择题

1. 法律责任的特性有( )。
   A. 是由法律规范所规定的,具有法定性
   B. 是与违法行为和法律规定的事实相联系的,具有条件性
   C. 是由国家强制力保证实施的,具有国家强制性
   D. 是由社会舆论为基础的,具有道义性
2. 根据法律责任的类型划分,法律制裁可相应地分为( )。
   A. 刑事制裁   B. 民事制裁   C. 行政制裁   D. 违宪制裁
3. 《中华人民共和国教育法》第七十二条规定,侵占学校及其他教育机构的校舍、场地及其他财产的,依法承担( )。
   A. 民事责任   B. 行政责任   C. 刑事责任   D. 民事、刑事责任
4. 根据我国《教师法》的规定,教育行政部门在接到申诉后应当作出处理的日期为( )。
   A. 5日内   B. 10日内   C. 15日内   D. 30日内

三、简答题

1. 法律责任的构成要件有哪些?
2. 教育法对法律责任的规定中,与教育行政有关的法律责任的具体内容有哪些?
3. 结合实际谈谈建立教育申诉制度的现实意义。
4. 简述与教育行政有关的法律责任有哪些。
5. 简述学生伤害事故的主要防范策略。

第二篇　主体篇

第六章 教育基本制度

学习目标

1. 了解我国现行教育基本制度体系、学校教育制度的结构以及相关规定
2. 学习义务教育的性质、学制、对象及权利等相关内容
3. 了解义务教育过程中国家、学校、家庭及社会的义务

知识结构图

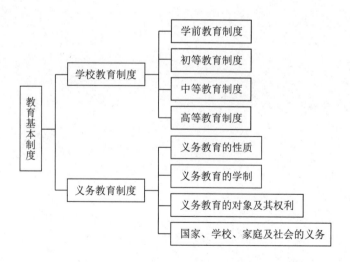

引言

在市场机制配置人力资源、就业竞争异常激烈的形势下，基础教育，以至于义务教育阶段的竞争性、选拔性教育和考试愈演愈烈。令人惊奇的是，这种现象也同时为社会和家长所认同，导致学生学业压力过大影响身体健康的情况频频发生。那么，我们国家的基本教育制度应是什么性质的？法律是如何对教育各阶段的目标和内容进行规定的？什么样的教育是义务教育？为保障国民素质和迎接市场竞争，国家对全民的教育和测评采取了怎样的措施？这些问题在本章内容阐释中将会得到逐一解答。

第一节 学校教育制度

教育制度是指有组织的教育和教学机构及各级教育行政组织机构的体系及运行规则，对教育的规范化发展具有重要的作用。我国的教育基本制度是在长期的教育实践中发展形成的，是民族传统和实践经验相结合的产物。建立起完善的教育制度，是提高劳动者素质、培养合格人才、适应现代社会发展的需要。为此，教育法对构成我国现代教育体制的一些主要制度做了专章规定，从法律上保证教育体系的建立和完善。根据《教育法》第二章的规定，学校教育制度、九年制义务教育制度、职业教育制度、成人教育制度、国家教育考试制度、学业证书制度、学位制度、教育督导制度和教育评估制度构成了我国现行教育基本制度体系。

学校教育制度，简称学制，是指一个国家各级各类学校的系统，具体规定着学校的性质、任务、入学条件、修业年限以及彼此之间的相互关系。由于学校教育是国家对年青一代进行教育的最严密、最有效的途径和手段，所以，学校教育制度是整个教育制度中的主要组成部分，它集中体现了整个教育制度的精神实质。学校教育制度是否成熟和完善，直接关系到教育目的的实现，关系到教育和教学工作的进行及教育事业的发展。根据法律规定，学校教育制度包括学前教育、初等教育、中等教育、高等教育不同阶段。《宪法》第十九条第二款规定："国家举办各种学校，普及初等义务教育，发展中等教育、职业教育和高等教育，并且发展学前教育。"《教育法》第十七条规定："国家实行学前教育、初等教育、中等教育、高等教育的学校教育制度。国家建立科学的学制系统。学制系统内的学校和其他教育机构的设置、教育形式、修业年限、招生对象、培养目标等，由国务院或者由国务院授权教育行政部门规定。"

一、学前教育制度

学前教育是指对幼儿在进入小学之前进行的教育,其教育对象为3周岁以上的学龄前幼儿。进行学前教育的教育机构有幼儿园、学前班等。幼儿园实行保育与教育相结合的原则,对幼儿实施初步的体、智、德、美全面发展的教育,促进其身心和谐发展,同时面向幼儿家长提供科学育儿指导。学前教育是最基础的教育。《国家中长期教育改革和发展规划纲要(2010—2020年)》指出:"积极发展学前教育,到2020年,普及学前一年教育,基本普及学前两年教育,有条件的地区普及学前三年教育。重视0~3岁婴幼儿教育。"

当今,幼儿园的安全问题日益受到社会的广泛关注,为了保障幼儿园正常的教育教学秩序,加强幼儿园的安全管理,给幼儿创设安全、温暖的环境,幼儿园必须高度重视园内的安全问题,建立完善的安全预警制度。

幼儿园应当建立园内安全工作领导机构,实行园长负责制,配备专职的安全保卫人员,明确其安全保卫职责,同时健全门卫制度,建立校外人员入校的登记或者验证制度,建立幼儿上下学时接送的交接制度,不得将幼儿交与无关人员。另外,幼儿园还应建立卫生保健制度,防止食物中毒和传染病的流行,同时加强对幼儿的安全教育,使幼儿了解哪些事情是危险的,在发生危险时应该怎样做。如果园内发生火灾、食物中毒等重大突发安全事故和自然灾害时,幼儿园应启动紧急预案,及时组织教职工参与抢险,对幼儿进行救助和防护,保障幼儿的身体健康和人身安全。

经典案例

小强在海南省某村幼儿园教室玩耍时不慎用铅笔戳到小明的右眼,导致小明右眼受伤。小明经过几次转院治疗,花费了巨额医疗费依然没有治愈。经鉴定,小明右眼评定为八级伤残。后来,小明的父母将小强及其父母、幼儿园等告上法庭。

法院审理认为,小强用铅笔戳伤小明眼睛,小强作为伤害行为的实施者应承担责任,因小强系无民事行为能力人,故应由小强的监护人承担侵权责任;幼儿园未尽到教育、管理、保护职责,对小明所受损伤应承担责任。根据各方的过错程度,小强的监护人应承担50%的赔偿责任,幼儿园应承担50%的赔偿责任。

资料来源:宿党辉.孩子课间受伤,幼儿园"摊上事了"[EB/OL]. (2020-09-21)[2021-07-29]. https://www.12371.cn/2020/09/21/ARTI1600643714095612.shtml

> **课堂讨论**
>
> 在上述案例中,小强的什么权益受到了侵害?该由谁来保护幼儿?如何保护?

二、初等教育制度

(一) 初等教育的任务及目标

初等教育,又称"小学教育",是指对儿童进行的基础教育,是国家学制系统中学校教育的第一阶段。初等教育的任务是对6~12周岁的儿童进行德、智、体等方面的基础教育,为他们进一步接受中等教育打下良好基础。小学的学制年限为5年或6年。小学的培养目标是:初步具有爱祖国、爱人民、爱劳动、爱科学、爱社会主义的思想感情,遵守社会公德的意识、集体意识和文明行为习惯,良好的意志、品格和活泼开朗的性格,自我管理、分辨是非的能力;具有阅读、书写、表达、计算的基本知识和基本技能,了解一些生活、自然和社会常识,具有初步的观察、思维、动手操作和学习的能力,养成良好的学习习惯;学习合理锻炼、养护身体的方法,养成讲究卫生的习惯,具有健康的身体和初步的环境适应能力;具有较广泛的兴趣和健康的爱美情趣。初等教育是学前教育和中等教育的衔接阶段,在学前教育的基础上,小学应积极贯彻国家教育方针,实施素质教育,通过实施各类教育教学活动,使学生自由自主地发展,为下一阶段的教育奠定基础。我国对初等教育实行义务教育。

(二) 初等教育机构的内部管理体制

小学实行校长负责制,并按照"分级管理、分工负责"的原则,在当地人民政府的领导下实施教育工作。校长应具备国家规定的任职资格,由县级教育行政部门选拔任用并归口管理。小学可依规模的大小设置分管教务、总务等工作的机构或人员,协助校长做好相关工作;也可成立由校长召集、各部门负责人参加的校务委员会,研究决定学校的重大事项。另外,小学还应建立教职工(代表)大会制度,加强民主管理和民主监督。

(三) 初等教育机构的人员和设施

小学按编制设置校长、副校长、主任、教师和其他人员。小学教师应具备国家规定的任职资格,持有教师资格证书,享受和履行法律规定的权利和义务。小学采用班级授课制。班级的组织形式应为单式教学,条件不具备的地方可以采用复式教学,教学班级学额以不超过45人为宜。学校的规模不宜过大,要以有利于教学和学生身心发展为前提条件。初等教育属于义务教育阶段,政府要履行相应的职责,保障初等教育的均衡发展和学生受教育权的平等实现。

三、中等教育制度

(一) 中等教育的任务

中等教育是对已完成初等教育的人进行的基础教育。中等教育又分为两个阶段，即初级中等教育和高级中等教育，学习年限各为3年，教育对象主要是12～18周岁的青少年。中等教育的任务是为国家培养劳动后备力量和技术后备力量，同时为高等学校输送合格的新生。中等教育的数量和质量在很大程度上直接决定一个国家劳动者的素质，对其经济建设和社会发展有着重要作用。我国对中等教育中的初级中等教育实行义务教育。

实施普通中等教育的机构是初级中学和高级中学，主要担负为高一级学校输送合格新生及培养劳动后备力量的任务。实施职业教育的机构是初等职业学校、职业高中、中等专业学校、技工学校。这些学校既要进行必要的文化科学技术知识教育，也要开展一定的职业技能训练，担负培养初、中级专业技术人员和技术工人的任务，为公民的劳动就业做准备。

(二) 中等教育机构的内部管理体制

实施中等教育的机构实行校长负责制。初级中学校长由县级教育行政部门选拔任用，高级中学和完全中学(既有初中学段，又有高中学段的学校)的校长一般由县级以上教育行政部门提名、考察或参与考察，按干部管理权限任用和聘任。中等学校的校长全面负责学校的行政工作，学校党组织起保证监督作用，教职工代表大会和学生及其家长参与学校的民主管理和民主监督。

(三) 中等教育机构的人员及规模

中等教育机构要有足够的教师保证教学工作的正常开展和教育质量的提高。教师要具备国家规定的中等学校的教师资格，取得教师资格证书。中等学校的规模不宜过大。有关中等教育机构应依据国家规定设置符合规定标准的校舍、场地、设施、教学仪器、图书资料等，保证教育教学工作的正常运转。

随着我国社会经济的发展，教育事业获得了很大的发展，义务教育和高等教育都成为国家大力支持和投资的主体，而作为衔接义务教育和高等教育的中等教育，则亟须制定相关的法律法规对其进行规范和引导。

四、高等教育制度

(一) 高等教育的方针和任务

高等教育是指对已完成中等教育或者具有同等学力的人进行的专业教育，是学校教育的最高阶段。高等教育的任务是培养高级专门人才，发展科学、技术和文化。高等教育在程度上一般分为专科、本科、硕士研究生和博士研究生4个阶段。进行高等教育的学校及其他教育机构有大学、专门学院、专科学校，以及广播电视大学、函授大学、业余大学等。高等专科学校的学制年限为2～3年，大学本科的学制年限一般为4年或5年，硕士研究生、博士研究生阶段的学制年限为2～3年。高等教育体现着一个国家文化、科学、技术及教育的最高发展水平。

依据《教育法》第五条的规定，我国的教育方针是："教育必须为社会主义现代化建设服务、为人民服务，必须与生产劳动和社会实践相结合，培养德智体美劳全面发展的社会主义建设者和接班人。"据此，《中华人民共和国高等教育法》(以下简称《高等教育法》)第四条、第五条分别规定："高等教育必须贯彻国家的教育方针，为社会主义现代化建设服务、为人民服务，与生产劳动和社会实践相结合，使受教育者成为德、智、体、美等方面全面发展的社会主义建设者和接班人。""高等教育的任务是培养具有社会责任感、创新精神和实践能力的高级专门人才，发展科学技术文化，促进社会主义现代化建设。"高等教育的任务表明，高等教育在人才培养上与初等及中等教育相比具有较高的要求。

(二) 高等学校的设立

1. 设立高等学校的基本原则

高等学校是实施高等教育的机构，《高等教育法》第二十四条规定："设立高等学校，应当符合国家高等教育发展规划，符合国家利益和社会公共利益。"这是设立高等学校应遵循的基本原则。高等教育是教育事业的重要组成部分，它担负着为社会培养各类高级专门人才，促进科学、技术、文化发展的重任，为此国家要制定高等教育的发展规划，调整普通高等教育的结构，合理地确定科类和层次，保证高等教育的正常发展。

2. 设立高等学校的条件

设立高等学校，应当具备教育法规定的基本条件。《高等教育法》第二十五条规定："大学或者独立设置的学院应当具有较强的教学、科学研究力量，较高的教学、科学研究水平和相应规模，能够实施本科及本科以上教育。大学还必须设有三个以上国家规定的学科门类为主要学科。设立高等学校的具体标准由国务院制定。设立其他高等教育机构的具体标准，由国务院授权的有关部门或者省、自治区、直辖市人民政府根据国务院规定的原则制定。"第二十六条规定:"设立高等学校,应当根据其层次、类型、所设学科类别、规模、教学和科学研究水平,使用相应的名称。"第二十七条、二十八条规定,申请设立高等学校,应当向审批机关提交下列材料:申办报告;可行性论证材料;章程(包括学校名称、地址,办学宗旨,办学规模,学科门类的设置,教育形式,内部管理体制,经费来源、财产和财务制度,举办者与学校之间的权利、义务,章程修改程序,其他必须由章程规定的事项);审批机关依照本法规定要求提供的其他材料。

3. 高等学校的审批和变更

高等学校由国务院教育行政部门审批,其中设立实施专科教育的高等学校,经国务院授权,也可以由省、自治区、直辖市人民政府审批。对不符合规定条件审批设立的高等学校和其他高等教育机构,国务院教育行政部门有权予以撤销。审批高等学校的设立,应当聘请由专家组成的评议机构评议。高等学校和其他高等教育机构分立、合并、终止,变更名称、类别和其他重要事项,由原审批机关审批,章程的修改,应当报原审批机关核准。

(三) 高等学校的办学自主权

《高等教育法》第三十条至第三十八条规定了高等学校的办学自主权,包括以下几项:第一,高等学校自批准设立之日起取得法人资格。高等学校在民事活动中依法享有民事权利,承担民事责任(民事权)。第二,高等学校根据社会需求、办学条件和国家核定的办学规模,制定招生方案,自主调节系科招生比例(招生权)。第三,高等学校依法自主设置和调整学科、专业(学科专业设置权)。第四,高等学校根据教学需要,自主制定教学计划、选编教材、组织实施教学活动(教学权)。第五,高等学校根据自身条件,自主开展科学研究、技术开发和社会服务(科研开发权和社会服务权)。第六,高等学校按照国家有关规定,自主开展与境外高等学校之间的科学技术文化交流与合作(国际交流合作权)。第七,高等学校根据实际需要和精简、效能的原则,自主确定教学、科学研究、行政职能部门等内部组织机构的设置和人员配备;按照国家有关规定,评聘教师和其他专业技术人员的职务,调整津贴及工资分配(机构设置权和人事权)。第八,高等学校对举办者提供的财产、国家财政性资助、受捐赠财产依法自主管理和使用(财产管理使用权)。

(四) 高等学校的内部管理体制

高等学校实行中国共产党高等学校基层委员会领导下的校长负责制。中国共产党高等学校基层委员会按照中国共产党章程和有关规定,统一领导学校工作,并大力支持校长独立负责地行使职权,其主要的领导职责是执行中国共产党的路线、方针、政策,并讨论决定学校内部组织机构的设置及学校的改革、发展等重大事项,以确保高等教育目标和任务的顺利实现。高等学校的校长由符合教育法规定的任职条件的人担任,全面负责学校的教学、科研及其他行政管理工作，行使相应的职权，包括以下几项：组织教学活动、科学研究和思想品德教育；拟订发展规划，制定具体规章制度和年度工作计划并组织实施；拟订内部组织机构的设置方案，推荐副校长人选，任免内部组织机构的负责人；聘任与解聘教师以及内部其他工作人员，对学生进行学籍管理并实施奖励或者处分；拟订和执行年度经费预算方案，保护和管理校产，维护学校的合法权益；章程规定的其他职权。高等学校还需要设立学术委员会，负责审议学科、专业的设置，评估教学、科研的计划方案，并对教学、科研成果等有关的学术事项进行评定。高等学校应建立以教师为主体的教职工代表大会制度，通过这种组织形式保障教职工参与民主管理和监督。另外，高等学校的办学水平、教育质量要接受教育行政部门的监督和由其组织的评估。

> **课堂讨论**

高校科研经费管理腐败事件频发，试讨论该从哪些方面做出改变，才能减少此类事件的发生。

第二节　义务教育制度

《中华人民共和国义务教育法》(以下简称《义务教育法》)的制度是我国义务教育发展进程中一个新的里程碑，在义务教育的经费投入、均衡发展、政府责任、学校安全等方面做出了新的突破，为义务教育的持续发展奠定了必要的基础，其实施是义务教育向规范化、法治化发展的重大飞跃。

一、义务教育的性质

义务教育是国家统一实施的所有适龄儿童、少年必须接受的教育，是国家必须予以保障的公益性事业。义务教育具有强制性、免费性、普及性及公益性。

(一) 强制性

强制性是义务教育的本质特性，因为义务教育是法律予以保障实施的教育活动。义务教育的强制性主要体现在两个方面：一是法律强制国家、社会、学校及家庭依法保障和监督义务教育的实施，即国家颁布法律保证义务教育法律制度的实施，任何阻碍或者破坏义务教育实施的违法行为，都要受到法律的制裁。二是所有适龄儿童、少年都必须接受义务教育，这主要是因为这一阶段的教育为适龄儿童、少年将来继续受教育和参与社会生活提供了必要的社会及文化知识基础，一旦错过很难挽回。《义务教育法》第二条第二款规定："义务教育是国家统一实施的所有适龄儿童、少年必须接受的教育，是国家必须予以保障的公益性事业。"第五条规定："各级人民政府及其有关部门应当履行本法规定的各项职责，保障适龄儿童、少年接受义务教育的权利。适龄儿童、少年的父母或者其他法定监护人应当依法保证其按时入学接受并完成义务教育。依法实施义务教育的学校应当按照规定标准完成教育教学任务，保证教育教学质量。社会组织和个人应当为适龄儿童、少年接受义务教育创造良好的环境。"这些法条都强制国家、家庭、学校和社会履行相应的义务，保障适龄儿童、少年接受义务教育，其目的是培养合格的公民。义务教育的各方面主体应依法履行自身义务，妨碍义务教育实施的单位和个人应依法承担相应的法律责任，受到国家强制力的制裁。所有适龄儿童、少年都必须接受义务教育，也是义务教育强制性的鲜明体现，即接受义务教育既是适龄儿童、少年的权利，也是其应尽的义务。应该接受义务教育的适龄儿童、少年的年龄应在6~15周岁或7~16周岁，他们属于未成年人，在法律上属于无民事行为能力人或者限制民事行为能力人，他们还不能从维护自身权利的原则出发，来判断接受义务教育对其今后成长和发展的影响及对社会的影响。如果法律不加以强制性规定，来自现实社会各方面的干扰因素有可能使本应接受义务教育的儿童、少年失学、辍学。

(二) 免费性

免费性是义务教育的另一个重要特性，这也是国际社会实施义务教育的重要特性。世界上多数国家的义务教育都实行免费，免费性是义务教育的基本特征之一。我国将义务教育阶段的费用区分为学费和杂费，1986年通过的《义务教育法》明确规定了免收学费。因为考虑到我国目前义务教育经费比较紧缺，欠账较多，一下子免除杂费在一些地方实施起来有困难，因而2006年修订后的《义务教育法》第六十一条规定不收杂费的实施步骤由国务院规定，主要是考虑到我国的实际情况和法律规定的可操作性。按照国务院的部署，从2008年秋季学期起，全国城乡全部免除了义务教育阶段的杂费，义务教育真正实现了免费性。实践表明，免费是有效实施义务教育的重要保证。

(三) 普及性

普及性也是实施义务教育的重要特性，实施义务教育的目的在于让更多的适龄儿童和少年有接受良好教育的机会，保障他们的受教育权。这个特点主要是与其他教育相比的。原则上义务教育覆盖我国所有的适龄儿童、少年。所谓适龄儿童、少年，是指处于应当入学至受完规定年限义务教育的年龄阶段的儿童、少年。适龄儿童、少年既包括生理正常的儿童、少年，也包括具有接受义务教育能力的盲、聋、哑、智力障碍和肢残的儿童、少年。对于因身体状况需要延缓入学或者休学的适龄儿童、少年，其父母或者其他法定监护人提出申请，经批准可推迟接受义务教育。

(四) 公益性

公益性是实施义务教育的价值所在。公益指公共利益，一般通过卫生、教育等群众福利事业体现公益性。《义务教育法》第二条第二款规定："义务教育是国家统一实施的所有适龄儿童、少年必须接受的教育，是国家必须予以保障的公益性事业。"义务教育是教育事业的重要组成部分，它通过一系列的制度对所有适龄儿童和少年接受初等教育和初级中等教育予以保障，使受教育者的学识、德行、能力等方面得到发展，为其接受更高层次的教育和成为高素质的公民奠定基础，这对提高全民族的素质、促进国家的进一步发展具有重要意义。无论是政府举办的公办学校，还是国家机构以外的社会组织和个人利用非国家财政性经费举办的民办学校，均应保障义务教育的公益性。

二、义务教育的学制

《教育法》第十九条第一款规定："国家实行九年制义务教育制度。"《义务教育法》第二条第一款规定："国家实行九年义务教育制度。"实行九年义务教育制度是时代的呼唤，是世界义务教育发展的趋势，其实施机构担负着培养国家未来主人和提高国民素质的重任。

义务教育可以分为初等教育和初级中等教育两个阶段，各地方在普及初等教育的基础上普及初级中等教育。初等教育和初级中等教育的学制，由国务院教育主管部门制定，但各地可从自身实际情况出发，因地制宜，选择不同的学制类型。目前我国初等教育和初级中等教育的学制种类大致有三种形式：小学六年、初中三年的"六三制"，小学五年、初中四年的"五四制"，以及"九年一贯制"。少数地区还实行小学五年、初中三年的过渡学制。从目前实施情况来看，我国大部分地区实行的是"六三制"，特殊教育学校一般实行的是九年一贯制。随着义务教育的逐步发展，九年一贯制的义务教育学制将成为发展趋势。

小学和初级中等学校是义务教育的实施机构。《义务教育法》中所指的学校是对适龄儿童、少年实施初等教育和初级中等教育的、由地方人民政府设置或者批准设置的全日制小学、全日制普通中学、九年一贯制学校、初级中等职业技术学校、特殊教育学校以及工读学校等教育机构。

三、义务教育的对象及其权利

(一) 义务教育的对象

义务教育的对象是指义务教育的适龄儿童和少年,即指依法应当入学至受完规定年限义务教育的年龄阶段的儿童和少年。受教育权是儿童和少年最为重要的权利之一,我国《宪法》第四十六条第一款规定:"中华人民共和国公民有受教育的权利和义务。"《教育法》第九条规定:"中华人民共和国公民有受教育的权利和义务。公民不分民族、种族、性别、职业、财产状况、宗教信仰等,依法享有平等的受教育机会。"

强调保障适龄儿童和少年接受义务教育的权利是《义务教育法》的新亮点。《义务教育法》第一条规定:"为了保障适龄儿童、少年接受义务教育的权利,保证义务教育的实施,提高全民族素质,根据宪法和教育法,制定本法。"第四条规定:"凡具有中华人民共和国国籍的适龄儿童、少年,不分性别、民族、种族、家庭财产状况、宗教信仰等,依法享有平等接受义务教育的权利,并履行接受义务教育的义务。"这些规定都体现了接受义务教育是适龄儿童和少年的一项基本权利。《义务教育法》中所指的适龄儿童、少年具有普遍性,包括残疾儿童和少年。《预防未成年人犯罪法》规定的具有"严重不良行为"的少年,未完成义务教育的未成年犯和被采取强制性教育措施的未成年人,流动人口、少数民族地区、经济困难家庭中的适龄儿童和少年,在国家批准的社会组织中接受文艺、体育等专业训练的儿童和少年以及军人子女中的适龄儿童和少年,均属于义务教育的对象。《义务教育法》对保障这些群体接受义务教育的权利给予了专门的规定。《义务教育法》第十一条第一款规定:"凡年满六周岁的儿童,其父母或者其他法定监护人应当送其入学接受并完成义务教育;条件不具备的地区的儿童,可以推迟到七周岁。"《义务教育法》第二条第一款规定:"国家实行九年义务教育制度。"据此,义务教育的适龄儿童和少年的年龄应为6~15周岁或7~16周岁。

(二) 义务教育对象的权利

第一,残疾儿童和少年接受义务教育的权利要得到保障。《义务教育法》第十九条明确规定:"县级以上地方人民政府根据需要设置相应的实施特殊教育的学校(班),对视力残疾、听力语言残疾和智力残疾的适龄儿童、少年实施义务教育。特殊教育学校(班)应当具备适应残疾儿童、少年学习、康复、生活特点的场所和设施。普通学校应当接收具有接受普通教育能力的残疾适龄儿童、少年随班就读,并为其学习、康复提供帮助。"

经典案例

"送教上门"圆贫困残疾儿童上学梦

近年来,广西壮族自治区防城港市东兴市在教育扶贫中切实保障适龄残疾儿童接受义务教育的权利,积极组织老师定期到残疾儿童家中开展送教上门工作,让适龄残疾儿童在家中实现求知梦想。

"1、2、3、4、5、6……"15岁的小娟(化名)正在认真地跟着送教老师学习,看似简单的数字,她要比正常人付出更多的努力。小娟的父母都是残疾人,她自己也患有智力障碍,无法到学校里学习。一直以来,马路镇马路中学的老师们都利用空闲时间到小娟的家里送教。校长许家武表示,之前小娟连简单数字都不会写,经过老师们两年来不间断地送教上门,现在她已经会写一些简单的数字了,看到她的点滴进步老师们感到很欣慰。

患有先天性贰级肢体障碍的小升(化名)原是马路中学九年级的一名学生,因身体原因,他从2019年秋季学期开始就一直在家里休养,无法再到学校正常上课。针对小升的情况,学校制定了一系列的帮扶措施,帮助他尽快能回到学校正常上课。"为了不让他落下课程,我们每个月组织老师送教上门两次,并帮助他进行基础性的康复训练。"马路中学教师范钰军表示。经过9个月的休养,如今小升已经能够重返校园,面对送教老师的帮助,他心怀感激,表示会好好学习,不辜负老师们的期望。

资料来源:刘佳,庞冠华."送教上门"圆贫困残疾儿童上学梦[EB/OL]. (2020-11-03)[2021-05-06]. http://gx.people.com.cn/n2/2020/1103/c390645-34391505.html.

课堂讨论

"送教上门"给残疾儿童带来了哪些福利?

第二,未完成义务教育的未成年犯接受义务教育的权利要得到保障。《义务教育法》第二十一条规定:"对未完成义务教育的未成年犯和被采取强制性教育措施的未成年人应当进行义务教育,所需经费由人民政府予以保障。"无论是进入少年管教所的未成年犯,还是被采取强制教育措施的未成年人,他们都将在一定时期内失去或者部分失去人身自由,不能继续在学校中完成学业。但是,他们同样是义务教育的对象,也有接受义务教育的权利和义务。因此,政府也要采取措施保障这部分适龄儿童和少年的受教育权。

第三,流动人口子女接受义务教育的权利要得到保障。随着我国工业化、城镇化进程的不断推进,大量富余农村劳动力进城务工。据国家统计局资料显示,2020年二季度末，农村外出务工劳动力总量达17 752万人，义务教育阶段进城务工人员随迁子女规模达到1429.7万人，比2019年增加2.7万人。越来越严重的流动人口子女教育问题引起了政府和社会各界的关注。为解决这一问题，国家相继出台了一系列的政策措施，2001年，国务院发布《关于基础教育改革与发展的决定》，提出"要重视解决流动人口子女接受义务教育问题，以流入地区政府管理为主，以全日制公办小学为主，采取多种形式，依法保障流动人口子女接受义务教育的权利"。2003年，国务院办公厅转发教育部等六部委《关于进一步做好进城务工就业农民子女义务教育工作的意见》，在解决进城务工农民子女的入学问题上进一步完善了"以流入地政府管理为主，以全日制公办中小学为主"的原则，明确了解决流动儿童、少年的义务教育问题是政府不可推卸的责任。《义务教育法》对此问题也做了相应的规定，第十二条第二款规定："父母或者其他法定监护人在非户籍所在地工作或者居住的适龄儿童、少年，在其父母或者其他法定监护人工作或者居住地接受义务教育的，当地人民政府应当为其提供平等接受义务教育的条件。"根据这一规定，进城务工就业农民子女也可以享受与城市儿童和少年相同的待遇，有效保障了这些儿童和少年受教育的权利，有利于社会主义和谐社会的构建。2012年，教育部印发的《国家教育事业发展第十二个五年规划》要求"保障进城务工人员随迁子女享受基本公共教育服务权利，健全输入地政府负责的进城务工人员随迁子女教育公共财政保障机制，将其教育需求纳入各地教育发展规划"。2019年中共中央、国务院印发的《中国教育现代化2035》要求"推进随迁子女入学待遇同城化，有序扩大城镇学位供给。完善流动人口子女异地升学考试制度。"

第四，少数民族地区和家庭经济困难的适龄儿童和少年接受义务教育的权利要得到保障。《义务教育法》第六条规定："国务院和县级以上地方人民政府应当合理配置教育资源，促进义务教育均衡发展，改善薄弱学校的办学条件，并采取措施，保障农村地区、民族地区实施义务教育，保障家庭经济困难的和残疾的适龄儿童、少年接受义务教育。"第十八条规定："国务院教育行政部门和省、自治区、直辖市人民政府根据需要，在经济发达地区设置接收少数民族适龄儿童、少年的学校(班)。"我国是一个统一的多民族国家，由于经济发展水平、文化、地理条件等方面的差异，少数民族地区的教育比较落后，此条规定对提高少数民族义务教育质量、促进少数民族适龄儿童和少年的发展具有重要意义。

第五，进行文艺、体育等专业训练的适龄儿童、少年接受义务教育的权利要得到保障。《义务教育法》第十四条规定："禁止用人单位招用应当接受义务教育的适龄儿童、少年。根据国家有关规定经批准招收适龄儿童、少年进行文艺、体育等专业训练的社会组织，应当保证所招收的适龄儿童、少年接受义务教育；自行实施义务教育的，应当经县级人民政府教育行政部门批准。"

第六，军人子女接受义务教育的权利要得到保障。《义务教育法》第十二条第三款规定："县级人民政府教育行政部门对本行政区域内的军人子女接受义务教育予以保障。"这里的军人既包括在人民解放军服现役的军人,也包括在人民武装警察部队服现役的军人。作为军人,他们承担着保家卫国、守卫边疆、为国家领土主权和经济建设保驾护航的神圣职责,也担负着维护社会治安、打击犯罪、保一方平安的光荣任务,因此,当地县级人民政府教育行政部门有责任为随军子女提供与当地适龄儿童、少年平等接受义务教育的条件和机会。

第七,需延缓入学或者休学的适龄儿童、少年接受义务教育的权利要得到保障。为保证所有适龄儿童和少年都能接受义务教育,《义务教育法》第十一条第二款规定:"适龄儿童、少年因身体状况需要延缓入学或者休学的,其父母或者其他法定监护人应当提出申请,由当地乡镇人民政府或者县级人民政府教育行政部门批准。"

四、国家、学校、家庭及社会的义务

《义务教育法》对义务教育过程中国家、学校、家庭及社会的义务都做出了相关的规定。

(一) 国家的义务

国家作为实施义务教育的主体,主要指各级人民政府及其教育主管部门。在义务教育的实施过程中,国家的义务主要有以下几项。

1. 设置义务教育机构并保障其顺利实施

实施义务教育首先是国家的义务,各级人民政府必须履行职责,保证义务教育的实施。《义务教育法》第二条第二款规定:"义务教育是国家统一实施的所有适龄儿童、少年必须接受的教育,是国家必须予以保障的公益性事业。"第五条第一款规定:"各级人民政府及其有关部门应当履行本法规定的各项职责,保障适龄儿童、少年接受义务教育的权利。"《义务教育法》第七条规定:"义务教育实行国务院领导,省、自治区、直辖市人民政府统筹规划实施,县级人民政府为主管理的体制。县级以上人民政府教育行政部门具体负责义务教育实施工作;县级以上人民政府其他有关部门在各自的职责范围内负责义务教育实施工作。"同时《义务教育法》第三章还规定,地方人民政府要按国家的有关规定制定、调整学校设置规划;县级以上人民政府根据需要设置一定数量的寄宿制学校及实施特殊教育的学校,保障居住分散的适龄儿童和少年接受义务教育,以及保障视力、听力、语言等有残疾的适龄儿童和少年接受义务教育。

2. 承担并保障义务教育经费的投入

《义务教育法》第二条第三款规定:"实施义务教育,不收学费、杂费。"为保证义务教育的正常运转,《义务教育法》第四十二条规定:"国家将义务教育全面纳入财政保障范围,义务教育经费由国务院和地方各级人民政府依照本法规定予以保障。国务院和地方各级人民政府将义务教育经费纳入财政预算,按照教职工编制标准、工资标准和学校建设标准、学生人均公用经费标准等,及时足额拨付义务教育经费,确保学校的正常运转和校舍安全,确保教职工工资按照规定发放。国务院和地方各级人民政府用于实施义务教育财政拨款的增长比例应当高于财政经常性收入的增长比例,保证按照在校学生人数平均的义务教育费用逐步增长,保证教职工工资和学生人均公用经费逐步增长。"第四十四条规定:"义务教育经费投入实行国务院和地方各级人民政府根据职责共同负担,省、自治区、直辖市人民政府负责统筹落实的体制。农村义务教育所需经费,由各级人民政府根据国务院的规定分项目、按比例分担。各级人民政府对家庭经济困难的适龄儿童、少年免费提供教科书并补助寄宿生生活费。"此外,《义务教育法》第四十六条规定:"国务院和省、自治区、直辖市人民政府规范财政转移支付制度,加大一般性转移支付规模和规范义务教育专项转移支付,支持和引导地方各级人民政府增加对义务教育的投入。地方各级人民政府确保将上级人民政府的义务教育转移支付资金按照规定用于义务教育。"国家也设立了专项资金用以扶持农村地区和民族地区的义务教育,还鼓励社会组织和个人向义务教育捐赠,建立义务教育基金。这些规定都是从我国义务教育实施的具体情况出发采取的有效策略,特别是对确保农村义务教育的经费投入,推进农村义务教育事业的发展具有重要的意义。

3. 为义务教育提供合格师资并保障其权利

《义务教育法》第三十二条规定:"县级以上人民政府应当加强教师培养工作,采取措施发展教师教育。县级人民政府教育行政部门应当均衡配置本行政区域内学校师资力量,组织校长、教师的培训和流动,加强对薄弱学校的建设。"公民要取得国家规定的教师资格才能从事教师工作,同时国家建立了统一的义务教育教师的职务制度,分为初级、中级和高级职务三类。在保障现有师资的基础上,国家大力鼓励和支持高校大学生到农村地区、民族地区支教和从事与义务教育相关的工作。例如,2003年下半年,由共青团中央、教育部、财政部、人事部联合实施的大学生志愿服务西部计划,为西部输送高素质的人才,以缓解西部师资不足、师资质量不高的状况,这体现了国家为保障义务教育合格师资所做的努力。对于从事义务教育工作的教师,《义务教育法》规定要保障他们的基本权利。《义务教育法》第三十一条规定:"各级人民政府保障教师工资福利和社会保险待遇,改善教师工作和生活条件;完善农村教师工资经费保障机制。教师的平均工资水平应当不低于当地公务员的平均工资水平。特殊教育教师享有特殊岗位补助津贴。在民族地区和边远贫困地区工作的教师享有艰苦贫困地区补助津贴。"

(二) 学校的义务

学校是实施义务教育的主体,具有贯彻国家教育方针,努力提高教育教学质量,使儿童、少年在德、智、体等方面全面发展的义务。《义务教育法》第三十四条规定:

"教育教学工作应当符合教育规律和学生身心发展特点，面向全体学生，教书育人，将德育、智育、体育、美育等有机统一在教育教学活动中，注重培养学生独立思考能力、创新能力和实践能力，促进学生全面发展。"学校的义务主要有以下几项。

1. 通知入学

《义务教育法》第十一条规定："凡年满六周岁的儿童，其父母或者其他法定监护人应当送其入学接受并完成义务教育；条件不具备的地区的儿童，可以推迟到七周岁。适龄儿童、少年因身体状况需要延缓入学或者休学的，其父母或者其他法定监护人应当提出申请，由当地乡镇人民政府或者县级人民政府教育行政部门批准。"基层人民政府及其教育行政部门，或者由其授权实施义务教育的学校可制作"义务教育入学通知书"，通知适龄儿童、少年的父母或者其他法定监护人送其子女或者被监护人入学接受义务教育。

2. 保障学生及教职工的安全

《义务教育法》第二十四条第一款和第三款分别规定："学校应当建立、健全安全制度和应急机制，对学生进行安全教育，加强管理，及时消除隐患，预防发生事故。""学校不得聘用曾经因故意犯罪被依法剥夺政治权利或者其他不适合从事义务教育工作的人担任工作人员。"

3. 完成教育教学任务

《义务教育法》第五章对"教育教学"进行了相关规定，其中第三十五条第二款规定："学校和教师按照确定的教育教学内容和课程设置开展教育教学活动，保证达到国家规定的基本质量要求。"第三十七条规定："学校应当保证学生的课外活动时间，组织开展文化娱乐等课外活动。"学校对完成义务教育的学生要授予学业证书。

(三) 家庭的义务

《义务教育法》第五条第二款规定："适龄儿童、少年的父母或者其他法定监护人应当依法保证其按时入学接受并完成义务教育。"第十一条第一款规定："凡年满六周岁的儿童，其父母或者其他法定监护人应当送其入学接受并完成义务教育；条件不具备的地区的儿童，可以推迟到七周岁。"对于无正当理由未按照义务教育法规定送适龄的儿童和少年接受义务教育的父母或者其他监护人，由当地人民政府给予批评教育，责令限期改正。

(四) 社会的义务

社会作为实施义务教育的主体，是指社会组织和个人。社会组织主要包括企业、事业单位和社会团体等。社会各方面的力量应该为适龄儿童、少年的义务教育提供良好的社会环境，其承担的义务主要有以下几项。

(1) 任何组织和个人有权对违反《义务教育法》的行为，向有关国家机关提出检举和控告。

(2) 依法举办民办学校实施义务教育。国家鼓励企业、事业单位和其他社会力量，在当地人民政府统一管理下，按照国家规定的基本要求，举办实施义务教育的各类学校。社会力量举办实施义务教育学校的事业费和基本建设投资，由办学单位或者经国家批准的私人办学者负责筹措。

(3) 居民委员会和村民委员会协助政府做好工作，督促适龄儿童、少年入学。经批准招收适龄儿童、少年进行文艺、体育等专业训练的社会组织，应当保证所招收的适龄儿童、少年接受义务教育。

(4) 保证适龄儿童、少年接受义务教育，禁止用人单位招用应当接受义务教育的适龄儿童、少年。

(5) 维护学校的权益，不得扰乱教学秩序，不得侵占、破坏学校场地及房屋设备。社会应当尊重教师，改善教师的物质待遇。

(6) 国家鼓励社会组织和个人向义务教育捐赠，鼓励按照国家有关基金会管理的规定设立义务教育基金。

(7) 任何组织和个人不得侵占、挪用义务教育经费，不得向学校非法收取或者摊派费用。

(8) 新闻媒体要发挥正确的舆论导向作用，向社会各界和公民广泛宣传义务教育的意义、作用以及国家的法律法规和有关方针政策。

(9) 社区要和学校加强沟通和联系，充分利用社区资源开展教育活动，营造有利于适龄儿童、少年健康成长的环境。

(10) 图书馆、博物馆、科技馆、美术馆、体育馆(场)等社会公共文化体育设施，以及历史文化古迹和革命纪念馆(地)，应当对教师、学生实行优待，为受教育者接受教育提供便利。

经典案例

低分、淘气差生遭"劝退"

小陈在陕西某县实验初级中学读初三，临近中考，学校组织了一次摸底考试，并划定了一个分数线，规定凡低于这个分数线的学生都将被班主任"劝退"，不能报名参加当年的中考。考试结果出来，小陈的名字赫然在列。小陈的父亲曾找过班主任和学校领导，要求学校准许孩子报名，但被学校拒绝。"孩子才16岁，这么小就流向社会，今后可咋办呢？"

原本在吉林一所乡镇中学读初一的小弘，刚刚13岁就不得不结束了自己的学生生涯。初一开学不久，小弘的母亲被学校领导叫去，说是小弘太淘气，刚上学一个月就在学校打了两次架。"校长说孩子影响了学校的秩序，不能再留在学校。我哭着求校领导，可最后学校还是没留他。"

资料来源：https://max.book118.com/html/2017/0319/96017231.shtm.

课堂讨论

案例中学校的"劝退"行为违反了什么法律？

【小 结】

1. 学校教育制度，简称学制，是指一个国家各级各类学校的系统，具体规定着学校性质、任务、入学条件、修业年限以及彼此之间的相互关系。它是一项基本的教育制度。根据法律规定，学校教育制度包括学前教育、初等教育、中等教育、高等教育等不同阶段。

2. 学前教育是学校教育的预备阶段，是基础教育的重要组成部分，主要是对3~6周岁的学龄前幼儿实施保育和教育相结合的、接受学校教育前的预备性教育。幼儿园的主要任务包括两大方面，即促进幼儿身心的和谐发展和面向幼儿家长提供科学育儿指导。

3. 小学教育的任务是对6~12周岁的儿童、少年进行德、智、体、美等方面的基础性教育。初等教育是学前教育和中等教育的衔接阶段，学校应积极贯彻国家教育方针，实施素质教育，通过实施各类教育教学活动，使学生自由自主地发展。

4. 中等教育是在初等教育基础上继续实施的中等普通教育和职业教育，在学校教育系统中具有承上启下的重要作用。

5. 高等教育是学校教育的最高阶段，是在完成高级中等教育基础上实施的教育。高等教育的任务是培养具有社会责任感、创新精神和实践能力的高级专门人才，发展科学技术文化，促进社会主义现代化建设。

6. 义务教育具有强制性、免费性、普及性及公益性。我国实行九年制义务教育制度。

7. 义务教育的对象是指义务教育的适龄儿童和少年，即指依法应当入学至受完规定年限义务教育的年龄阶段的儿童和少年，年龄应为6~15周岁或7~16周岁。

【课后练习】

一、填空题

1. 根据《教育法》第十七条第一款的规定，国家实行_____、_____、中等教育、_____的学校教育制度。
2. 实施中等教育的机构实行_____负责制。
3. 义务教育是_____统一实施的所有适龄儿童、少年必须接受的教育，是国家必须予以保障的_____事业。
4. _____是义务教育的本质特性，义务教育是法律予以保障实施的教育活动。

二、选择题

1. 义务教育实行(   )领导，(   )统筹规划实施，(   )为主管理的体制。
   A. 国务院   省、自治区、直辖市人民政府   县级人民政府
   B. 省、自治区、直辖市人民政府   市级人民政府   县级人民政府
   C. 国务院   省、自治区、直辖市人民政府   市级人民政府
   D. 国务院   市级人民政府   县级人民政府
2. 对未完成义务教育的未成年犯和被采取强制性教育措施的未成年人应当进行义务教育，所需经费由(   )予以保障。
   A. 国家   B. 社会   C. 学校   D. 人民政府
3. 学前教育主要是对(   )周岁的学龄前幼儿实施保育和教育相结合的、接受学校教育前的预备性教育。
   A. 0～3   B. 3～6   C. 0～6   D. 1～6
4. (   )是实施义务教育的价值所在。
   A. 公益性   B. 普及性   C. 免费性   D. 强制性

三、简答题

1. 简答我国学校教育制度的内容。
2. 简答我国义务教育的性质。
3. 结合实际论述我国义务教育制度实施中国家、学校、家庭及社会应履行的义务。

第七章 国家及其行政机关

学习目标

1. 学习国家及其行政机关的教育权利及教育义务
2. 介绍教育法所规定的国家及其行政机关与举办学校相关的、与学校建设相关的、与经费管理相关的、与考试入学相关的法律责任、与教师权益保障相关的法律责任

知识结构图

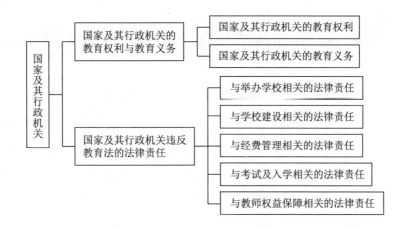

引言

本章将重点介绍国家及其行政机关的教育权利和教育义务，对国家及其行政机关违反与学校相关、与学校建设相关、与经费管理相关、与举办考试及入学相关、与教师权益保障相关的法律责任时将会得到什么样的惩处等问题进行学习讨论。

第一节 国家及其行政机关的教育权利与教育义务

《宪法》将人民的应有权利赋予法律效力，根据《宪法》的规定，中华人民共和国的一切权力属于人民。人民通过全国人民代表大会和地方各级人民代表大会行使国家权力；依照法律规定，人民通过各种途径和形式，管理国家事务，管理经济和文化事业，管理社会事务。国家受人民的委托，代表人民在国际上参与国际教育活动、签署国际教育协议等，在国内通过各级权力机关、各级司法机关、各级行政机关分别行使教育立法权、教育司法权和教育行政权。因此，国家及其权力机关、司法机关、行政机关是一定的教育法律关系主体。但国家权力机关的立法权和国家司法机关的司法权都属于法律赋予的具有特定主体和活动范畴的专门权力，在教育法律关系中，国家权力机关和国家司法机关的主体活动不受行政机关、社会团体和个人的干涉。而国家行政机关领导和管理教育活动的范畴比较广泛，其教育权利和教育义务之间的关系也比较复杂。

经典案例

广西一县教育经费遭挪用 金额达1820.72万元

据广西政府网报道，2006年7月24日，广西壮族自治区审计厅厅长钟想延向自治区十届人大常委会第二十一次会议作了《关于2005年自治区本级预算执行和其他财政收支的审计工作报告》(以下简称《报告》)。该报告审计结果表明，广西"两基"教育经费专项审计中，审计部门发现部分县存在截留、挤占和挪用教育经费的现象，金额达1820.72万元。

资料来源：豆丁网. 违反义务教育法的研讨案例[EB/OL]. (2013-07-30)[2021-08-22]. https://www.docin.com/p-683799446.html.

> **课堂讨论**
>
> 教育经费被挪用会给教育工作带来什么困难?

一、国家及其行政机关的教育权利

国家及其行政机关的教育权利主要包括以下几项。

(一) 确立国家发展教育的指导思想及原则

《教育法》第三条规定:"国家坚持中国共产党的领导,坚持以马克思列宁主义、毛泽东思想、邓小平理论、'三个代表'重要思想、科学发展观、习近平新时代中国特色社会主义思想为指导,遵循宪法确定的基本原则,发展社会主义的教育事业。"

《教育法》规定了国家发展教育的基本原则,具体包括以下几项:保障教育事业优先发展的原则,继承和弘扬中华民族优秀历史文化传统的原则,坚持社会公共利益的原则,教育与宗教相分离的原则,教育公平的原则,帮助各少数民族地区发展教育事业的原则,扶持边远贫困地区发展教育事业的原则,扶持和发展残疾人教育事业的原则,建立和完善终身教育体系的原则,对为发展教育事业做出突出贡献的组织和个人给予奖励的原则等。

(二) 制定教育方针和任务

《教育法》第五条规定:"教育必须为社会主义现代化建设服务、为人民服务,必须与生产劳动和社会实践相结合,培养德智体美劳全面发展的社会主义建设者和接班人。"这是我国的教育方针,是指导教育发展的方向。《教育法》第六条还规定了教育的基本任务:"教育应当坚持立德树人,对受教育者加强社会主义核心价值观教育,增强受教育者的社会责任感、创新精神和实践能力。国家在受教育者中进行爱国主义、集体主义、中国特色社会主义的教育,进行理想、道德、纪律、法治、国防和民族团结的教育。"

(三) 制定教育行政法规和规章

国务院有权根据宪法和法律,规定行政措施,制定行政法规,发布决定和命令。

(四) 确定教育管理体制

《教育法》第十四条规定:"国务院和地方各级人民政府根据分级管理、分工负责的原则,领导和管理教育工作。中等及中等以下教育在国务院领导下,由地方人民政府管理。高等教育由国务院和省、自治区、直辖市人民政府管理。"第十五条规定:"国务院教育行政部门主管全国教育工作，统筹规划、协调管理全国的教育事业。县级以上地方各级人民政府教育行政部门主管本行政区域内的教育工作。县级以上各级人民政府其他有关部门在各自的职责范围内，负责有关的教育工作。"可见，教育的领导和管理不仅仅是教育部门内部的事情，也需要政府有关部门按照法律规定行使教育管理职权。

(五) 确立教育基本制度

我国目前实行学校教育制度、义务教育制度、职业教育制度、继续教育制度、国家教育考试制度、学业证书制度、学位制度、扫除文盲教育制度、教育督导制度和教育评估制度。

(六) 举办学校及其他教育机构

根据《教育法》第二十六条的规定，国家有权制定教育发展规划，并举办学校及其他教育机构；国家鼓励企业事业组织、社会团体、其他社会组织及公民个人依法举办学校及其他教育机构；以财政性经费、捐赠资产举办或者参与举办的学校及其他教育机构不得设立为营利性组织。

(七) 依法审核和批准学校及其他教育机构

设立学校及其他教育机构不仅要具备法律规定的条件，也要经过法律程序。《教育法》第二十八条规定："学校及其他教育机构的设立、变更和终止，应当按照国家有关规定办理审核、批准、注册或者备案手续。"对于教育机构的管理，我国实行登记注册和审批制度。

(八) 主管教师工作

《教师法》第五条规定："国务院教育行政部门主管全国的教师工作。国务院有关部门在各自职权范围内负责有关的教师工作。"

(九) 建立教育经费投入体制

《教育法》第五十四条第一款规定："国家建立以财政拨款为主、其他多种渠道筹措教育经费为辅的体制，逐步增加对教育的投入，保证国家举办的学校教育经费的稳定来源。"

(十) 依法追究行政责任

国家行政机关有权对违反教育法的行为依法予以处理，追究相应主体的行政责任，其责任方式主要有处分和处罚。

(十一) 法律法规规定的其他权利

这是指除上述权利外，还包括其他现行法律、法规赋予国家及其行政机关的教育权，也包括未来制定的法律、法规赋予国家及其行政机关的教育权。

二、国家及其行政机关的教育义务

有权利必有义务。教育法要求国家及其行政机关必须履行的义务主要包括以下几项。

(一) 保障学校权益，促进学校发展

第一，保护学校及其他教育机构的合法权益不受侵犯。
第二，把学校的基本建设纳入城乡建设规划。

(二) 保障教师权益，做好教师教育工作

第一，提高教师的社会地位。
第二，保障教师完成教育教学任务。
第三，对取得优异成绩的教师实施奖励。
第四，做好教师教育工作。
第五，及时处理教师申诉。

经典案例

提高教师待遇，让教育事业行稳致远

全国两会期间，如何提升教师社会地位、推动建设教育强国成为代表、委员们的关注热点。在2020年5月19日教育部新闻发布会上，有负责人强调，要切实提高教师待遇保障水平，今年底以前必须完成"义务教育教师工资水平不低于公务员"目标任务。另外，全国人大代表崔建梅也拟向大会提交关于提高教师教龄津贴建议。

教师教龄津贴发放，依据的是1985年颁布的《关于教师教龄津贴的若干规定》，其中，教龄满五年至二十年以上的老师，每月可获得3～10元不等的津贴。然而，在崔建梅看来，从1986年7月1日起实行的教龄津贴制度，在35年后应作适当调整，随其他津贴、补贴的增长而增长。因此她建议，原来教龄津贴占当时教师工资总额的十分之一左右的比例可保持不变，发放标准则可调整为教龄满一年为10元，以后逐年计算，上不封顶。

一般情况下，教师工资由薪级工资、课时工资、绩效工资、特优津贴等部分构成，在部分农村以及偏远地区，教师还可获得山区补贴。按《教师法》有关规定，教师津贴是对教师特殊劳动条件下付出的劳动消耗和生活费支出所给予的适当补偿，是工资的一种补充形式，本就为教师薪酬待遇重要组成部分。对教师来说，教龄津贴和从事教育工作年龄时限挂钩，增强教师职业吸引力，教龄津贴标定的不同教师教育时长在一定程度上显示出教师从业经验是否"资深""成熟"，从物质奖励、工作认可及职业荣誉讲，对教师从业均有明显激励导向。

但时过境迁，时代经济发展，物价随之高涨，教师工作生活环境随之发生巨大变化，在各种津贴均已增长的情况下，原本教龄津贴制度所具备的激励作用可能因此弱化。关切心声，建议本身有其现实针对性。

实现"义务教育教师工资水平不低于公务员"，不仅仅是机械对标公务员工资，在教师工资调整、待遇提升落实中，必然要结合教师职业特色、原有工资办法进行有机调适，通盘考虑，教龄津贴如何在这样的大背景下调整，需要兼顾政策配套和实际执行。

资料来源：白毅鹏. 提高教师待遇，让教育事业行稳致远[EB/OL]. (2020-05-22)[2021-08-21]. https://guancha.gmw.cn/2020-05/22/content_33851646.html.

课堂讨论

结合实际试分析提高教师待遇的必要性。

(三) 保障学生权益，为学生的健康成长创造条件

第一，为适龄学生提供符合办学标准的教育设施。

第二，为特殊学生群体接受教育创造条件。

第三，为学生的身心健康成长创造良好的社会环境。

第四，及时处理学生申诉。

(四) 保障教育经费投入，监督管理教育投资效益

教育是公益性事业，国家已经确立了以财政拨款为主、其他多种渠道筹措教育经费为辅的体制，但体制的运行还需要国家有力的保障机制。在教育经费的投入上，国家采取"两个提高""三个增长"的保障机制。关于"两个提高"，《教育法》第五十五条规定："国家财政性教育经费支出占国民生产总值的比例应当随着国民经济的发展和财政收入的增长逐步提高。具体比例和实施步骤由国务院规定。全国各级财政支出总额中教育经费所占比例应当随着国民经济的发展逐步提高。"关于"三个增长"，《教育法》第五十六条第二款规定："各级人民政府教育财政拨款的增长应当高于财政经常性

收入的增长,并使按在校学生人数平均的教育费用逐步增长,保证教师工资和学生人均公用经费逐步增长。"

在依法保障投入的情况下还要提高教育经费的使用效益。《教育法》第六十三条规定:"各级人民政府及其教育行政部门应当加强对学校及其他教育机构教育经费的监督管理,提高教育投资效益。"提高教育投资效益可以从多方面着手。首先,应做好学校财政预算,使学校的经费能够有计划地使用;其次,应按照国家的财会制度严格管理教育经费,按照规定建立会计账簿等;再次,应加强审计工作,对学校的财务收支、专项资金管理、经费使用效益、资产管理等情况进行审计,对违纪、违法案件及时查处,保障教育资金的合法使用;最后,应做好对学校的合理布局和资源的有效配置,避免教育经费重复使用而导致浪费。

(五) 引咎辞职

《义务教育法》第九条第二款规定:"发生违反本法的重大事件,妨碍义务教育实施,造成重大社会影响的,负有领导责任的人民政府或者人民政府教育行政部门负责人应当引咎辞职。"根据2004年4月中共中央办公厅发布的《党政领导干部辞职暂行规定》的规定,领导责任分为主要领导责任和重要领导责任。主要领导责任是指"在其职责范围内,对直接主管的工作不负责、不履行或不正确履行职责,对造成的损失和影响负直接领导责任";重要领导责任是指"在其职责范围内,对应管的工作或者参与决定的工作不履行或者不正确履行职责,对造成的损失和影响负次要领导责任"。《党政领导干部辞职暂行规定》规定了因公辞职、自愿辞职、引咎辞职、责令辞职4种辞职类型。党政领导干部(包括人民政府或者人民政府教育行政部门的负责人)因工作严重失误、失职造成重大损失或者恶劣影响,或者对重大事故负有重要领导责任不宜再担任现职,本人应当引咎辞去现任领导职务。引咎辞职不能代替法律制裁。引咎辞职的人民政府或者人民政府教育行政部门的负责人如果有《义务教育法》规定的违法情形,应同时依法追究其法律责任。若构成违纪,还应按照有关规定给予其党纪政纪处分。

(六) 法律法规规定的其他义务

这是指除上述义务外,还包括其他现行法律、法规要求国家及其行政机关履行的教育义务,也包括未来制定的法律、法规要求国家及其行政机关履行的教育义务。

第二节 国家及其行政机关违反教育法的法律责任

国家及其行政机关作为教育法律关系主体,一方面有权根据教育法律规定对违法主体追究法律责任；另一方面如果未依法履行义务导致不利后果，也应当根据教育法的规定承担相应的法律责任。

一、与举办学校相关的法律责任

义务教育设重点校或变相改变公办学校性质应承担法律责任。根据《义务教育法》的规定，县级以上人民政府或者其教育行政部门有将学校分为重点和非重点或者变相改变公办学校性质的，由上级人民政府或者其教育行政部门责令限期改正、通报批评；情节严重的，对直接负责的主管人员和其他直接责任人员依法给予行政处分。

二、与学校建设相关的法律责任

(一) 学校设置及选址不当应承担的法律责任

根据《义务教育法》的规定，县级以上地方人民政府未按照国家有关规定制定、调整学校的设置规划的，学校建设不符合国家规定的办学标准、选址要求和建设标准的，由上级人民政府责令限期改正；情节严重的，对直接负责的主管人员和其他直接责任人员依法给予行政处分。

(二) 学校安全管理不当应承担的法律责任

根据《教育法》第七十三条的规定，明知校舍或者教育教学设施有危险，而不采取措施，造成人员伤亡或者重大财产损失的，对直接负责的主管人员和其他直接责任人员，依法追究刑事责任。根据《义务教育法》第五十二条的规定，县级以上地方人民政府未按照国家有关规定定期对学校校舍安全进行检查，并及时维修、改造的，由上级人民政府责令限期改正；情节严重的，对直接负责的主管人员和其他直接责任人员依法给予行政处分。

三、与经费管理相关的法律责任

(一) 不履行经费管理职责应承担的法律责任

根据《教育法》第七十一条的规定，违反国家有关规定，不按照预算核拨教育经费的，由同级人民政府限期核拨；情节严重的，对直接负责的主管人员和其他直接责任人员，依法给予处分。违反国家财政制度、财务制度，挪用、克扣教育经费的，由上级机关责令限期归还被挪用、克扣的经费，并对直接负责的主管人员和其他直接责任人员，依法给予处分；构成犯罪的，依法追究刑事责任。

根据《义务教育法》的规定，国务院有关部门和地方各级人民政府违反《义务教育法》第六章的规定，未履行对义务教育经费保障职责的，由国务院或者上级地方人民政府责令限期改正；情节严重的，对直接负责的主管人员和其他直接责任人员依法给予行政处分。对侵占、挪用义务教育经费的，由上级人民政府或者上级人民政府教育行政部门、财政部门、价格行政部门和审计机关根据职责分工责令限期改正；情节严重的，对直接负责的主管人员和其他直接责任人员依法给予处分。对县级以上地方人民政府未依照《义务教育法》的规定均衡安排义务教育经费的，由上级人民政府责令限期改正；情节严重的，对直接负责的主管人员和其他直接责任人员依法给予行政处分。

(二) 向学校违法收费应承担的法律责任

根据《教育法》的规定，违反国家有关规定，向学校或者其他教育机构收取费用的，由政府责令退还所收费用；对直接负责的主管人员和其他直接责任人员，依法给予处分。

根据《义务教育法》的规定，向学校非法收取或者摊派费用的，由上级人民政府或者上级人民政府教育行政部门、财政部门、价格行政部门和审计机关根据职责分工责令限期改正；情节严重的，对直接负责的主管人员和其他直接责任人员依法给予处分。

(三) 参与或变相参与教科书编写及有违法所得应承担的法律责任

根据《义务教育法》及相关教育法的规定，国家机关工作人员和教科书审查人员参与或者变相参与教科书编写的，由县级以上人民政府或者其教育行政部门根据职责权限责令限期改正，依法给予行政处分；有违法所得的，没收违法所得。

四、与考试及入学相关的法律责任

(一) 与考试管理相关的法律责任

根据《教育法》的规定，举办国家教育考试，教育行政部门、教育考试机构疏于管理，造成考场秩序混乱、作弊情况严重的，对直接负责的主管人员和其他直接责任人员，依法给予处分；构成犯罪的，依法追究刑事责任。《刑法》第二百八十四条规定："非法使用窃听、窃照专用器材，造成严重后果的，处二年以下有期徒刑、拘役或者管制。"《刑法》第二百八十四条之一还规定："在法律规定的国家考试中，组织作弊的，处三年以下有期徒刑或者拘役，并处或者单处罚金；情节严重的，处三年以上七年以下有期徒刑，并处罚金。""为他人实施前款犯罪提供作弊器材或者其他帮助的，依照前款的规定处罚。""为实施考试作弊行为,向他人非法出售或者提供第一款规定的考试的试题、答案的,依照第一款的规定处罚。""代替他人或者让他人代替自己参加第一款规定的考试的,处拘役或者管制,并处或者单处罚金。"这些规定适用于相应的行为主体。

(二) 未采取措施保障适龄儿童、少年入学应承担的法律责任

根据《义务教育法》第五十三条的规定,县级人民政府教育行政部门或者乡镇人民政府未采取措施组织适龄儿童、少年入学或者防止辍学的,由上级人民政府或者其教育行政部门责令限期改正、通报批评;情节严重的,对直接负责的主管人员和其他直接责任人员依法给予行政处分。

经典案例

教育部:坚决防止因疫情造成新的辍学

从教育部获悉,教育部等十部门近日联合印发的《关于进一步加强控辍保学工作健全义务教育有保障长效机制的若干意见》(以下简称《意见》)强调,要确保除身体原因不具备学习条件外,贫困家庭义务教育阶段适龄儿童少年不失学辍学,确保2020年全国九年义务教育巩固率达到95%,坚决防止因疫情造成新的辍学。

实现义务教育有保障是教育脱贫攻坚战的重大政治任务,也是"两不愁三保障"的底线目标之一,事关脱贫攻坚的成效和全面小康的成色。《意见》要求全面梳理已复学和仍辍学学生情况,一人一案制定工作方案,继续加大劝返力度,确保建档立卡贫困家庭辍学学生今年秋季学期全部应返尽返。

对于因学习困难、外出打工、早婚早育、信教等辍学的情况,《意见》要求突出工作重点,切实解决问题。对学习困难辍学学生,要建立学有困难学生帮扶制度,有针对性地制订教学计划,通过插班、单独编班、普职融合等多种方式做好教育安置工作;对外出打工辍学学生,会同相关部门建立协作劝返机制,及时相互通报信息,严厉打击使用童工违法犯罪行为;对早婚早育辍学学生,要在严格禁止、依法依规处罚的基础上,认真做好这类适龄儿童少年的劝返复学工作,给予特殊关怀;对因信教而辍学学生,严格落实宪法和法律相关规定,严禁利用宗教妨碍国家教育制度的实施,会同有关部门依法依规共同做好劝返复学工作。

资料来源:曹志斌.教育部:坚决防止因疫情造成新的辍学[EB/OL]. (2020-06-29) [2021-08-12]. http://www.gov.cn/xinwen/2020-06/29/content_5522636.html.

> **课堂讨论**
>
> 讨论，为什么教育部在控辍保学工作方面做了如此多努力？

五、与教师权益保障相关的法律责任

(一) 侮辱、殴打教师应承担的法律责任

根据《教师法》的规定，侮辱、殴打教师的，根据不同情况，分别给予行政处分或者行政处罚；造成损害的，责令赔偿损失；情节严重，构成犯罪的，依法追究刑事责任。

(二) 对教师打击报复应承担的法律责任

根据《教师法》的规定，对依法提出申诉、控告、检举的教师进行打击报复的，由其所在单位或者上级机关责令改正；情节严重的，可以根据具体情况给予行政处分。国家工作人员对教师打击报复构成犯罪的，依照《刑法》有关规定追究刑事责任。

(三) 拖欠教师工资应承担的法律责任

地方人民政府违反《教师法》的规定，拖欠教师工资或者侵犯教师其他合法权益的，应当责令其限期改正。违反国家财政制度、财务制度，拖欠教师工资，损害教师合法权益的，由上级机关责令限期归还被挪用的经费，并对直接责任人员给予行政处分；情节严重，构成犯罪的，依法追究刑事责任。

除上述列举的法律责任外，国家及其行政机关如有其他违反教育法的行为，也应依法承担相应的法律责任。

【小　　结】

1. 国家及其行政机关的教育权利包括以下几项：确立国家发展教育的指导思想及原则、制定教育方针和任务、制定教育行政法规和规章、确定教育管理体制、确立教育基本制度、举办学校及其他教育机构、依法审核和批准学校及其他教育机构、主管教师工作、建立教育经费投入体制、依法追究行政责任、法律法规规定的其他权利。

2. 国家及其行政机关的教育义务包括以下几项：保障学校权益，促进学校发展；保障教师权益，做好教师教育工作；保障学生权益，为学生的健康成长创造条件；保障教育经费投入，监督管理教育投资效益；引咎辞职；法律法规规定的其他义务。

3. 国家及其行政机关作为教育法律关系主体，如果未依法履行义务，导致不利后果，也应当根据教育法的规定承担相应的法律责任。这些法律责任主要包括以下几种类型：与举办学校相关的法律责任、与学校建设相关的法律责任、与经费管理相关的法律责任、与考试及入学相关的法律责任、与教师权益保障相关的法律责任。

【课后练习】

一、选择题

1. 教育行政管理机关作为国家行政机关的重要组成部分，既有( )共性的特点，又有区别于其他国家行政机关的个性特点。

A. 国家地方机关　　　　　　B. 国家领导机关

C. 国家机构　　　　　　　　D. 国家行政机关

2. 教育行政机关与相对的民事( )是经常发生和存在的，如教育行政机关为定做专门的教育设备与相对方订立合同的行为。

A. 法律关系　　B. 教育关系　　C. 组织关系　　D. 上下级关系

3. "其他教育机构"是指经主管批准或等级注册，实施非学历教育的教育机构，如各种职业与技术培训机构，培训中心实施德育教育、文化补习教育、社会文化教育的( )等。

A. 教育组织　　B. 教育机构　　C. 教育机关　　D. 教育产业

4. 根据规定以及其他有关规定，我国对学校以及其他教育机构的设立、变更、终止已经逐步建立了一套完善的( )：一是审批制度；二是登记注册制度。这对于加强管理和监督，维护正常的教育管理秩序，保护受教育者的合法权益具有重要意义。

A. 手续　　　　B. 规章　　　　C. 管理制度　　D. 规定

二、填空题

1. 教育必须为_____服务、为_____服务，必须与生产劳动和社会实践相结合，培养德智体美劳全面发展的社会主义建设者和接班人。

2. 国家实行_____年制义务教育制度。

3. 侮辱、殴打教师的，根据不同情况，分别给予_____或者_____；造成损害的，责令赔偿损失。

4. 教育是公益性事业，国家已经确立了以_____为主、其他多种渠道筹措教育经费为辅的体制。

三、简答题

1. 教育法赋予国家及其行政机关哪些方面的权利?
2. 为促进教育事业发展,谈谈国家及其行政机关要在哪几个方面改进工作。
3. 简述如何保障教师的各项合法权益。

第八章 学校

学习目标

1. 了解学校法律地位的含义
2. 了解学校内部权力的划分及运行机制
3. 理解现行法对学校法律地位的界定
4. 理解设立学校的条件及其程序
5. 掌握学校的基本权利与义务，并能运用其具体分析学校法律关系问题

知识结构图

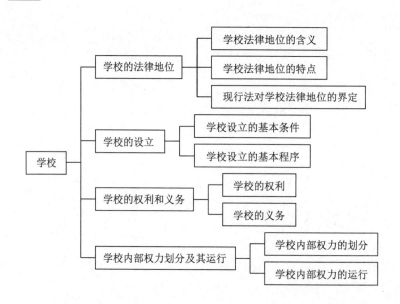

> **引言**

社会的发展需要以学校为载体,学校能够规模、系统地为社会培养人才。现代社会已经形成了包括各级各类学校在内的教育机构网络。学校从层次来看,包括从幼儿园、小学、中学到大学的各级学校;从性质来看,包括公立和私立学校。另外,随着信息技术的推广和终身教育理念的普及,各种远程教育和社区教育也都取得了蓬勃发展。纵横贯通的教育网络已经初步形成,大多数国家都用法律的形式对教育制度加以明确规定,把教育改革与发展的成果用立法的方式固定下来。

第一节 学校的法律地位

一、学校法律地位的含义

学校是指经主管机关批准或登记注册,以实施学制系统内各阶段教育为主的教育机构。我国学制系统内的基本教育阶段可以分为幼儿教育、初等教育、中等教育和高等教育。每一个教育阶段根据教育对象和培养目标的不同而设立不同类型的学校,主要包括幼儿园,小学,初级中学,高级中学或完全中学,各类中等专业学校、职业学校、技工学校,普通高等学校,具有颁发学历证明资格的成人学校,以及其他专门实施学历性教育的教育机构。

学校的法律地位是指学校作为实施教育教学活动的社会组织机构,在法律上所享有的权利能力和行为能力,并以此在具体法律关系中取得的主体资格。广义的学校的法律地位包括以下内容:①学校的地位、状态、条件、社会地位;②学校在办学过程中和政府、其他社会组织以及学校内部各法律主体之间的法律关系;③学校在办学过程中的权利、义务和法律责任等。狭义的学校法律地位仅指学校的权利、义务和法律责任。只有明确了学校的法律地位,才能既利于国家对教育的管理和控制,也利于学校办学自主权的落实,更利于社会教育权的行使、对国家提供的教育服务和福利的公平和合理的享有,以及家长对子女教育权力与权利的实现。

二、学校法律地位的特点

学校法律地位的特点有三点,即公共性、公益性和多重性。

(一) 公共性

学校法律地位的公共性，指的是学校具有公共性，体现了"公"的特点或者说是国家的特点。在许多国家，都有"公法人"的概念。所谓公法人，一般是指行使和分担国家权力或依属于公法的行政法等特别法，以公共事业为成立目的的法人。它是按照涉及公共利益的法律建立的，能够作为公权力并承担义务的组织，是为公共利益而存在的组织。国家要承担与国家教育权相应的责任，为教育事业的发展提供必要的财政来源和其他条件。国家对教育的投入，同时也体现了国家的利益。其实，学校行使的教育权，实质上是属于国家教育权的一部分。我国《教育法》中明确规定学校享有的教育教学实施权利，对学校来说，既是国家授予的权利，又是国家交给的任务，只能正确行使，不能放弃。

(二) 公益性

学校法律地位的公益性主要指的是不以营利为目的。这不仅是国家举办的学校的特点，也是社会力量举办的学校的特点。国家举办学校，本身就是从国家与社会的整体利益出发，因此它的公益性是显而易见的。学校及其他教育机构的公益性特点，是伴随着现代教育的普及与发展而产生的。为了创造更好的条件，促进教育的进一步普及，使更多的人获得受教育的机会，现代社会的教育必须成为社会的公共事业，学校及其他教育机构必须体现社会的公共利益。

(三) 多重性

学校的法律地位还具有多重性。这种多重性是指我国学校在活动时，根据条件和性质的不同，可以有多重主体资格。当学校参与教育行政法律关系，取得行政上的权利和承担行政上的义务时，它就是教育行政法律关系主体；而当学校参与教育民事法律关系，取得民事权利和承担民事义务时，学校就是教育民事法律关系主体。这两种法律关系是两类不同的法律关系。学校在这两类法律关系中的法律地位是不一样的。在教育行政法律关系中，学校是作为行政管理相对人出现的。当然，这并不排除学校作为办学实体享有自己的权利和义务。在民事法律关系中，学校与其他主体的地位则是平等的。其实，除了这两种法律关系之外，学校还会与国家发生涉及国家对学校的财政拨款、国家对学校兴办产业给予税收优惠等经济法律关系，成为经济法律关系主体，具有经济法上的权利和义务关系。

三、现行法对学校法律地位的界定

学校作为一种社会组织，与它所处的内外环境构成一系列社会关系。这些社会关系尽管错综复杂，但依据其特征不同主要可以分为如下两类：一类是以权力服从为基本原则，以领导与被领导的行政管理为主要内容，国家行政机关在对学校进行行政管理的过程中发生的教育行政关系。这是政府与学校之间的一种纵向关系，主要受行政法调整。另一类是以平等有偿为基本原则，以财产所有和流转为主要内容，在不具有行政隶属关系的学校、行政机关、企业事业单位、社会团体、个人之间发生的教育民事关系。这类关系涉及财产、人身、土地、学校环境、联合办学、成果转让、校办企业的经营活动中的权益，主要受民法调整。

作为民事法律关系的主体，学校的法人地位是明确的。我国《教育法》第三十二条第一款规定："学校及其他教育机构具备法人条件的，自批准设立或者登记注册之日起取得法人资格。"也就是说，学校只要具备法人条件，并经批准设立或登记注册就能取得法人资格，在民事活动中依法享有民事权利，承担民事责任。

对学校的法人地位可以从以下几个方面来理解。

(一) 学校取得法人资格是有条件的

学校应符合《教育法》规定的设立学校、取得法人资格的条件。学校同时具备以下4个条件，才能取得法人资格：①必须有组织机构和章程；②必须有合格的教师；③必须有符合规定标准的教学场所及设施、设备等；④必须有必备的办学资金和稳定的经费来源。

(二) 学校取得法人资格是有限制的

法人资格的确立使学校具有一般法人所具有的一般民事权利与义务。但是学校的设立并不是为了参加民事流转(但参加民事流转是其必要条件，如购买办学设备等)，也不是为了参加一般的社会公益，而是为社会培养人才。因此，作为特别法人，学校的民事权利能力要受到必要的限制。这种限制主要表现在以下三个方面：

第一，《教育法》第三十二条第三款规定："学校及其他教育机构中的国有资产属于国家所有。"国有资产是当前我国学校，特别是国家举办的教育机构中重要的教育资源，学校依法享有对这部分国有资产的占有权和使用权，但在对其进行使用和管理的同时，必须保证国有资产的归国家所有，任何部门、组织和个人都不得侵占、挪用、截留，甚至破坏、私分。学校应根据国家的有关规定用好、管好国有资产，不得随意改变用途、挪作他用，不得用于抵押，或为他人担保等，以确保国有资产不被流失。

第二，《教育法》第三十二条第四款规定："学校及其他教育机构兴办的校办产业独立承担民事责任。"学校在保证正常的教育教学活动和科研活动所需资产的前提下，可以利用自有资金，面向社会，投资兴办产业，以其所获收益，补充学校办学经费的不足。但是，校办产业应当取得法人资格，以其全部法人财产独立承担民事责任，学校不对校办产业的行为承担连带民事责任，也不得以用于教学和科研的资产为校办产业提供担保。

第三，各级各类学校法人在权利能力和行为能力方面是存在限制的，必须严格按照本校章程规定的活动范围来从事有关教育的活动。例如，中小学校不能实施与基础教育培养目标不相符合的活动。另外，学校承担民事责任的能力，特别是公立学校的民事责任能力也有其特殊性。

(三) 学校取得法人资格是有程序的

《教育法》第二十八条规定："学校及其他教育机构的设立、变更和终止，应当按照国家有关规定办理审核、批准、注册或者备案手续。"具备法人资格的学校，并不当然地取得法人地位，还要依法履行相应的手续。

学校取得了法人资格，在民事法律关系中的地位得以明确。明确学校的法人地位，有利于保障学校享有的民事权利，如法人财产权、债权、知识产权，以及名称权、名誉权、荣誉权等。学校能够以独立法人身份从事一些民事和经济活动，使其民事权利能力和行为能力得以运用；同时，也要以独立法人的身份依法承担一切因自己的行为而引起的民事责任，包括违反合同的民事责任、侵犯其他社会组织和公民个人合法权益的民事责任等。

然而应该指出的是，学校的法人地位与学校的法律地位是两个不同的概念，学校的法律地位既包括学校在民事法律关系中的法人地位，也包括它在行政法律关系中的地位。

首先，作为行政法律关系的主体，学校应由行政法规定它的法律地位。学校在同国家行政机关发生行政法关系时，其地位是不对等的。只要是国家行政机关依法下达的行政措施，学校就应遵照执行，而不得各行其是。如果学校认为某项行政措施有违背法律法规的地方，可以通过一定渠道向上反映或依法提出行政诉讼。但在没有做出否决之前，仍然要遵照执行。《教育法》关于学校的所有规定，无论是设置、权利与义务，还是运行和管理的规定，均体现了上述基本特点。

其次，作为行政法律关系主体，获取授权的学校可以获得行政主体资格，拥有处理授权事项时的行政主体法律地位。根据法律、法规及司法实践，可以通过授权成为行政主体的社会组织大致有4种类型：事业组织、社会团体、基层群众性组织和企业组织。根据《教育法》的规定，学校是按照国家有关规定办理审核、批准、注册或者备案手续的社会公共利益性质的非营利性法人组织，符合4种类型组织中事业组织的要求。作为公务法人实体，学校可以独立对外承担法律责任，学校与学生之间既存在着平等地位的民事法律关系，又存在着不平等地位的行政法律关系，学校对其学生享有特别的支配权力，学生有服从的义务，这种特别的权力是受行政法等公法的调整的。《教育法》第二十九条规定："学校及其他教育机构行使下列权利：按照章程自主管理；组织实施教育教学活动；招收学生或者其他受教育者；对受教育者进行学籍管理，实施奖励或者处分；对受教育者颁发相应的学业证书；聘任教师及其他职工，实施奖励或者处分；管理、使用本单位的设施和经费；拒绝任何组织和个人对教育教学活动的非法干涉；法律、法规规定的其他权利。"这些权利都是国家对学校进行的特殊行政管理授权，使学校有权管理受教育者。因此，根据我国现行法的规定，学校尤其是高等学校在某些具体事项上具有行政主体的法律地位。

第二节 学校的设立

一、学校设立的基本条件

明确学校法律地位，有利于理顺学校与其他教育法律关系主体的关系，保护学校的合法权益。同时，学校法律地位的真正落实，还必须有一定的相关配套措施予以支持。这主要表现在法律对学校设立的条件和程序、学校的权利和义务等相关问题的规定上。

在设立学校过程中，学校作为实施教育教学活动、培养人的机构，具有鲜明的公益性。学校的活动要符合国家和社会公共利益的需要。学校的教育教学活动必须对国家、人民和社会负责，不得损害国家、人民的利益和社会的公共利益，同时，还必须接受国家和社会依法进行的管理和监督。

《教育法》为保证学校的公益性，规定了设立学校必须具备的基本条件。

(一) 必须有组织机构和章程

申请拟设立的学校应当有健全的内部管理机构和管理人员，并且有机构章程。学校章程是指为保证学校正常运行，主要就办学宗旨、内部管理体制及财务活动等重大的、基本的问题，做出全面的规范而形成的自律性基本文件。它是学校统领全局的文件，是学校的"基本法"，在学校规章制度体系中居于龙头地位。

(二) 必须有合格的教师

申请拟设立的学校要有稳定的教师来源，能够通过聘任专职、兼职教师，建立一支数量和质量都合乎《教师法》及国家其他有关规定的教师队伍，要保证承担教育教学任务的人员必须具备相应的教师资格，并取得相应的教师资格证书。如果拟从事教学人员不具备教师资格，或是教师数量低于教学规模的要求，或是教师和教学科目结构比例失调，都不符合法律规定的学校设立条件。

(三) 必须有符合规定标准的教学场所及设施、设备等

申请拟设立的学校可根据其性质、层次和规划的不同要求，有相应的校舍、场地、教学仪器、设备、图书资料等，并且要符合规定标准。

经典案例

春蕾幼儿园"12·13"校舍坍塌事故

2014年12月13日15时59分许，河北省廊坊市永清县刘街乡春蕾幼儿园发生校舍坍塌事故，造成3名儿童死亡，直接经济损失240万元。

2014年12月13日15时59分许，正值春蕾幼儿园放学时间，新租赁的三间教室突然坍塌，6人被埋。

事故发生后，幼儿园教师、家长及村委会立即展开抢救，同时拨打110、120、119电话，先后将6名被埋儿童救出，120救护车将伤者送往永清县人民医院抢救，其中3名儿童经抢救无效后死亡。1名轻微伤及2名受惊吓儿童，经治疗、观察无碍后出院。

事故调查组通过现场勘查发现，修缮房屋时进行的不当支顶以及屋架下弦杆采用塑性、韧性、冲击韧性及冷弯性能极差的钢材是造成该建筑瞬间垮塌的直接原因。

同时春蕾幼儿园未按照《中小学幼儿园安全管理办法》和《安全生产法》要求，建立健全安全生产责任制和规章制度。园长郑冬梅安全意识淡薄，缺乏房屋安全常识。春蕾幼儿园违规办学，私自扩大办园规模，并擅自对后来租赁的三间平房(坍塌的房屋)进行修缮改造。

经调查认定，永清县刘街乡春蕾幼儿园"12·13"校舍坍塌事故是一起死亡3人的较大生产安全责任事故。

资料来源：事故调查组.永清县刘街春蕾幼儿园"12·13"校舍坍塌事故调查报告 [EB/OL]. (2017-07-16)[2021-08-23]. http://esafety.cn/case/120027.html.

课堂讨论

结合案例讨论校园设施安全的重要性。

(四) 必须有必备的办学资金和稳定的经费来源

申请拟设立的学校，除了要有必要的物质条件之外，还需要不断投入流动资金，有稳定的经费来源，以保证教育教学活动的正常运转。

二、学校设立的基本程序

学校的设立,不仅有实体性规范,还要有程序性规范。《教育法》第二十八条规定:"学校及其他教育机构的设立、变更和终止,应当按照国家有关规定办理审核、批准、注册或者备案手续。"我国对学校及其他教育机构的设立实行登记注册和审批两种程序性管理制度。

(一) 登记注册

登记注册是指主管部门对申请者提交的申请设立教育机构的报告进行审核,如未发现有违背法律、法规规定的情形的,只要拟办的教育机构符合设立条件和设置标准,就予以登记注册,使其取得合法地位,如幼儿园的设立则实行登记注册制度。

(二) 审批

审批一般包括审核、批准和备案几个环节。主管机关根据设置标准和审批办法,不仅要审核学校的设置是否符合法律规定的基本条件和有关设置标准,还要审核、论证其是否符合本地区的教育事业发展规划等。所以,相比注册登记,审批要严格得多,它一般适用于各级各类正规学校、独立设置的职业培训机构等。

依学校的类别和层次,不同学校的登记注册和审批分别由不同的主管机构负责。

第三节 学校的权利和义务

学校的权利和义务是保障学校法律地位的重要条件。

一、学校的权利

根据《教育法》第二十九条的规定,学校享有以下权利。

(一) 按照章程自主管理

章程是学校自主管理的基本依据。学校根据本机构的章程,在不违背国家法律的前提下,可以自主组织实施管理活动,作出管理决策,并建立完善自身的管理系统,而无须事无巨细,请示主管行政部门。学校按照章程自主管理的权利,是学校法人地位的重要体现,也是落实学校法律地位的重要保证。

(二) 组织实施教育教学活动

教育教学活动是学校的基本活动。组织实施教育教学活动是学校的基本权利。学校有权根据国家有关教学计划、教学大纲和课程标准等方面的规定,自主组织教育教学活动的实施。

(三) 招收学生或者其他受教育者

招生权是学校的一项重要权利。学校有权根据自己的办学宗旨、培养目标、发展规划以及实际办学条件,依据国家有关规定进行招生。任何组织和个人都不得非法干预。

经典案例

南京一学校招生宣传不实被通报

2019年5月,位于南京市江宁区的南京应用技术学校(民办技工学校)部分学生和家长因学籍问题聚集,表达有关诉求。省、市党委政府对此高度重视,南京市及江宁区成立专班开展工作。

目前,相关问题已得到妥善处理,学校教学秩序正常。

经查,2016年,该校在家政服务(护工方向)专业上采取不实宣传、随意承诺(包括承诺护理专业大专文凭、护士资格证、包分配等)的方式违规招生。

2019年该批学生即将升学或就业,由于校方无法兑现有关承诺,引起学生和家长不满。

连日来,南京市及江宁区本着关心每名学生学业和成长的原则,与学生和家长逐一联系、充分沟通,在教育、人社等部门支持下,尽最大努力为他们创造升学条件。

409名学生中已有405名办理有关手续,学生及家长对解决方案表示理解和接受。对现有在校学生,政府有关部门将严格督促学校履行办学主体责任,切实维护学生权益,为每一位学生完成学业提供良好环境和保障。

对学校招生和办学中存在的涉嫌违法违规问题,南京市及江宁区正组织专门力量深入调查,将依法依规严肃追究相关人员责任。与此同时,江宁区派出工作组进驻学校,督促学校迅速整改,规范办学管理,特别是健全党的组织,加强党的领导,发挥好基层党组织和党员作用,切实维护正常教学秩序。

资料来源:南京市人民政府新闻办公室.官方通报南京应用技术学校部分学生学籍问题处理情况[EB/OL]. (2019-05-08)[2021-08-09]. http://news.cctv.com/2019/05/08/ARTICLQubNxwYu4SxipaAJON190508.shtml.

> **课堂讨论**
>
> 谈谈虚假宣传招生会给学生带来的负面影响。

(四) 对受教育者进行学籍管理，实施奖励或者处分

学校有权根据主管部门的学籍管理规定，针对受教育者的不同层次、类别，制定有关入学与报名注册、纪律与考勤、休学与复学、转学、退学等具体的学籍管理办法，实施学籍管理活动。学校有权根据国家有关学生奖励、处分的规定，结合本校实际，制定具体的奖励与处分办法。在义务教育阶段，学校不得对学生进行退学处分。如《义务教育法》第二十七条规定："对违反学校管理制度的学生，学校应当予以批评教育，不得开除。"《未成年人保护法》第二十八条也规定："学校应当保障未成年学生受教育的权利，不得违反国家规定开除、变相开除未成年学生。"

(五) 对受教育者颁发相应的学业证书

向受教育者颁发相应的学业证书，这是学校自主实施教育教学活动所必然享有的权利，从保护受教育者合法权益的角度讲，也是学校应尽的义务。学校有权依据国家有关学业证书管理的规定，对经考核成绩合格的受教育者，按其类别颁发毕业证书、结业证书等学业证书。学校向受教育者颁发相应的学业证书，要遵循公正、公开的原则，并接受主管机关和受教育者的监督。

(六) 聘任教师及其他职工，实施奖励或者处分

学校有权根据国家及主管部门的有关规定，从本校的办学条件、办学能力和编制实际情况出发，制定本校教职工具体的聘任管理办法，自主决定聘任、解聘有关教师和其他职工，自主对教师及其他职工实施包括奖励、处分在内的具体管理活动，即学校对教师依法享有管理权。

(七) 管理、使用本单位的设施和经费

学校对其占有的场地、教室、宿舍、教学仪器等设施设备、办学经费以及其他有关财产，享有财产管理权和使用权，必要时可对其占有的财产进行处理。学校行使这项权利时，应遵守国家有关国有资产管理、教育经费投入及学校财务活动的管理规定，符合国家和社会公共利益，有益于学校发展和实现学校的办学宗旨，不得妨碍学校教育和管理活动的正常进行，不得侵害举办者、投资者等有关权利人的财产权利。

(八) 拒绝任何组织和个人对教育教学活动的非法干涉

这是为维护学校正常的教育教学秩序、抵制非法干涉而确立的一项重要权利。学校有权对来自国家机关、企事业单位、社会组织以及个人的非法干涉，予以拒绝和抵制，并可通过教育行政部门会同当地有关部门，予以治理。所谓"非法干涉"，是指行为人违背国家法律、法规和有关规定，做出的不利于学校教育教学活动的行为，如乱摊派、乱集资、乱罚款、随意要求学校停课等。

(九) 法律、法规规定的其他权利

除上述权利外，学校还享有现行法律、行政法规以及地方性法规赋予的其他权利，同时，还包括将来制定的法律、法规确立的有关权利。

二、学校的义务

学校的义务，是指学校依法应当承担的责任。《教育法》在规定学校权利的同时，也规定了学校应履行的义务。根据《教育法》的规定，学校应履行的义务主要包括以下6个方面。

(一) 遵守法律、法规

学校是培养人的社会组织，遵守法律、法规是学校必须履行的基本义务。此项义务中的"法律"包括宪法和国家权力机关制定的法律，"法规"包括国务院制定的行政法规和地方性法规。此项规定不是对宪法有关内容的简单重复，包括了两层含义，既包括学校在一般意义上的守法，不得违背法律；也包括教育法律、法规、规章中为学校及其他教育机构设定的特定意义上的义务，这些义务与实施教育教学活动、实现办学宗旨有密切联系。

(二) 贯彻国家的教育方针，执行国家教育教学标准，保证教育教学质量

学校及其他教育机构在整个教育教学活动中，要坚持社会主义方向，贯彻国家教育方针，走教育教学与生产劳动和社会实践相结合的办学道路，从德智体劳全面教育、培养学生。学校要执行国家教育教学标准，努力改善办学条件，加强育人环节各项工作，保障教育教学活动和培养学生的质量达到国家要求，并不断提高教育教学质量。

(三) 维护受教育者、教师及其他职工的合法权益

这项义务包括两方面的含义：一是要求学校自身不得侵犯受教育者、教师及其职工的合法权益，如不得克扣、拖欠教职工工资，不得拒绝符合入学标准的受教育者入学

等；二是当其他社会组织和个人侵犯了本校受教育者、教师及其他职工的合法权益时，学校有义务以合法方式，维护本校教职工与受教育者的合法权益。

经典案例

大学生实习擦烟囱摔残，校企同担责

北京一高校在组织校外实习活动中，未能尽到安全管理的责任，致使该校一名学生在某制药公司实习期间，从11米的高楼坠下摔成重伤。近日，北京市第一中级人民法院终审认定学校应承担责任，并判令学校和制药公司向该生支付医疗费、残疾赔偿金、精神抚慰金等共计人民币27.9万元。

2004年9月，北京某大学学生杨光(化名)被学校安排到一家制药公司实习，没想到这家公司派给他的实习任务却是去屋顶清洗烟囱。在工作前，公司没有对杨光进行任何安全教育，也没有做出任何有危险的提示。杨光在四楼楼顶作业时，踩到了没有任何警示标志的采光板上，从11米高的屋顶坠落。经医院抢救，杨光虽脱离生命危险，但是由于伤情过重，在医院一住就是4个月，还留下了六级伤残，至今未能就业。为此，杨光将学校和制药公司告上法院，要求赔偿。

资料来源：法律快车.大学生实习擦烟囱摔残，校企同担责[EB/OL]. (2019-04-26)[2021-08-31]. https://anli.lawtime.cn/mfjiaoyu/2007012650843.html.

课堂讨论

案例中杨光摔残，是学校没有履行什么义务导致的？

(四) 以适当方式为受教育者及其监护人了解受教育者的学业成绩及其他有关情况提供便利

学校的这一义务是受教育者及其监护人实现对受教育者学业成绩及其他有关情况知情权的前提条件。学校不得拒绝受教育者及其监护人行使这项权利，同时还应为这项权利的实现提供便利条件，比如可以通过"家长接待日""家长会议"、教师家访、与个别学生谈心等适当的方式来进行。需要指出的是，学校在提供受教育者的学业成绩及其他有关情况时，不得侵犯受教育者的隐私权、名誉权等合法权益，不得伤害受教育者的身心健康。

(五) 遵照国家有关规定收取费用并公开收费项目

《义务教育法》第二条规定："实施义务教育，不收学费、杂费。"学校是公益性教育机构，公民依法享有受教育的权利。同时，依照有关规定缴纳诸如伙食费、服装费等一定费用，学校应根据国家有关部门的收费规定，确定收取费用的具体标准，不得巧立名目，乱收费用。同时，收费的具体名称和标准要向家长和社会公开，接受家长和人民群众的监督。

(六) 依法接受监督

学校应自觉地把教育教学工作和管理活动置于主管部门和社会的监督之下，对各级权力机关、行政机关依照法律、法规进行的检查、监督等职权行为，以及社会各界、本校师生员工依法进行的监督，应当积极予以配合，不得拒绝，更不得妨碍检查、监督工作的正常进行。

第四节 学校内部权力划分及其运行

一、学校内部权力的划分

学校内部权力的划分是学校领导体制要解决的主要问题，它涉及学校组织机构的设置及其职能的确定。因此，建立健全科学合理的学校领导体制，明晰学校组织机构及其人员的职权和职责，是学校健康发展的必然要求。

1985年以后，随着《教育体制改革的决定》《中国教育改革和发展纲要》《教育法》《民办教育促进法》等一系列政策法规的颁布出台，我国对学校内部领导体制进行了新一轮的改革。我国学校目前实行的内部领导体制主要有"校长负责制"(主要在中等及中等以下学校中实行)、"党委领导下的校长负责制"(主要在普通高等学校中实行)、"校董会领导下的校长负责制"(主要在民办学校中实行)等。但由于学校性质、种类、层次和规模的各不相同，学校内部领导体制不可能划一，只能根据性质、种类、层次和规模的不同而分别确定。

在学校内部领导体制中，校长、党在学校的基层组织和学校教职工，是形成学校内部权力的三个重要主体，这三个主体各自有其独特的地位和职责。

(一) 校长的地位和职责

1. 校长的地位

在中等及中等以下学校实行的校长负责制中，校长是学校的最高行政负责人，学校的法定代表人，对内全面领导学校的教育教学和行政工作，向全体教职工和学校负责；对外代表学校，向上级教育行政部门负责。

在高等学校实行的党委领导下的校长负责制中，校长是学校的法定代表人，全面负责学校的教学、科学研究和其他行政工作。

在民办学校董事会领导下的校长负责制中，董事会为学校的决策者，校董事会聘任校长，由校长全面负责学校的日常行政工作。

2. 校长的职责

校长的主要职责如下所述：贯彻执行国家的教育方针，执行教育法律法规和教育行政部门的指示、规定，遵循教育规律，提高教育质量；制订学校的发展规划和学年学期工作计划，并认真组织实施；遵循国家有关法律和政策，注重教职工队伍建设，依靠教职工办好学校，并维护其合法权益；全面主持学校的德育工作、教学工作、体育卫生工作和行政工作；发挥学校教育的主导作用，努力促进学校教育、家庭教育、社会教育的协调一致，互相配合，形成良好的育人环境。

经典案例

西安中铁中学校长被免职

2018年1月下旬，西安中铁中学校长李进被学校教师在网上公开举报，并列举其"九大罪状"。举报信发出第三天，碑林区教育局表示对李进已展开调查。而后碑林区教育局发布消息，称李进违反政治纪律、中央八项规定精神和工作纪律，给予党内严重警告处分并免去西安市中铁中学党支部书记、校长职务。

据了解，举报后，在西安市纪委的指导下，碑林区纪委就举报反映的问题，对该校90多名教职员工逐一谈话、了解情况。

举报李进的是一名该校辞职教师，他反映，李进教育教职工要"尽量关照家长开奔驰的学生"；李进喜欢给教职工穿小鞋，凡是和他意见不一致的中层和教师都遭遇职场冷暴力，被边缘化；李进要求教职工完全服从他个人，并额外发1000元给教职工代表，运用各种手段拉拢小团伙；在校园工程上不清白，一些工程造价明显偏高，教职工议论有幕后交易。

资料来源：豆瓣网. 西安中铁中学校长李进同志违反政治纪律被党内除名[EB/OL]. (2018-01-25)[2021-09-01]. https://www.douban.com/group/topic/112028709.

> **课堂讨论**

讨论，案例中李进哪些行为违反了作为一名校长的职责。

(二) 党在学校的基层组织的地位和职责

1. 党在学校的基层组织的地位

在中等及中等以下学校实行校长负责制，使党政职能分开，使党在学校的基层组织从烦琐的行政工作中摆脱出来，集中精力加强党的建设，发挥政治核心作用。

高等学校实行党委领导下的校长负责制，中国共产党高等学校基层委员会按照中国共产党章程和有关规定，统一领导学校工作，支持校长独立负责地行使职权。

2. 党在学校的基层组织的职责

党在学校的基层组织的职责如下所述：以主要的精力加强自身的思想建设、组织建设和作风建设，使共产党员真正在学校工作中发挥模范、骨干、带头作用；全面领导学校思想政治工作，包括马克思主义教育，加强时事政策教育；开展经常的、深入细致的思想工作，有针对性地解决群众的思想认识问题；支持校长的工作。思想政治工作由党在学校的基层组织领导，同时还要充分发挥校长参与领导思想政治工作的作用；参与并监督学校的重要决策，主动参与学校的发展规划、工作计划、工作总结、重大教育改革方案、职工福利等重大事件的讨论，对学校的行政工作起保证监督作用，以保证党的方针、政策的贯彻；对学校干部的选拔、任免、晋升、培训、考核进行监督；加强对工会、共青团、少先队、学生会等群众组织的领导，根据各组织的特点，领导它们独立自主、生动活泼地开展活动。

(三) 学校教职工的地位和职责

1. 学校教职工的地位

我国《宪法》第二条第三款规定："人民依照法律规定，通过各种途径和形式，管理国家事务，管理经济和文化事业，管理社会事务。"学校教职工既是管理的对象，也是管理的主体。对此，《教育法》第三十一条第三款规定："学校及其他教育机构应当按照国家有关规定，通过以教师为主体的教职工代表大会等组织形式，保障教职工参与民主管理和监督。"

2. 学校教职工的职责

学校教职工的职责如下所述：通过教职工代表大会等组织形式听取校长的工作报告，审议本校办学方针、发展规划、教育改革方案和经费使用等有关建设和改革的重大问题，提出意见和建议；团结全校教职工支持校长正确使用职权；关心教职工切身利益，决定有关教职工福利的重要事项；监督评议校长和其他学校负责人的工作业绩；建立定期的会议制度；通过学校工会承担教职工代表大会工作机构的任务。

二、学校内部权力的运行

对学校内部权力进行划分的目的是建立起统一的高效率的学校指挥系统。但如果出现权力行使过程中的垄断，即只有校长对教职工可以施加权力，而无教职工对校长实施控制和监督，就会出现校长权力的专断。因此，为保证校长负责制的切实实现、学校内部权力的有序运行，需要有一整套对各权力主体在行使权力过程中相互制约的规范，使各权力主体在规范规定的范围内行使其权力，使权力职责明确化、权力行使制度化、权力过程监控化。

(一) 权力职责明确化

分清和明确各权力主体的角色和职责，能够区别自身的权力界限，做好本职工作，使各权力主体对自己运用权力的全部行为进行自我约束。

(二) 权力行使制度化

要建立和健全学校内部管理规章制度，包括学校的领导制度、教育教学制度、学生和校园管理制度、财务制度、后勤管理制度等，并以制度化的形式确定下来，以解决越权或权力冲突等问题。

学校内部管理规章制度是学校依据法律、法规的规定以及主管行政部门的授权或在其办学自主权范围内制定的学校内部管理规范。学校管理规章制度属于学校内部管理规则，是学校内部管理的依据，也是学校内部权力行使的制度化体现。

制定学校内部管理规章制度，要做到以下三点：第一，必须符合法律、法规及规章的规定，不得与法律、法规、规章以及其他具有法律效力的规范性文件相抵触；第二，学校内部管理规章制度不像法律那样具有社会普遍适用性，但教育法律关系主体或其他有关法律关系主体在本校所管理的范围内必须遵守有关管理规章制度；第三，不能越权，不能超越本校的职权或授权的范围，不能把本来应由法律、法规规定的内容规定在校内的管理制度中。

(三) 权力过程监控化

建立权力行使过程中的监控机制，一方面使各权力主体能按照各自的职责来调整自己的权力行使行为；另一方面能及时纠正各权力主体在权力行使活动中出现的偏差，从而保障学校内部权力的有效运行。

【小　　结】

1. 学校是指经主管机关批准或登记注册，以实施学制系统内各阶段教育为主的教育机构。学校的法律地位是指学校作为实施教育教学活动的社会组织机构，在法律上所享有的权利能力和行为能力，并以此在具体法律关系中取得的主体资格。

2. 设立学校的基本条件有以下几项：必须有组织机构和章程；必须有合格的教师；必须有符合规定标准的教学场所及设施、设备等；必须有必备的办学资金和稳定的经费来源。我国对学校及其他教育机构的设立实行登记注册和审批两种程序性管理制度。

3. 学校的权利有以下几个方面：按照章程自主管理；组织实施教育教学活动；招收学生或其他受教育者；对受教育者进行学籍管理，实施奖励或者处分；对受教育者颁发相应的学业证书；聘任教师及其他员工，实施奖励或者处分；管理、使用本单位的设施和经费；拒绝任何组织和个人对教育教学活动的非法干涉；法律、法规规定的其他权利。

4. 学校应履行的义务主要包括以下几个方面：遵守法律、法规；贯彻国家的教育方针，执行国家教育教学标准，保证教育教学质量；维护受教育者、教师及其他职工的合法权益；以适当的方式为受教育者及其监护人了解受教育者的学业成绩及其他有关情况提供便利；遵照国家有关规定收取费用并公开收费项目；依法接受监督。

5. 我国学校目前实行的内部领导体制主要有"校长负责制"(主要在中等及中等以下学校中实行)、"党委领导下的校长负责制"(主要在普通高等学校中实行)，"校董会领导下的校长负责制"(主要在民办学校中实行)等。

6. 为保证校长负责制的切实实现、学校内部权力的有序运行，需要有一整套对各权力主体在行使权力过程中相互制约的规范，使各权力主体在规范规定的范围内行使其权力，使权力职责明确化、权力行使制度化、权力过程监控化。

【课后练习】

一、填空题

1. 学校的法律地位是指学校作为实施_____的社会组织机构，在法律上所享有的_____和_____，并以此在具体法律关系中取得的_____。

2. 我国对学校及其他教育机构的设立实行_____和_____两种程序性管理制度。

3. 学校有权自主决定_____、_____有关教师和其他职工，制定本校的教师及其他职工聘任办法，签订和解除聘任合同。

4. 《学生伤害事故处理办法》对学校的职责范围是从_____和_____两个

角度来加以界定的。

二、选择题

1. 设立学校的基本条件有(　　)。
A. 必须有组织机构和章程
B. 必须有合格的教师
C. 必须有符合规定标准的教学场所及设施、设备等
D. 必须有必备的办学资金和稳定的经费来源
2. 学校内部权力运行优化需要(　　)。
A. 权力职责明确化　　　　　　B. 权力行使制度化
C. 权力过程监控化　　　　　　D. 权力行使集中化
3. 下列不属于学校的权利的是(　　)。
A. 按照章程自主管理　　　　　B. 组织实施教育教学活动
C. 招收学生或者其他受教育者　D. 对收费项目进行保密

三、简答题

1. 如何理解学校的法律地位？
2. 简述设立学校必须具备的条件。
3. 目前我国学校实行哪些内部领导体制？
4. 简述校长的职责。

第九章 教师

学习目标

1. 了解教师的法律地位和现行法对教师法律地位的有关规定
2. 掌握教师的权利和义务内容的法律规定，能依法履行教师义务，捍卫教师的合法权益，并具备依照法律分析相关案例的能力
3. 掌握教师专业化的内涵、有关法律法规及相应的保障措施
4. 理解和运用教师聘任制度的法律原理，了解教师聘任制度的运行机制

知识结构图

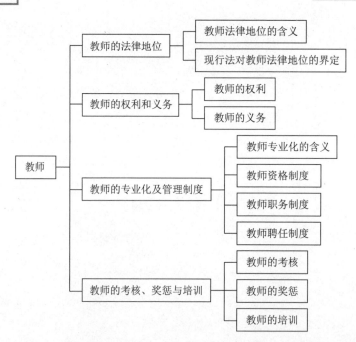

引言

教师是履行教育教学职责的专业人员，是人类文化的传播者，是人类灵魂的工程师，其劳动具有巨大的社会价值。国家实行教师资格制度，只有取得教师资格的人员才能受聘担任教师，从事教育教学工作。国家法律充分保障教师的各项权利，教师也必须履行相应的义务。我国有悠久的尊师重道的传统，全社会都应该尊重教师，教师也应该不断提高政治觉悟与各项素质，认真履行相应义务。

第一节 教师的法律地位

一、教师法律地位的含义

教师的法律地位是指法律对教师职业的定位。古今中外，学者对教师的职业曾经有过不同的定位。进入21世纪，教育被人们视为个体发展和社会进步的动力、财富的源泉，并被置于社会的核心地位。教育发展离不开教师，教师在学生健全发展中具有不可替代的独特作用。在振兴民族、振兴教育的整体事业中，教师更负有特殊的责任和使命。对此，我国《教师法》第三条确定了教师的法律地位，规定："教师是履行教育教学职责的专业人员，承担教书育人，培养社会主义事业建设者和接班人，提高民族素质的使命。教师应当忠诚于人民的教育事业。"

对教师的法律地位，我们可以从以下几个方面来理解。

(一) 身份特征——教师是专业人员

从教师职业的产生和发展历程看，教师经历了一个从非专业人员向专业人员发展的过程。最初，教师职业并未分化出来，随着生产力水平的提高，教师从体力劳动者中分化出来，形成了一个独立职业。现代社会对以培养人为职业的教师，提出了新的要求。教师在培养人的过程中必须掌握专门的知识，经过专门的训练、严格的资格认定和考核，才能胜任教师职业。与普通职业相比，教师职业的特殊性越来越明显，专业性也越来越强。教师必须具备国家专门规定的从事教育教学活动的资格，符合特定的职业要求。一般而言，教师要达到符合规定的相应学历，要具备相应的专业知识，要符合与其职业相称的其他规定等。

(二) 职业特征——履行教育教学的职责

教师是履行教育教学职责的专业人员,使命是教书育人。履行教育教学职责是教师的职业特征。直接承担教育教学工作职责是教师的基本条件。在学校及其他教育机构中担任行政管理、教育辅助、校办产业等方面工作而不直接承担教育教学工作的人员不是教师。

(三) 从教范围——教师必须从教于各级各类学校或其他教育机构

《教师法》第二条规定:"本法适用于在各级各类学校和其他教育机构中专门从事教育教学工作的教师。"这里的"各级各类学校",是指整个教育体系中实行学前教育、普通初等教育、普通中等教育、职业教育、普通高等教育及特殊教育、成人教育的学校。而"其他教育机构"主要是指社会上与教育教学工作紧密相连的机构,如少年宫以及地方教研室等。此处的"教师",指传递人类文化科学知识和技能,进行思想品德教育,把受教育者培养成社会所需要人才的专业技术人员。这些教师既包括由国家支付工资的公办教师,也包括集体支付工资、国家给予补助的民办教师,还包括社会力量举办的学校里的教师。

(四) 责任使命——教师具有"教书育人,培养社会主义事业建设者和接班人,提高民族素质的使命"

教书育人是教师义不容辞的使命。"教书"是指教师向学生传授系统、分类的科学、文化知识,训练技能和技巧,培养能力,发展智力,教学生学会学习;"育人"是指教师在教书过程中进行的思想政治教育,以身示范,帮助学生树立科学进取的人生观、正确的政治方向,形成良好的思想品德和个性品质,使学生懂得做人的道理,学会做人。教书和育人是辩证统一的,育人贯穿于教书的过程中,并且是教书的原则和指导。

二、现行法对教师法律地位的界定

教师的法律地位在《教育法》和《教师法》各有关章节都有所规定和体现。

(一) 教师身份的法律规定确立了教师的政治地位

《教师法》第三条明确表述教师的身份为"履行教育教学职责的专业人员"。这一法律地位,实质上是确立了教师在国家中的政治地位。教师既不同于传统的自由职业者,也有别于国家公务员,教师是一种从过去的国家干部中分离出来的,对国家和社会利益负责的专业人员。

(二) 教师权利义务的法律规定赋予了教师主体资格

教师的法律地位总要通过具体的权利义务来体现。《教师法》中对教师权利义务的规定，是教师地位的具体表征。《教师法》规定教师除具有作为一般公民应享有的一般权利外，还享有教师职业特点的权利，如教育教学改革和实验的权利、参加进修和其他方式的培训等权利。这些权利不仅保证了教师的教育教学活动的顺利进行，还使教师在工作中产生事业的神圣感、使命感和自我认同感。与权利相对应的，是教师义务的履行。教师义务的核心主要体现在教师对教育事业的忠心和对学生的热爱上。这些反映教师职业特征的权利义务的规定，集中体现了教师是履行教育教学的专业人员这一法律地位，同时为其地位的真正实现提供了具体的法律保障。

(三) 教师待遇的法律规定给予了教师的经济地位

教师待遇为教师工作、生活提供了必要的物质条件，同时体现了教师法律地位的实际意义。《教育法》第三十三条"教师享有法律规定的权利，履行法律规定的义务，忠诚于人民的教育事业"的表述，以及《教师法》第六章关于教师待遇的论述，保证了教师的工资水平、津贴、住房、医疗、退休金等待遇，使教师的地位建立在可靠的经济基础之上，体现了教师的经济地位和社会地位的提高和稳定。同时，这些法律规定对于吸引高素质人才从事教育教学工作，保证教育教学质量的提高和教育事业的发展起着关键性作用。

(四) 尊重教师的法律规定提高了教师的社会地位

尊师重教是中华民族的传统美德。《教师法》第四条第二款规定："全社会都应当尊重教师。"这一条款被写进法律，不仅体现了教师立法的国家意志，也反映了全社会的共同愿望。尊重教师、关心教师、保护教师的合法权益，是学生、各级政府、全社会的共同责任。全社会各行各业、社会团体及其他社会组织和公民，都应当树立尊师重教的良好社会风尚，支持教师工作，关心教师生活，并为教师合法权益的保障创造条件，多做实事。对优秀教师和优秀教育工作者的表彰和奖励，就是国家和整个社会对于教师劳动的充分肯定和尊重，这必将推动全社会尊师重教风气的形成，从而不断提高教师的地位。

(五) 教师节日的法律规定再次确认了教师的法律地位

国际上，许多国家都有教师节，如俄罗斯把每年的10月1日作为教师节，印度把每年的9月5日作为教师节，委内瑞拉把每年的1月15日作为教师节。我国也将教师节作为法定节日明确写进了《教师法》，《教师法》第六条规定："每年9月10日为教师节。"依法建立教师节的目的是进一步提高教师的政治地位和社会地位，激发广大教师的光荣感、使命感、责任感，使教师的工作更好地被全社会认识，使人民教师职业成为全社会最受人尊敬、最值得羡慕的职业之一，真正成为人们心目中"太阳底下最光辉的事业"。

第二节 教师的权利和义务

一、教师的权利

教师承担教书育人，培养社会主义事业建设者和接班人、提高民族素质的使命，其职业的重要性不言而喻。另外，教师是一项专门化职业，需要通过专门的训练，掌握专门化的知识和技能才能胜任。《教师法》第二章第七条对教师的职业权利做了具体规定："教师享有下列权利：进行教育教学活动，开展教育教学改革和实验(教育教学权)；从事科学研究、学术交流，参加专业的学术团体，在学术活动中充分发表意见(学术研究权)；指导学生的学习和发展，评定学生的品行和学业成绩(指导评定权)；按时获取工资报酬，享受国家规定的福利待遇以及寒暑假期的带薪休假(报酬待遇权)；对学校教育教学、管理工作和教育行政部门的工作提出意见和建议，通过教职工代表大会或者其他形式，参与学校的民主管理(民主管理权)；参加进修或者其他方式的培训(进修培训权)。"

(一) 教育教学权

教师享有"进行教育教学活动，开展教育教学改革和实验"的权利。这是教师为履行教育教学职责而必须具备的基本权利。教师的主要职责就是教育教学，要完成此职责就必须赋予教师相应的权利，即教育教学权。取得教师资格的公民在受到学校的聘任、获得特定教师岗位后，就具有了行使这一职权的权利。这项权利表明，教师在教育教学活动中，有权依据其所在学校的教学计划、教育教学工作量等具体要求，结合自身教学特点自主地组织课堂教学；有权依照教学大纲的要求确定其教学进度、内容，不断完善教学内容；有权针对不同教育对象，在教育教学的形式、方法、具体内容等方面进行改革和实验。与此同时，学校必须提供条件，保证教师对该项职权的顺利行使，而教师在聘任期也不得随意放弃这一职权的行使。

经典案例

不顺从领导被打击　教师荣誉称号被收回

张某系某县第一高中教师,在教育战线上奋斗了二十余载。他对工作认真负责,刻苦钻研业务,努力提高自己的教学科研水平,先后在教育报刊上发表论文若干篇。其中某篇论文主张教学工作要有针对性,在根据学生的性格特点、学习基础上因人施教,而不能不顾对象,生搬硬套,那样只会误人子弟。此文见报后,受到教育界同仁的一致好评,被评为教学论文二等奖。更重要的是,张某能把自己的科研成果付诸实践,他在班上因材施教,对症下药,以自己的言传身教在学生中树立了崇高的威信。

由于张某在工作中取得了突出成绩,2005年他被评为县模范教师,获得县教育局颁发的荣誉证书和500元奖金。2005年年底,县教育局某位领导找到张某,想让他的侄子进入张某任教的毕业班,但由于该领导侄子的成绩较差,张某按照学校的规定婉转地拒绝了该领导的要求。事隔不久,县教育局突然收回张某所获的模范教师称号以及所得奖金,理由是张某教学模式老化,学生反映意见挺大,张某不配得模范教师称号。

张某得知此事后大为吃惊,立即找县教育局交涉,要求县教育局承认自己的教学科研能力,保护自己辛苦得到的荣誉称号。但县教育局不予理睬。张某所在学校议论纷纷,人们传说张某出了问题,不然不会被剥夺"模范教师"称号。张某为此精神恍惚,精神压力很大,以至住院月余。张某向县人民法院提起诉讼,称县教育局非法剥夺自己的荣誉称号,给自己造成了精神损害和经济损失,要求人民法院判令县教育局返还荣誉证书及奖金,并在原有范围内消除影响,赔偿经济损失和精神抚慰金。

县人民法院经审理认为:张某对工作认真负责,刻苦钻研,勇于探索,在长期的实践中摸索出一套成功的方法,用它来促进教学水平的提高,效果十分显著。这已经被实践所证实。张某所撰写的教育方面的论文,受到广大教师的好评,具有一定的科研价值,对实践有较好的指导作用。他提出的因材施教,发展了前人的理论,具有很强的操作性和实用性,已在实践中得到广泛应用、重视,证明是可行的。县教育局所说的"张某撰写的论文哗众取宠,没有实际效果;张某教学模式老化,学生反映意见挺大"的观点,是站不住脚的。县教育局未经认真调查,只凭领导个人好恶(本案中所提到的领导在剥夺张某荣誉的称号过程中起了决定性作用),未依法定程序便剥夺张某的模范教师荣誉称号及奖金,构成对张某荣誉权的侵害,应当承担侵权的民事责任。县人民法院判令县教育局返还张某模范教师的荣誉证书及奖金500元;在原有范围内为张某消除影响,恢复名誉,并赔偿经济损失和精神抚慰金4000元等。

本案例中,教师依据法律规定享有进行教育教学活动(教育教学自主权),开展教学改革和实验的权利,这是国家赋予教师职业的特定权利,任何人都无权干涉或阻挠。本案县教育局的某领导打击报复教师张某的行为,侵犯了教师享有的合法权益,县教育局对此应承担相应的法律责任。

　　资料来源:中国教育在线.不顺从领导被打击,教师依法维护教育教学权[EB/OL]. (2012-02-24)[2021-09-01]. https://teacher.eol.cn/jiaoshiweiquan_9522/20110307/t20110307_584806.shtml.

课堂讨论

　　结合案例讨论教师的合法权益如何维护。

(二) 学术研究权

　　教师享有"从事科学研究、学术交流,参加专业的学术团体,在学术活动中充分发表意见"的权利。学术研究权是教师作为专业技术人员应当享有的一项基本权利。作为专业人员,教师在完成规定的教育教学任务的前提下,有权进行科学研究、技术开发、撰写学术论文、著书立说;有权参加有关的学术交流活动,参加依法成立的学术团体并在其中兼任工作;有权在学术研究中发表自己的学术观点。

(三) 指导评定权

　　教师享有"指导学生的学习和发展,评定学生的品行和学业成绩"的权利。指导评定权体现了教师在教育教学活动中的主导地位。教师有权根据教育规律和学生的身心发展特点因材施教,有针对性地指导学生的学习,并在学生的升学、就业等方面给予指导;有权对学生的思想品德、学习、文体活动、劳动等方面给予客观公正的评价;有权运用正确的指导思想和科学的方式方法,使学生的个性和能力得到充分发展。这项权利体现了教师在教育教学过程中的主导地位,是与教师在教育教学过程中的主导地位相适应的一项特定基本权利。

(四) 获得报酬权

　　教师享有"按时获取工资报酬,享受国家规定的福利待遇以及寒暑假期的带薪休假"的权利。获取报酬权是教师应当享有的一项维持自身和家庭生存和发展的基本的物质权益,也是有关教师待遇的法律规定。教师待遇主要由教师工资报酬和其他福利待遇两部分组成。由此,教师获取报酬权也包括两项内容:一是教师有权要求所在学校及其主管部门根据国家法律及教师聘用合同的规定,按时足额地支付工资报酬;二是教师有权享受国家规定的医疗、住房、退休等各种福利待遇和优惠，以及寒暑假期的带薪休假权利。《教师法》第二十八条规定："地方各级人民政府和国务院有关部门，对城市教师住房的建设、租赁、出售实行优先、优惠。县、乡两级人民政府应当为农村中小学教师解决住房提供方便。"第二十九条规定："教师的医疗同当地国家公务员享受同等的待遇；定期对教师进行身体健康检查，并因地制宜安排教师进行休养。"这些都使教师在生活条件和身体状况保障上有了一定的法律依托，解决了教师生活的后顾之忧。另外，我国教师还享有"寒暑假期的带薪休假"的特殊权利，这是针对教师劳动量大、体脑消耗比较严重、专业性较强的职业特点所做的规定。

(五) 民主管理权

教师享有"对学校教育教学、管理工作和教育行政部门的工作提出意见和建议，通过教职工代表大会或者其他形式，参与学校的民主管理"的权利。民主管理权是教师法律地位的人格体现，主要内容包括以下两类：一是教师享有对学校及其他教育行政部门工作的批评权和建议权。教师有权通过教职工代表大会、工会等组织形式及其他适当方式，参与学校的民主管理，讨论学校发展与改革等方面的重大问题。二是教师有权引导学生培养民主与法治意识，促进我国社会主义民主与法治建设等权利。教师在教育教学过程中有责任和权利将社会主义民主和法治的精神传递给青少年学生，对学生进行社会民主和法制教育，培养学生知法、懂法与合法地参与民主管理的意识和精神。

赋予教师享有参与民主管理的权利，有利于提高教育管理的透明度，加强对教育管理权力的监督，促进教育民主化的发展，增强教师的主人翁感，激发其工作的自觉性和积极性，并且有利于教师养成具有民主特征的个性和工作作风。但是，教师在行使民主管理权时，应注意遵循民主集中制原则，以适当方式方法进行参与和监督。学校教职工代表大会、工会等是教师实现参与民主管理的主要组织形式。

(六) 进修培训权

教师享有"参加进修或者其他方式的培训"的权利。这是教师享有的接受继续教育、不断获得充实和发展的权利，是教师要求职业上的提升和进步、要求自身发展和价值升华的体现。教师有权参与进修和接受其他多种形式的培训，不断更新知识，调整知识结构，提高自己的思想品德和业务素质，保障教育教学质量，教育行政部门、学校和其他教育机构应当采取多种形式，开辟多种渠道，保证教师进修培训权的顺利行使。教师有权参加达到法定学历标准和达到高一级学历的进修或以拓宽知识为主的继续教育培训。学校和教育行政部门应当做出规划，为教师参加进修和培训创造条件，提供机会，切实保障教师权利的实现。

二、教师的义务

教师的义务是指依照法律规定，教师必须做出或禁止做出一定的行为。教师的义务，一方面表现为教师作为公民所应履行的义务；另一方面表现为教师这种特殊职业所应履行的义务。其重点在于教师在从事教育教学工作的过程中，为了保障教育对象的权利而必须或禁止做出一系列行为。法律上的教师义务，是指法律规定的对教师必须做出一定行为或不得做出一定行为的约束。教师的义务是依法产生的，并有国家强制力保障其履行。教师应履行下列义务。

(1) 遵守宪法、法律和职业道德，为人师表。教师作为中华人民共和国的公民，首先必须遵守宪法、法律。另外，教师作为人类灵魂的工程师，承担培养下一代的重要使命，应当遵守职业道德，以高尚的品质和优良的情操来对学生的心灵产生潜移默化的影响，以敬业勤奋、诚实守信、遵纪守法、精益求精、博学多才、团结奋进等品质影响学生。这项义务是对教师从遵守法律法规和践行职业道德两个层面提出的法律要求。

(2) 贯彻国家的教育方针，遵守规章制度，执行学校的教学计划，履行教师聘约，完成教育教学工作任务。教师作为专门培养人的职业，是得到国家和社会认可才得以设立的。国家和社会把年轻一代委托给教师培养，换言之，教师是代表国家和社会来培养教育年轻一代的。这就意味着，教师必须按照国家和社会针对年轻一代所提出的教育指导思想和教育目的的要求来组织教育教学工作。

(3) 对学生进行宪法所确定的基本原则的教育和爱国主义、民族团结教育，法制教育以及思想品德、文化、科学技术教育，组织、带领学生开展有益的社会活动。教师不仅要传授科学文化知识，还担负有对学生进行思想品德教育的任务，这是教师教育教学工作应有的一个组成部分。教师不仅要教书，更要育人，教师应能结合自己教育教学业务的特点，把政治思想品德教育渗透在科学知识的教学过程之中。为此，教师必须掌握对学生开展政治思想品德教育的方法和艺术，勇于并善于探索，采用生动活泼的形式对学生进行政治思想教育，寓教于乐，通过各种游戏或者社会活动使学生获得教育，讲究教育的实效，反对政治思想品德教育中的形式主义和教条主义。在中小学，教师对学生进行思想品德教育的内容应当依据《中学德育大纲》《小学德育纲要》的规定来安排。

(4) 关心、爱护全体学生，尊重学生人格，促进学生在品德、智力、体质等方面全面发展。学生和教师的地位在法理上是平等的，都是国家公民的一部分。教师在教育教学过程中应当尊重学生、关心爱护学生，主要表现为以下两点：教师应当公正地对待每一个学生，促进其德智体等方面全面发展；教师必须树立尊重学生人格和尊严的法治观念，帮助学生形成健康完善的人格，不得以任何方式侵犯学生隐私权等正当利益。

(5) 制止有害于学生的行为或者其他侵犯学生合法权益的行为，批评和抵制有害于学生健康成长的现象。保护未成年人的合法权益和身心健康发展是全社会的共同责任，对教师来说，由于其职业的特殊社会职能，不仅应当做到自己不侵犯学生的合法权益，促进学生的身心健康成长，还应当负有保护学生合法权益和身心健康，使其免受不法行为或不良现象侵害的义务。教师这一义务的履行，对于中小学生的健康成长有着特殊的意义。在影响青少年儿童成长的各种因素中，学校教育起着主导的作用。这种主导作用不是自发实现的，必须通过教育者有意识地对各种教育因素进行协调，使各种教育因素形成合力来获得。教师是懂得教育规律的专业人员，应当能够承担起这种协调的责任。

(6) 不断提高思想政治觉悟和教育教学业务水平。这项义务与教师的"进修培训权"相互对应，构成权利与义务的鲜明统一。业务水平的加强主要包括政治思想觉悟水平的不断提高和专业知识水平的不断提升。任何一个国家对教师的思想品德和业务水平都有一个基本要求，使教师的提高具有明确的方向。首先，教师具有较高的道德水准，才能培养和教育学生的思想道德品质。其次，教师职业是一门专业性较强的职业，学科知识的更新，教育内容的改革都需要教师不断地对本学科进行探讨和研究，在信息社会中，"教育者即是研究者"的理念对教师的专业技能提出了更高的要求。

第三节　教师的专业化及管理制度

一、教师专业化的含义

我国学者从教育职业的特性和教师培养的角度对教师这一职业进行分析，认为，教师是一种不同于其他任何职业，具有其固有特性的专门职业。教师的劳动产品是活产品，某个教师的某种直接作用的效果是较难确定的，也不易看到即现的成败效应。与医生、律师等专业相比，教师是具有一点代替性的专门职业，但其专业化是一个持续的努力过程。因此，教师专业化主要是指教师职业从实然状态走向应然状态的历程。我国的教育法为教师的专业发展提供了制度保障，如教师资格制度、教师职务制度、教师聘任制度等，都可以加速教师的专业进程。

二、教师资格制度

(一) 教师资格制度的含义

教师资格制度是一项有关教师资格鉴定和教师证书发放的制度，它通过资格鉴定，对合格者发放证书,授予证书持有者在教育系统内从事教师专业活动的权利,是国家对教师实行的一种法定的职业许可制度。

(二) 教师资格的取得要件

我国《教师法》第十条规定:"中国公民凡遵守宪法和法律,热爱教育事业,具有良好的思想品德,具备本法规定的学历或者经国家教师资格考试合格,有教育教学能力,经认定合格的,可以取得教师资格。"这就是说,取得教师资格要具有的要件包括以下几项:①中国国籍。"中国公民"是成为中华人民共和国教师的先决条件。②良好的思想品德。良好的政治思想水平和品德修养是取得教师资格的重要条件。③教育教学能力。教育教学能力是取得教师资格,完成教育教学任务的必备条件。④必要的学历或通过资格考试。

(三) 教师资格考试与资格认定

教师资格考试科目、标准和考试大纲由国务院教育行政部门审定。对于考试试卷的编制、考务工作和考试成绩证明的发放,属于幼儿园,小学、初级中学、中等职业学校教师资格考试和中等职业学校实习指导教师资格考试的,由县级以上人民政府教育行政部门组织实施;属于高等学校教师资格考试的,由国务院或省级教育行政部门委托的各级高等学校组织实施。

(四) 教师资格的限制与丧失

我国《教师法》第十四条规定:"受到剥夺政治权利或者故意犯罪受到有期徒刑以上刑事处罚的,不能取得教师资格;已经取得教师资格的,丧失教师资格。"《教师资格条例》第十九条也规定了撤销教师资格的条件:"有下列行为之一的,由县级人民政府教育行政部门撤销其教师资格:①弄虚作假,骗取教师资格的;②品行不良,侮辱学生,影响恶劣的。被撤销教师资格的,自撤销之日起5年内不得重新申请认定教师资格,其教师资格证书由县级以上人民政府教育行政部门收缴。"同时,第二十条规定:"参加教师资格考试有作弊行为的,其考试成绩作废,3年内不得再次参加教师资格考试。"

经典案例

浙江温岭虐童幼师系无证上岗 称因出于"好玩"

2012年10月24日,浙江省温岭市发生一起幼儿园教师虐童事件。事发后不久,该教师虐待班上幼儿全过程的视频在网上被曝光，一时间众网友声讨不断。

据了解，此事发生在浙江温岭城西街道蓝孔雀幼儿园。该校是一所民办学校，教师颜艳红因"一时好玩"在该园活动室里强行揪住一名幼童双耳向上提起，同时让另一名教师用手机拍下，之后该视频被上传到网上。被揪耳幼童双脚离地近20厘米，表情痛苦，嚎啕不止。相反，颜艳红神情愉悦，乐在其中。

事发当天，温岭市教育局接到被虐幼童家长举报，立即赶赴该幼儿园进行调查。教育局采取了向公安部门通报，以及联合城西街道办事处发出通知，责成校方深刻检查、整改并立即辞退相关教师等举措。

此前知情人士爆料称，颜艳红从事教师职业系无证上岗，该情况目前已被证实无误。

对此，温岭市教育局副局长滕林华接受中新网记者采访时称，按有关规定，不论公办或民办学校，教师必须持证上岗。不过，滕林华随即表示，因当地幼儿园存在师资紧缺情况，幼师实际持证率仅为40%，为弥补师资不足，幼儿园基本实行"先上岗、后考证"。"民办幼儿园在教师招聘中有自己的实权，其教师存在的职业素养问题，教育管理部门无法负责。"

资料来源：搜狐新闻.浙江温岭虐童幼师系无证上岗，称因出于"好玩"[EB/OL].(2012-10-24)[2021-09-02].http://news.sohu.com/20121024/n355630423.shtml.

课堂讨论

结合案例讨论实施教师资格制度的必要性。

三、教师职务制度

(一) 教师职务制度的含义

教师职务制度是指国家对教师岗位设置及各级岗位任职条件和取得一定岗位职务的程序等方面的有关规定的总称。教师职务制度的具体内涵包括以下几点：第一，教师职务依附于岗位设立，一旦离开岗位，职务就不能单独存在；第二，教师职务与工资待遇直接挂钩，教师完不成工作任务，达不到任职要求或不能履行职务职责，就要被解聘、低聘或缓聘职务；第三，职务不是终身享有的，职务随岗位消失而停止。

(二) 教师职务的设置

根据国家有关规定，教师职务设有高等学校教师职务、中等专业学校教师职务、中学教师职务、小学教师职务和技工学校教师职务5个系列。

(三) 教师任职条件

(1) 具备相应的教师资格。
(2) 遵守宪法和法律，具有良好的思想政治素质和职业道德，为人师表，教书育人。
(3) 具备相应的教育教学水平、学术水平，具有教育科学理论的基础知识，能全面、熟练地履行职务职责。
(4) 具备学历、学位以及工作年限的要求。
(5) 身体健康，能正常工作。

(四) 教师职务评审

各级教师职务一般由同行专家组成的教师职务评审组织依据教育法规定的教师职务任职条件及程序进行评审。教师职务评审需要以公平、公正、公开为原则，不能有徇私舞弊行为，以保证教师队伍的纯洁性和对各级教师评价的公正性。

四、教师聘任制度

实行教师聘任制度是国际上一种通用的做法，是教师队伍管理体制应市场经济和教育改革需要的一项重大改革，其实质意义不仅在于打破教师终身任用制度，更在于调动广大教师的工作积极性，以制度促进教师专业化水平的提升，保证教育教学质量和效益。

(一) 教师聘任制度的含义

《教师法》第十七条第一款规定："学校和其他教育机构应当逐步实行教师聘任制。教师的聘任应当遵循双方地位平等的原则，由学校和教师签订聘任合同，明确规定双方的权利、义务和责任。"简言之，教师聘任制度是指学校和教师在平等自愿的基础上，由学校或者教育行政部门根据教学需要设置工作岗位，以签订聘任合同的方式聘请具有教师资格的公民担任相应教师职务的一项教师任用制度。教师聘任制度的具体含义可以从以下几个方面来理解。

第一，教师聘任制度应当以双方平等自愿为原则。学校和教师是教师聘任制度中的一对法律关系主体，平等原则是民法确定的民事关系的基本原则之一，自愿原则是其意义的延伸。学校或教育行政部门可根据国家有关规定和学校教育教学需要，自主设定一定的教师岗位和调整一定的教师比例结构，教师则可以凭据本人的专业知识、业务能力，通过正常的法律渠道选择适合自己的工作岗位。双方平等自愿是聘任合同生效的必备条件。

第二，聘任双方在平等基础上签订的聘任合同具有法律效力，对学校和教师均明确规定了应承担的义务、权利和责任。首先，学校和教师双方都要具备签订教师聘任合同的法律主体资格。其次，教师要按合同履行义务，行使权利。学校按合同为教师提供教育教学设备等并支付报酬。同时，学校有权要求教师在规定的时间内完成规定的教学任务并对受聘教师的业务水平、思想品德和工作能力进行考核，作为提职、续聘或解聘的依据。任何一方违背合同规定的做法都要承担相应的法律责任。

第三，教师聘任制是教师分配制度的一项重大变革，体现出按劳分配的原则，在分配上打破平均主义，按照工作实绩拉开差距。教师受聘后，领取与其职务相应的工资，职务发生变化后，工资也发生相应的变化。这样有利于激励教师工作的积极性，优化教师队伍，提高教育教学水平。期满后，双方可以根据合作的程度决定是否继续应聘或续聘。

(二) 教师聘任制的运行

教师聘任制的运行是指教师聘任合同具体发生法律效力的过程，包括招聘、签订聘任合同、续聘(或解聘、辞聘)几个环节。

1. 招聘

教师招聘是指用人单位面向社会公开、择优选拔具有教师资格的所需人员。首先，用人单位或地区经人才交流部门批准招聘，然后，用人单位以广告或启事等形式提出所需人员的条件、工作性质、任务、待遇等，通常对应聘者进行审查、考核(或考试)。对符合条件者招聘单位即聘任。招聘具有公开、直接、自愿、透明等优点，有利于发现人才。

2. 签订聘任合同

签订聘任合同是双方在平等自愿的基础上通过聘书和合同确定双方义务和权利的过程。

合同已成为人们之间建立财产联系和经济交往并明确双方权责的工具和纽带。合同又称契约，是指当事人之间设立、变更、终止民事关系的协议。而教师聘任合同则是指学校和教师之间，在双方地位平等的基础上经协商对双方应承担权责的约定。由后者在学校进行教育教学活动，由前者支付报酬，以其明确双方当事人的权利和义务。

教师聘任合同通常表现为教师聘任合同书。教师聘任合同书是以书面形式明确双方法律权责的文书。合同书的主要条款一般包括以下内容：学校的名称、教师的姓名、双方的地址；标的教育教学活动；履行期限；报酬或工资；合同的变更、终止和解除；违约责任。教师在签订聘任合同时态度一定要慎重，因为合同的签订具有法律效力，要认真阅读条款，确定自己可以保证教育教学中的规定事项，注意合同的合理性和合法性，切实保护自身权益。

3. 续聘(或解聘、辞聘)

续聘是指聘任期满后，聘任单位与教师继续签订聘任合同。一般是指在聘期间，双方合作愉快，聘任单位仍有工作需要，教师对所从事的岗位满意，双方再次自愿签订一定期限的续聘合同。续聘合同可以同上次聘任相同，也可以根据需要相应变化。如果用人单位因为某种原因不适宜继续聘任教师，双方解除合同关系，称解聘。解聘是由学校作为主动方提出的行为。用人单位在解聘教师时，除有正当理由，否则应承担相应的法律责任。而由教师主动提出与用人单位解除聘任合同的法律行为称为辞聘。辞聘教师给用人单位造成损失的，也应依合同规定，承担相应的法律责任。

第四节 教师的考核、奖惩与培训

一、教师的考核

教师的考核是指各级各类学校对教师的政治思想、业务水平等进行的考察和评价，为教师的职务聘任、晋升工资、实施奖励等提供法律依据。《教育法》第三十五条和《教师法》第五章分别规定我国实行教师考核制度，并明确规定了教师考核内容、机构、原则、意义。

(一) 教师考核的内容

《教师法》第二十二条第一款规定："学校或者其他教育机构应当对教师的政治思想、业务水平、工作态度和工作成绩进行考核。"这里规定了教师考核的具体内容，即政治思想、业务水平、工作态度、工作成绩。

政治思想是教师考核的一个重要方面，主要包括政治态度和道德观念两个方面。政治态度主要指教师要热爱祖国，遵守宪法和法律，拥护党的基本路线和基本主张。道德观念主要强调教师作为人类灵魂的工程师，要热爱教育事业，关心爱护尊重学生，维护学生合法权益，执行国家教育方针，为人师表。

业务水平主要包括专业知识和业务能力两方面。专业知识包括教师的学历、文化科学知识、教育科学知识、专业知识和科研探索能力等。业务能力主要指教师的教育教学能力，包括表达讲解能力、组织辅导能力、改革创造能力等。教育教学能力一定程度上能从教学效果上反映出来。

工作态度主要指教师在履行教育教学职责中所具有的责任感和事业心。工作态度主要通过教师的治学态度、履行职责程度及创新精神来表现。只有热心于教育事业，工作认真负责，踏实刻苦，富有钻研精神的教师才能保证教学的质量。

工作成绩是指教师在本职岗位从事教育教学和科研活动中所取得的成果和业绩。它是上述三个方面的综合反映和教师工作的价值所在。对工作成绩的考核可以用具体的指标来衡量，如学生的成绩状况、学生运用知识状况以及教师在教育教学和科学研究中所取得的学术论著成果等。

(二) 教师考核的机构

《教师法》第二十二条第二款规定："教育行政部门对教师的考核工作进行指导、监督。"这一规定明确了教师考核的执行机构和监督机构。教师考核的主要机构为聘任教师的学校或者其他教育机构。同时，为了考核能够公正、客观、顺利，教育行政部门要执行监督和指导职能。

(三) 教师考核的原则

《教师法》第二十三条规定："考核应当客观、公正、准确，充分听取教师本人、其他教师以及学生的意见。"这里将"客观、公正、准确"作为教师考核的指导原则，以及将"广泛听取意见"作为原则保障的民主机制。"客观、公正、准确"原则具体指教师的考核要从实际出发，实事求是、全面客观地对教师成绩做出合理评价。考核制度要严格、公正、无偏私，对教师一视同仁，不徇私情。在考核过程中，要用发展辩证的眼光看问题，防止将优点或缺点扩大化。充分听取本人、其他教师和学生的意见是考核结果能够客观、公正、准确的保证。

(四) 教师考核的意义

第一，教师考核有利于确定客观的教师任教晋职标准。《教师法》第二十四条规定："教师考核结果是受聘任教、晋升工资、实施奖惩的依据。"对教师的考核关系到教师受聘、晋升、奖励等切身利益，使教师受聘晋、职等有法所依。教师考核具有导向作用，使教师遵循教育规律，有利于学校全面贯彻教育方针，不断提高教育质量和办学效益。

第二，教师考核有利于调动教师工作的积极性和创造性。通过与职务、薪金挂钩的教师考核，只要秉着公平公正的原则，可以鼓励先进，鞭策后进，增强教师的责任感和事业心，调动教师教育教学的积极性。

第三，教师考核有利于学校建立科学的管理机制。通过长时间的一系列的考核，学校可以积累大量的第一手资料，建立健全教师思想业务档案，对教师的情况有更深层次的了解，便于采取针对性的措施解决教师队伍中出现的常规性问题，提高学校整体工作效率，建立现代化的科学管理机制。

二、教师的奖惩

教师的奖励与惩罚,是我国教育法体系里的重要内容,也是教师队伍实现规范化、制度化和法治化管理的法律制度保障,有效维护了教师工作质和量上的人际公平,并标识了教师的行为底线。

(一) 对教师的奖励

教师的奖励主要是指由政府、社会和学校依法提供给教育教学中有突出贡献的教师的物质奖赏和精神鼓励。《教师法》第七章则对奖励措施进行了详细规定,是我国各级各类学校和政府对教师进行奖励的法律依据。《教师法》第三十三条规定:"教师在教育教学、培养人才、科学研究、教学改革、学校建设、社会服务、勤工俭学等方面成绩优异的,由所在学校予以表彰、奖励。国务院和地方各级人民政府及其有关部门对有突出贡献的教师,应当予以表彰、奖励。对有重大贡献的教师,依照国家有关规定授予荣誉称号。"第三十四条规定:"国家支持和鼓励社会组织或者个人向依法成立的奖励教师的基金组织捐助资金,对教师进行奖励。"

教师奖励项目的设定体现在多个方面、多种形式。《教师法》第三十三条明确规定教师无论是在教育教学、培养人才,还是科学研究、学校建设、社会服务等方面,只要是有突出贡献,都给予表彰和奖励。于此,国家和各地人民政府也设立了多个方面的教师奖项。国家对教师所立的奖项主要有"教学成果奖""全国优秀教师""全国优秀教育工作者""全国模范教师"和"全国教育系统先进工作者"等。1994年3月14日,国务院颁发《教学成果奖励条例》,目的是奖励取得教学成果的集体和个人,鼓励教育工作者从事教育教学研究,提高教学水平和教育质量。这里的"教学成果"是指反映教育教学规律,具有独创性、新颖性、实用性,对提高教学水平和教育质量、实现培养目标产生明显效果的教育教学方案。各级各类学校、学术团体和其他社会组织、教师及其他个人,均可以依照《教学成果奖励条例》的规定申请教学成果奖。按教学成果对提高教学水平和教育质量、实现培养目标产生的效果,教学成果奖分为国家级和省(部)级。国家级教学成果奖分为特等奖、一等奖、二等奖三个等级,授予相应的证书、奖章和奖金。具备下列条件的,可申请国家级教学成果奖:国内首创的;经过两年以上教育教学实践检验的;在全国产生一定影响的。1998年1月8日,原国家教育委员会颁发《教师和教育工作者奖励规定》,为了鼓励我国广大教师和教育工作者长期从事教育事业,奖励在教育事业中做出突出贡献的教师和教育工作者,根据《教师法》的规定,国务院教育行政部门对长期从事教育教学、科学研究和管理、服务工作并取得显著成绩的教师和教育工作者,分别授予"全国优秀教师""全国优秀教育工作者"荣誉称号,颁发相应的奖章和证书;对其中做出贡献者,由国务院教育行政部门会同国务院人事部门授予

"全国模范教师"和"全国教育系统先进工作者"荣誉称号，颁发相应的奖章和证书。此外，对教师的奖励还体现在物质和精神多种形式的结合上。物质奖主要包括奖金和实物，如工资晋升、住房条件的改善、学习和进修机会的提供等。精神奖主要是授予荣誉称号、宣传优秀事迹、发放奖励证书等。《教师法》第三十三、第三十四条指出了教师奖励的三种来源，即政府、社会和学校。在保证各级政府和学校奖励的基础上，国家也鼓励社会组织和个人共同关心教育事业，奖励有突出贡献的教师。我国现有的来自社会组织和个人的奖项有"霍英东青年教师奖和基金""曾宪梓教育基金会高等师范院校优秀教师奖"等。

(二) 对教师的惩罚

教师的惩罚是指政府、学校和社会实行的对教师违反规定行为的相关精神、物质以及法律上的惩处，主要分为违反教师道德、违反职业责任、违反法律规定等方面的惩处措施和办法。

《教师法》第八条第一项规定，教师有"遵守宪法、法律和职业道德，为人师表"的义务。教师是人类灵魂的塑造者，其思想道德水平直接关系和影响受教育者的道德品质的培养和身心发展状况，为此，教师应当恪守其职业道德，加强自身修养，为人师表。教师的职业道德是受全社会监督的，违反职业道德主要受到的是精神上的惩罚和舆论的谴责。

教师应遵循教师法规定的教师的义务，行使教育教学职责，并且应遵照所在学校要求的规章制度，完成相应的教育教学任务；否则将受到职业范围内的惩罚。如《教师法》第八条第二项规定，教师有"贯彻国家的教育方针，遵守规章制度，执行学校教学计划，履行教师聘约，完成教育教学工作任务"的义务，即教师必须在国家所规定的教育方针范围内授课，按时完成教学计划。另外，教师有遵守所在学校的规章制度，履行教师聘约等职责。

教师违法要承担相应的法律责任。《教师法》第三十七条规定："教师有下列情形之一的，由所在学校、其他教育机构或者教育行政部门给予行政处分或者解聘：①故意不完成教育教学任务给教育教学工作造成损失的；②体罚学生，经教育不改的；③品行不良、侮辱学生，影响恶劣的。"因此，违法教师必须受到相应的法律制裁。其中，情节严重，构成犯罪的，应依法追究刑事责任。

三、教师的培训

教师的培训，是指专门的教育机构为提高在职教师的思想政治素质和业务水平而进行的一种继续教育。"学然后知不足，教然后知困。"教师只有在实践中不断发展知识理论，才能摆脱面对实践倍感乏力的困境。这是终身教育理念对教师教育提出的要求。《教育法》第三十四条和《教师法》第四章都对教师的培训工作做出了明确细致的规定。

(一) 教师培训的责任

教师培训是各级政府、教育部门、教师本人以及全社会应当承担的责任。《教师法》第十九条规定："各级人民政府教育行政部门、学校主管部门和学校应当制定教师培训规划，对教师进行多种形式的思想政治、业务培训。"这规定了各级政府、教育部门在教师培训工作中的权责。它要求各级政府把组织教师进修当作一项重要工作，切实加强领导，并保证经费的拨付，使各级各类教师在职培训机构形成网络，相互配合，协同工作，并能够从实际出发，有规划、有组织、因地制宜地采取多种形式进行培训。同时，接受教育培训是教师应享有的权利和必须履行的义务。《教师法》规定，教师享有"参加进修和其他方式的培训"的权利，负有"不断提高思想政治觉悟和教育教学业务水平"的义务。提升教育教学素养是每个教师应当负起的责任，也是对教师职业水平提升的保障。教师素质的提升离不开整个社会各个方面的协助和支持。因此，法律明确规定，教师的科研实践活动、社会调查活动所涉及的国家机关、企业事业单位、社会组织等部门都应给教师培训工作提供方便，给予协助。

(二) 教师培训的内容

《教师法》第十九条规定："各级人民政府教育行政部门、学校主管部门和学校应当制定教师培训规划，对教师进行多种形式的思想政治、业务培训。"这规定了教师培训的具体内容。首先是对教师的思想政治培训，主要包括建设有中国特色的社会主义理论教育，党的基本路线教育，形势政策教育，爱国主义、集体主义、社会主义的人生观和价值观的教育，教师的职业道德教育等。其中教师的职业道德教育是思想政治教育的核心内容。其次是对教师的业务培训，主要包括教师教育教学能力的提升和教育理念的更新两部分。教育教学能力是教师职业应具备的基本能力，是教育质量的关键所在，而教育理念是支配一个教师教育行为和教育改革的灵魂，先进的教育理念是教育创新和教育革新的动力和源泉。

(三) 教师培训的途径

教师培训的途径主要有以下三种。第一，入职培训，帮助刚刚入职的教师掌握所教科目的教材内容和体系，使他们能够正确传授科学知识；第二，职后学历补偿性培训，按国家规定的教学计划和课程，对不符合国家规定学历的教师通过离职培训或函授培训等方式进行补偿学历的教育；第三，继续教育培训，是对已达学历要求的教师进行的提升教育教学素养的教育，以提高知识水平和层次，加强教育教学探索和改革能力，与新知识和新教育方法接轨。继续教育培训主要有骨干教师培训、知识更新与新技术应用培训、教育科研能力培训等形式。教师培训主要由教师进修学校、教育学院、其他综合类和师范类大学按照国家规定来承担。有条件的学校也可以进行校本培训。

【小　结】

1. 对教师的法律地位，可以从以下几个方面理解：第一，身份特征——教师是专业人员；第二，职业特征——履行教育教学的职责；第三，从教范围——教师必须从教于各级各类学校或其他教育机构；第四，责任使命——教师具有"教书育人，培养社会主义事业建设者和接班人，提高民族素质的使命"。

2. 教师具有教育教学权、学术研究权、指导评定权、报酬待遇权、民主管理权、进修培训权等权利。

3. 教师有以下几项义务：遵守宪法、法律和职业道德，为人师表；贯彻国家的教育方针，遵守规章制度，执行学校的教学计划，履行教师聘约，完成教育教学工作任务；对学生进行宪法所确定的基本原则的教育和爱国主义、民族团结教育，法制教育以及思想品德、文化、科学技术教育，组织、带领学生开展有益的社会活动；关心、爱护全体学生，尊重学生人格，促进学生在品德、智力、体质等方面全面发展；制止有害于学生的行为或者其他侵犯学生合法权益的行为，批评和抵制有害于学生健康成长的现象；不断提高思想政治觉悟和教育教学业务水平。

4. 教师资格制度是一项有关教师资格鉴定和教师证书发放的制度，它通过资格鉴定，对合格者发放证书，授予证书持有者在教育系统内从事教师专业活动的权利，是国家对教师实行的一种法定的职业许可制度。

5. 教师职务制度是指国家对教师岗位设置及各级岗位任职条件和取得一定岗位职务的程序等方面的有关规定的总称。教师职务设有高等学校教师职务、中等专业学校教师职务、中学教师职务、小学教师职务和技工学校教师职务5个系列。

6. 教师聘任制度是指学校和教师在平等自愿的基础上，由学校或者教育行政部门根据教学需要设置工作岗位，以签订聘任合同的方式聘请具有教师资格的公民担任相应教师职务的一项教师任用制度。

7. 学校或者其他教育机构应当对教师的政治思想、业务水平、工作态度和工作成绩进行考核。教师考核有利于确定客观的教师任教晋职标准，有利于调动教师工作的积极性和创造性，有利于学校建立科学的管理机制。

8. 教师的奖励主要是指由政府、社会和学校依法提供给教育教学中有突出贡献的教师的物质奖赏和精神鼓励。教师的惩罚是指政府、学校和社会实行的对教师违反规定行为的相关精神、物质以及法律上的惩处,主要分为违反教师道德、违反职业责任、违反法律规定等方面的惩处措施和办法。

9. 教师的培训,是指专门的教育机构为提高在职教师的思想政治素质和业务水平而进行的一种继续教育。教师培训是各级政府、教育部门、教师本人以及全社会应当承担的责任。

【课后练习】

一、填空题

1. 法律意义上的"教师"是履行_____职责的,承担培养社会主义事业建设者和接班人的使命。

2. _____是指国家对教师岗位设置及各级岗位任职条件和取得该岗位职务的程序等方面的有关规定。

3. _____是教师为履行教育教学职责而必须具备的基本权利。

4. 教师培训的途径主要有_____、职后学历补偿培训和继续教育培训。

5. 受到剥夺政治权利或者故意犯罪受到有期徒刑以上刑事处罚的,_____取得教师资格;已经取得教师资格的,_____教师资格。

二、选择题

1. 教师资格制度是一项有关教师资格的(   )。
   A. 鉴定和证书发放的制度   B. 聘任和考核的制度
   C. 考核和培训的制度   D. 鉴定和培训的制度

2.《教师法》第二十二条规定,教师考核的具体内容主要包括政治思想考核、工作成绩考核和(   )。
   A. 业务水平、工作态度考核   B. 业务水平、职业道德考核
   C. 职业道德、工作态度考核   D. 学历水平、工作态度考核

3. 下列不属于教师的权利的是(   )。
   A. 报酬待遇权   B. 民主管理权   C. 教育教学权   D. 管理指导权

4. 下列不属于教师任职条件的是(   )。
   A. 具备相应的教师资格   B. 遵守宪法和法律
   C. 具有管理和教学才能   D. 身体健康,能正常工作

三、简答题

1. 简述我国教师享有哪些权利。
2. 简述教师考核的实施过程。
3. 简述教师培训的途径。
4. 简述实施教师资格制度的实际意义。

第十章 学生

学习目标

1. 了解学生法律地位的含义
2. 了解如何保护未成年学生、预防未成年学生犯罪的相关法律知识
3. 理解现行法对学生法律地位的界定
4. 理解和掌握现行法赋予学生的权利和义务,并能以此对相关案例进行分析和解释

知识结构图

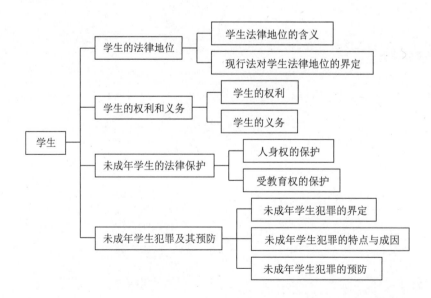

> **引言**
>
> 学生是教育法律关系的主体。讨论教育权与受教育权问题的重要目的之一,就是依法保障学生的受教育权。现实中,学生的受教育权并未能得到充分的尊重。因此,明确学生的法律地位,掌握学生的权利与义务,是保障学生受教育权的基础,也是教育工作者的职责。

第一节 学生的法律地位

一、学生法律地位的含义

学生是指在各级各类学校及其他教育机构中注册并由其记录学业档案的受教育者。《教育法》中从广义上对"受教育者"进行界定,包括各级各类学校的学生、残疾人、违法犯罪的未成年人、在职从业人员和一切接受教育的公民,也就是指在中华人民共和国境内接受基础教育、中等教育、高等教育、职业教育和成人教育的中国公民。按其学习的不同阶段,受教育者又可分为小学生、中学生、大学生和研究生(包括硕士研究生和博士研究生)。

学生的法律地位,是指学生以其权利能力和行为能力在具体法律关系中取得的一种主体资格,它通过学生的法律身份以及学生在不同的法律关系中享有的权利和应履行的义务来表现。由于学生在不同法律关系中具有不同的身份,因此其在具体法律关系中所享有基本权利和基本义务具有较大的差异。

二、现行法对学生法律地位的界定

学生的法律地位要在具体的社会关系中来加以界定。学生所处的社会关系概括起来可以分为一般社会关系和教育法律关系两种。在这两种社会关系中,学生的法律地位是不同的,所取得的主体资格也是相异的,即分别表现为在一般社会关系中的公民地位和在教育法律关系中的主体地位。

个体的身份是由其在社会关系中扮演的不同角色和不同地位决定的。学生在社会生活的不同社会关系中的身份可以是子女、被监护人、学生、公民等。在教育领域,学生具有双重身份:其一,国家公民;其二,正在接受教育的公民。作为国家公民,学生享有宪法和法律赋予公民的一切权利；作为正在接受教育的公民，学生既是教育和管理的对象，同时又是教育的主体，具有独立的人格。学生的法律地位是从学生以下几个"身份"上体现出来的。

(一) 公民身份

作为一般社会关系中的公民，学生享有《宪法》及其他法律所赋予公民的各项基本权利，主要包括人身权利、财产权利、文化教育权利、民主政治权利、权利受到侵害后的救济权利等。

(二) 一般学生身份

学生的法律地位还表现为以学生身份享有的法律地位，以及由该法律地位所确定的权利与义务。《教育法》第四十三条规定："受教育者享有下列权利：参加教育教学计划安排的各种活动，使用教育教学设施、设备、图书资料；按照国家有关规定获得奖学金、贷学金、助学金；在学业成绩和品行上获得公正评价，完成规定的学业后获得相应的学业证书、学位证书；对学校给予的处分不服向有关部门提出申诉，对学校、教师侵犯其人身权、财产权等合法权益，提出申诉或者依法提起诉讼；法律、法规规定的其他权利。"

(三) 特定学生身份

学生的法律地位还表现为不同类型、不同年龄阶段的学生享有不同的法律地位。小学生与大学生不同，未成年学生与成年学生不同，这主要是学生间的区别。教育法所赋予的学生权利依学生就读学校的不同和学生年龄的不同而有所区别。如奖学金、贷学金的规定主要适用于高等学校和中等专业学校的学生，学位证书的规定主要适用于高等学校的学生等。

法律地位是由法律关系中的主体双方所享有的权利和履行的义务决定的。学生的法律地位主要是通过学生与学校之间的法律关系来体现的。

经典案例

《湖北日报》2006年3月8日刊登了一封初中生的来信：我们是武汉某大学附中的一群初中生。十三四岁、十五六岁的我们，本应无忧无虑、快乐成长，但学校教育却使我们负担沉重、忧虑重重、心情郁闷！现在，学校的教育完全是为着升学考试进行的。学校施行的"素质教育"，反而成了加重学生负担的借口。请看我们的作息时间：早上7时15分至20分到校(这就意味着我们必须在6时左右起床)；每天8节课，偶尔有一节自习课，也总是被占用而上了语文、数学、英语、科学等课(对应中考的主课)；每天晚上都有不少家庭作业，一般要做到11时左右；每个周末是休息不成的，因为周日照常上课(但要另外交钱)，而周六又有大量家庭作业要做。在这样的重压之下，我们的睡眠严重不足；我们没有正常的休息和娱乐时间；我们没有机会锻炼身体；我们没有机会做我们很想做的课外科学观察等实践活动。我们知道，学校、老师和家长这样待我们，肯定是一番好心，肯定是希望我们能成才。但是，他们知不知道，在这样的重压之下，在这样的状况中生活和学习，我们真的能够顺利长大成才吗？

资料来源：教育教学应符合学生身心发展[EB/OL]. (2006-10-17)[2021-09-13]. http://www.moe.gov.cn/jyb_xwfb/gzdt_gzdt/moe_1485/tnull_18069.html.

课堂讨论

结合案例讨论，学生怎样才能长大成才。

第二节 学生的权利和义务

一、学生的权利

学生的权利是法定的，这个权利可以分为两部分：一是指国家宪法和法律授予所有公民的权利；二是指教育法律、法规授予尚处于学生阶段的公民的权利。根据我国《教育法》的有关规定，学生享有下列权利。

(一) 参加教育教学活动的权利

《教育法》规定，学生享有"参加教育教学计划安排的各种活动，使用教学设施、设备、图书资料"的权利。这是学生的基本权利，任何组织和个人都不得以任何借口非法剥夺学生参加教育教学活动的权利。学生参加教育教学活动的权利是教学民主精神的体现，是广大学生接受教育和获取知识的保障。为保障学生完成学习任务，学校及其他教育机构应当依法按规定提供符合卫生安全标准的教育教学设施、设备、图书资料及其他教育教学用品，保证受教育者完成学习任务。在教学过程中，学生有权参加教育教学计划安排的各种课堂教学、讲座、课堂讨论、观摩、实验、见习、实习、测验和考试等活动，有平等使用教育教学设施、设备和图书资料的权利。

(二) 获得奖学金、贷学金、助学金的权利

《教育法》规定，学生享有"按照国家有关规定获得奖学金、贷学金、助学金"的权利。这是学生获得国家各种经济资助的权利。奖学金是为奖励品学兼优的学生和报考国家重点保证的、特殊的、条件艰苦的专业的学生而设立的经济资助制度。国家有关部门及各级各类学校，尤其是高等学校均设立奖学金制度，包括优秀学生奖学金、专业奖学金和定向奖学金等。

贷学金是指为向家庭经济困难的学生提供帮助而设立的经济资助制度。为帮助经济确有困难的本、专科学生解决全部或部分在校期间的基本生活、学习费用，国家本着"有借有还"的原则，为学生提供贷款。凡是符合规定条件的学生都可以通过学校申请贷学金，这是受教育者得以享受法律保护的平等权利。

助学金，即勤工助学金，是指为使学生特别是家庭经济困难的学生通过参加劳动获得报酬，资助其完成学业的经济资助制度。学校设立勤工助学金，学生经济确有困难，可以通过参加勤工俭学活动，获得相应的报酬，以保证完成学业。

(三) 获得公正评价和证书的权利

《教育法》规定，学生享有"在学业成绩和品行上获得公正评价，完成规定的学业后获得相应的学业证书、学位证书"的权利。这一权利可以分两个方面来理解。

第一，"在学业成绩和品行上获得公正评价"是指学生有权在德、智、体等方面获得按照国家统一标准的一视同仁的客观评价。学生应按照规定接受学校和教师对其学业成绩和学生行为准则的品行考核，学校和教师应当根据规定的要求，从学生实际出发，用全面和发展的眼光看待学生，对学生做出实事求是、公平合理的评价，对学生的优缺点进行恰如其分的分析，要实行民主评议，防止片面性，不能按照主观意志行事。

第二，"完成规定的学业后获得相应的学业证书或学位证书"是学生的一项重大权利。国家实行教育考试制度，经国家批准或认可的学校及其他教育机构可以依照国家的有关规定，对通过考试符合相关规定条件的学生颁发相应的学历证书、学位证书或其他学业证书。

(四) 提出申诉或依法提起诉讼的权利

《教育法》规定，学生享有"对学校给予的处分不服向有关部门提出申诉，对学校、教师侵犯其人身权、财产权等合法权益，提出申诉或者依法提起诉讼"的权利。学生的合法权益包括许多方面，如人身权、财产权等，表现在学校里的常见的侵犯学生人身权的行为有体罚学生和变相体罚学生，如殴打、罚站、罚学生自行体罚、强令学生进行不必要的有害身心健康的大量重复动作、非法搜查学生、侵犯学生通信自由等。

当学生合法权益受到侵犯或者对学校的处罚、处分不服时，学生有权提出申诉，任何人不得无理阻挠，有关部门应该积极受理，并按规定及时予以解答。

(五) 法律、法规规定的其他权利

《教育法》规定，学生除了享有以上4项权利外，还享有"法律、法规规定的其他权利"。学生享有以上4项基本权利以外的其他法律、法规规定的各项权利。例如，《未成年人保护法》规定的学校不得使未成年学生在危及人身安全、健康的校舍和其他教育教学设施中活动，以保护未成年学生的人身安全和健康的权利。又如，《普通高等学校学生管理规定》规定的学生有权参加校内合法的学生社团的权利。再如，《教育法》第四十五条规定的"教育、体育、卫生行政部门和学校及其他教育机构应当完善体育、卫生保健设施，保护学生的身心健康"的权利等。

二、学生的义务

一定权利的享有对应着一定义务的履行。我国《教育法》对学生应该履行的义务做出了明确规定，如下所述。

(一) 遵守法律、法规的义务

这是指学生应当履行"遵守法律、法规"的义务。学生首先是社会成员，因而同所有公民一样，必须履行遵守国家法律、法规的义务。同时，作为受教育者，学生还必须履行遵守教育法律、法规的义务。

(二) 养成良好品德的义务

这是指学生应当履行"遵守学生行为规范，尊敬师长，养成良好的思想品德和行为习惯"的义务。这一义务集中体现了国家对学生在政治、思想、品德等方面的基本要求。为此，学生应积极努力，自觉提高自身素质，养成良好的政治素质、道德品质、行为品质和心理素质。学生履行这方面的义务的标准是不同的，《小学生守则》《中学生守则》《小学生日常行为规范》《中学生日常行为规范》《中小学德育工作规程》《高等学校学生行为准则》等，对不同层次和类型学校的学生的相关义务有具体的规定。

(三) 努力学习的义务

这是指学生应当履行"努力学习，完成规定的学习任务"的义务。学生要完成规定的学习任务，要充分发挥学习的主动性和积极性，刻苦学习，牢固掌握所学知识，成为社会主义现代化建设的有用人才。这是学生区别于其他公民的一项特定义务。不同层次和类型学校的学生的学习义务有所不同。

(四) 遵守学校管理制度的义务

这是指学生应当履行"遵守所在学校或者其他教育机构的管理制度"的义务。这项义务是第一条义务的具体表现和延伸。学校或其他教育机构依照法律法规设立的管理制度，是建立正常的、规范的教育秩序所不可缺少的措施，学生有义务遵守学校的一切规章制度，成为自觉遵守学校规章制度的好学生。当然，学校的规章制度也应该符合法律的精神和时代的要求。

第三节 未成年学生的法律保护

在学生群体中，未满18周岁的未成年人是一个特殊的群体。此时，未成年学生处于生理上、心理上尚未完全发育成熟的阶段，缺乏自我保护能力，因此需要对其实施法律保护，特别是需要实施人身权和受教育权的保护。

一、人身权的保护

人身权是公民权利中最基本、最重要的一项权利。因此我国《宪法》《刑法》《民法典》等对人身权及其保护做了详细规定。一般而言，人身权包括生命健康权、人身安全权、人身自由权、心理健康权、人格尊严权、人格权、名誉权、荣誉权、隐私权、肖像权、信用权、婚姻自主权、著作权、监护权等多项具体权利。

国家以法律的形式对未成年学生规定了特殊保护的手段和途径。《未成年人保护法》第三条规定："国家保障未成年人的生存权、发展权、受保护权、参与权等权利。未成年人依法平等地享有各项权利，不因本人及其父母或者其他监护人的民族、种族、性别、户籍、职业、宗教信仰、教育程度、家庭状况、身心健康状况等受到歧视。"但在现实生活中，各种侵犯未成年人人身权利的现象还时有发生，这种对权利的侵犯主要集中在学生的身心健康权、人格权、隐私权、名誉权、荣誉权等方面。

(一) 对身心健康权的保护

身心健康权是人身权的基本权利，主要包括学生的生命健康权、人身安全权、人身自由权和心理健康权等方面的内容。未成年学生的身心健康权应受到法律的保护。

> **经典案例**
>
> **河南一学生学习压力过重导致"过学死"**
>
> 2008年12月15日上午,河南省某高中学生小勇(化名)在上第一节课时猝死。小勇是该校复读班的学生,上次考试中排名年级第五。在小勇猝死事件发生之前,这所高中的作息时间是这样安排的:5:00起床。5:20,1500米长跑。6:00—7:00,早自习。7:00,早餐。7:30,开始上午第一节课。上午9:20,课间操。12:00,上午5节课上完后,高一、高二的学生可以在午饭后进寝室休息,高三的学生回教室上自习。14:10—18:20,下午5节课。其中17:40后的第五节课为课外活动时间,高一、高二学生可以外出活动,高三学生则在班里上自习。晚饭之后就是晚自习,一直持续到23:00。加上早操和简短的吃饭时间,该校高三学生每天近18个小时都处在紧张的学习状态中,真正能用来休息的时间仅有6个小时左右。作为一所全封闭的高中,该校学生每月只有两天的假期。寒假高一、高二放假10天,高三放假7天,暑假放假20天。在河南省乃至全国像这样剥夺学生休息权的学校并不在少数。
>
> 资料来源:陈天晗. 河南一高中每天18学时,连发学生意外死亡悲剧[EB/OL]. (2009-04-07)[2021-09-18]. http://news.sohu.com/20090407/n263240776.shtml.

> **课堂讨论**

案例中,学校的做法侵犯了学生什么权利?

(二) 对人格权的保护

我国《宪法》规定每个公民享有同样的人格权,公民的人格权不容侵犯。《未成年人保护法》也明确规定要尊重未成年人的人格尊严。这是因为未成年人与成年人在法律地位上平等,必须尊重未成年人的人格尊严。对侵犯未成年学生人格权的行为,未成年学生可以依法寻求保护。

(三) 对隐私权的保护

隐私权是指学生要求他人尊重个人的、不愿让或不方便让他人获知或干涉的、与公共利益无关的信息或生活领域的权利。《未成年人保护法》第六十三条规定:"任何组织或者个人不得隐匿、毁弃、非法删除未成年人的信件、日记、电子邮件或者其他网络通讯内容。除下列情形外,任何组织或者个人不得开拆、查阅未成年人的信件、日记、电子邮件或者其他网络通讯内容:无民事行为能力未成年人的父母或者其他监护人代未成年人开拆、查阅；因国家安全或者追查刑事犯罪依法进行检查；紧急情况下为了保护未成年人本人的人身安全。"《宪法》第四十条中规定："中华人民共和国公民的通信自由和通信秘密受法律的保护。"

(四) 对名誉权、荣誉权的保护

名誉权、荣誉权是指学生有根据其日常生活行为、作风、观点和工作表现获得关于思想品德、学业表现或其他方面形成的积极社会评价以及特定社会组织授予的称号。未成年学生的名誉权、荣誉权受到法律保护，他人不得诽谤、诋毁，非法定程序，他人不得剥夺；否则，就构成了对学生名誉权、荣誉权的侵犯，要承担相应的法律责任。

经典案例

班主任曝光学生早恋日记，终审判决：侵害名誉权

老师撕走学生日记并曝光，市一中院终审判决：老师行为已侵害了学生的名誉权，被判向学生公开赔礼道歉，并赔偿精神损失费2000元。

小余是璧山县实验中学的体育尖子，班上的体育委员。2001年11月30日下午放学后，16岁的小余和其他同学一起打篮球。同班女生王某看见小余脸上有汗珠，上前用餐巾纸为他擦汗。这一亲昵的动作被班主任汪老师看见，她认为两个学生早恋了，当即将王某喊到办公室。她递给王某一张写满字的纸——这是汪老师私下从小余放在课桌内的笔记本上撕下的两页日记，上面记录了小余对另一名女生的好感。

王某看日记时，汪老师在一旁语重心长地"劝诫"："小余对你不是真心的。"第二天，汪老师不准小余进教室上课。小余的家长多次到学校，恳求让孩子上课，都被汪老师拒绝。

几天后，汪老师又将小余的日记拿给班上另几个学生看，并说小余品德不好，"告诫"学生不要和小余交朋友。

小余的父母很着急，找到学校领导，并请律师向县委宣传部、教育局和孩子所在学校写了法律建议书，要求让孩子复课。

学校和县教育局给汪老师做工作，汪老师仍然不准许小余上课。直到12月5日，在学校校长的命令下，小余才进了教室。但此时，小余已到了崩溃的边缘，当天离家出走。第二天下午，家长和学校才在重庆市区将小余找回。

12月7日，小余恢复了上课，但很多学生对他指指点点。鉴于此，小余父母要求汪老师在一定范围内赔礼道歉，消除影响，但汪老师拒绝了。无奈之下，小余与班主任对簿公堂，要求汪老师赔礼道歉，并赔偿精神损失费。

璧山县法院经审理认为，汪某未经小余同意，撕看小余的日记并向他人传阅，还在学生中讲有损小余名誉的话，其行为已损害了小余的名誉和隐私权。汪某以小余早恋要求其写检讨等为由，不准小余上课学习的行为，侵害了小余的受教育权。虽然汪某教育学生的出发点是好的，但由于采取方式不当，致使小余身心健康和学习受到严重影响。因此，汪某应该向小余赔礼道歉，并给予一定的精神损害赔偿。

资料来源：刁竹，徐加佳.班主任曝光学生早恋日记被判侵害名誉权[EB/OL].(2002-09-20)[2021-09-21]. https://www.chinacourt.org/article/detail/2002/09/id/12908.shtml.

课堂讨论

当学生的合法权益受到侵害时，应该怎么维护？

二、受教育权的保护

未成年学生的受教育权是其所享有的一项重要权利。《教育法》第九条规定："中华人民共和国公民有受教育的权利和义务。公民不分民族、种族、性别、职业、财产状况、宗教信仰等，依法享有平等的受教育机会。"

对于未成年学生来说，受教育权是其在学校各项权利中最重要、最基本的权利。对未成年学生受教育权的保护主要体现在对就学平等权保护，以及对未成年学生受教育权侵犯的法律救济保护等方面。

(一) 对就学平等权的保护

就学平等权首先体现在对依法接受规定年限的义务教育的未成年学生，必须按照有关规定接纳他们入学，不得以任何理由将他们拒之于校门之外。就学的平等权还表现为不分民族、种族、性别、职业、财产状况、宗教信仰等，学生依法享有平等的受教育机会。这主要体现在一些弱势群体受教育权上，具体包括女子享有与男子同等的受教育权利、为经济困难的学生提供资助、为残疾人接受教育提供帮助和便利、为违法犯罪的未成年人接受教育创造条件等。

(二) 对未成年学生受教育权侵犯的法律救济保护

对未成年学生受教育权的侵犯，实行法律救济制度。当未成年学生的受教育权受到侵犯时，可以通过行政渠道或司法渠道获得救济。

> **经典案例**

2021(历届)北京高考加分政策保留少数民族加分

1. 2021年高考加分保留少数民族一项

高考加分项目迟迟未公布,付志锋在昨天下午透露,2021年北京高考仍将保留少数民族加分这一项目,这是本市教育主管部门负责人首次就今年北京高考地方性加分政策调整做出回应。

教育部去年年底公布《关于进一步减少和规范高考加分项目和分值的意见》后,北京教育考试院相关负责人曾透露,最新2021(历届)北京市高考加分政策会在最新2021(历届)1月底之前上报教育部,审批通过后会在适当时机公布。根据教育部的《意见》,2021年1月1日起将取消省级优秀学生、思想政治品德突出事迹者、奥赛获奖者、科技类竞赛获奖者、体育特长生等五项全国性加分,地方性加分中的体育、艺术、科技、三好学生、优秀学生干部等也将取消。

此前,北京加分照顾考生共有19类,其中地方性加分包括市三好、市优干和"少数民族"三类。付志峰表示,教育部明确要求的市级三好生、市级优秀干部加分取消本市将严格贯彻,今年将保留少数民族加分政策,至于这部分加分到底是只适用于市属高校,还是和2020年一样适用于北京地区包括教育部部属的所有高校,尚在研究之中。

2. 本市不会出台统一的学区房年限措施

市政协委员、市教委主任线联平表示,目前,本市正在积极研究今年小升初具体政策,针对有市政协委员提出,为什么有些学校划片"舍近求远","明明在家门口楼下的学校不能上,非要划片到几里地之外的地方?"线联平表示,这主要是因为历史原因,有些优质学校历史划片就在这个范围,如果突然改变,小区居民不会接受。同时,有些是因为家门口学校学位无法满足附近小区的居民,因此需要进行调剂。

资料来源:第一教育. 最新2021(历届)北京高考加分政策保留少数民族加分[EB/OL]. (2021-10-09)[2021-10-09]. http://www.first-hyd.com/beijinggaokao/193872.html.

> **课堂讨论**

试分析北京市调整加分政策的做法的原因。

第四节　未成年学生犯罪及其预防

一、未成年学生犯罪的界定

在具体犯罪构成中存有未满18周岁的未成年学生的因素时，这样的犯罪被称为"未成年学生犯罪"。这一界定主要包括两方面的内涵：一是以未成年学生为主体实施的犯罪；一是以未成年学生为被害人的犯罪。本章对未成年学生犯罪的讨论主要限于第一种解释。

以未成年学生为主体实施的犯罪的界定，主要是在刑法中做出的。我国现行法律把刑事责任年龄规定为三档：第一档为完全无刑事责任阶段，即不满14周岁的行为人，完全不负刑事责任。第二档为相对负刑事责任阶段，即行为人已满14周岁，不满16周岁，只对8种特别严重犯罪负刑事责任。第三档为完全负刑事责任，即14周岁以上不满18周岁的人犯罪，应当从轻或减轻处罚；不满18周岁的人不适用死刑。因此，我国法律对未成年人犯罪的界定，是根据未成年人的各种犯罪实际情况做出的，体现了以教育为主，惩罚为辅的原则。在这方面的具体规定见《刑法》第十七条。《刑法》第十七条规定："已满16周岁的人犯罪，应当负刑事责任。已满14周岁不满16周岁的人，犯故意杀人、故意伤害致人重伤或者死亡、强奸、抢劫、贩卖毒品、放火、爆炸、投放危险物质罪的，应当负刑事责任。""已满14周岁不满18周岁的人犯罪，应当从轻或者减轻处罚。""因不满16周岁不予刑事处罚的，责令其父母或者监护人加以管教；在必要的时候，依法进行专门矫治教育。"

二、未成年学生犯罪的特点与成因

(一) 未成年学生犯罪的特点

当前，未成年学生的违法犯罪行为主要有以下几个特征。

1. 犯罪团伙化

随着年龄的增长，未成年学生易于形成小团伙。这类少年团伙极易发展成为黑恶势力，给社会带来巨大危害。这些少年大多数以侵害财产、人身伤害为主要犯罪动机和目的，以结伙抢劫、盗窃、绑架、敲诈为作案手段。有的团伙有自己的帮规、有会徽、有纪律、有分工，已具有黑恶势力的性质。

未成年学生虽然年轻力壮，具有体力优势，但由于他们的思想还不是太成熟，对犯罪心理压力大，且他们大都实施暴力犯罪，担心被害人反抗，总觉得单个人作案势单力薄，故经常纠集几人去共同作案，使其在力量上足以抵制被害人的反抗。

2. 成员低龄化

当前青少年犯罪的初始年龄与以前相比提前了两至三岁，14岁以下少年违法犯罪比例上升。违法犯罪低龄趋势潜伏着巨大的社会危害，而以给被害人造成肉体上的损害为主要手段或以人的生命、健康为直接侵害对象的各种犯罪呈上升趋势，其中少年涉及的故意杀人、抢劫案件占有较大的比例，故意伤害、强奸、绑架案件也占有一定的比例。

3. 方式智能化

在科技大发展的今天，少年智能犯罪日益增多，有的利用计算机进行盗窃、诈骗、贪污等，有的利用通信工具作案，还有的利用自己掌握的科学技术制造电匕首、电击发手枪、麻醉剂等。

4. 流失生犯罪率上升

近几年，流失生犯罪案件在未成年人犯罪的案件中的比重越来越大。这些流失生犯罪成员多数来自单亲家庭和不和睦的家庭。

经典案例

50名A级通缉犯首现"00后"

2020年8月底，公安部发布A级通缉令，通缉50名重大在逃人员，其中首次出现"00后"。据报道，被通缉的庄某，2001年出生，刚满18岁，早先辍学后外出闯荡，却犯下故意杀人的重罪。虽然杀人的原因，还未公布。但在本应读书、上大学，打开美好人生的年纪，以这样的方式毁掉自己，既可恨，又可叹。

2017年，河南省各级法院发现，辍学未成年人在未成年人犯罪案件中占比超过50%。每个孩子在辍学之初，都抱怨读书太苦、看不到出路，所以想找一条人生的捷径。可生活中到底有多少人，直到碰得"头破血流"，才明白吃了读书的"苦"，才能少吃生活的"苦"。

资料来源：依伊."辍学、打工、杀人"50名A级通缉犯首现"00后"[EB/OL].(2020-10-13)[2021-09-11]. https://www.sohu.com/a/424220306_632334.

课堂讨论

结合实际谈谈造成未成年学生犯罪的原因。

(二) 未成年学生犯罪的成因

未成年学生犯罪有其深刻的自身及社会背景,具体归因如下所述。

1. 自身原因

未成年学生在生理和心理发育上的主要特点有以下几点:①活泼好动。他们处于身体快速发育时期,感到浑身有使不完的力气,喜欢运动和发泄。②容易冲动。他们的神经系统处于高速发育阶段,易于兴奋,表现为缺乏理智、容易冲动。③好奇心强。他们对于社会的一切都感到新奇,他们渴望以自己的视角了解社会,参与社会,所以他们希望能够尝试感兴趣的事情。④性的需求逐渐增加。他们渴望异性的理解、爱抚,希望性的需求得到满足。⑤需求与获得需求的方法相矛盾。他们对于物质、安全、自尊等各种需求都显著增加,但他们获得上述需求的合法方法受到某种局限,导致上述需求处于一种饥渴状态。

成年人由于生理、心理都已经发育成熟,对社会事务包括法律规则都已经比较了解,可以合法有效地满足自身的各种需求,行为和思想都趋于稳定。而未成年学生的自然状况区别于成年人,这就决定了未成年人更易于犯罪,因为他们无法做到真正理解犯罪行为和社会危害,也无法真正理解接受处罚的代价和这种处罚对生命的影响。

2. 学校教育的原因

学校教育在未成年学生健康成长过程中发挥着重要作用。当前学校教育重智轻德,对品德塑造疏于管理;个别教师的素质较差,错误引导学生;辍学人数增加;个别学校不注视法制教育。这些都是导致未成年学生犯罪的原因。

3. 社会的原因

第一,表现为家庭影响。家庭是未成年人成长和生活的最为重要的场所。家庭教育失败、家庭道德沦落以及不完全家庭等是未成年学生走上犯罪道路的主要因素。尤其当前离婚率不断上升,不完整家庭日益增多,这对未成年子女健康成长极为不利。而且,在这样的家庭中,子女往往得不到应有的教育和照顾,享受不到家庭的温暖和父母的关爱,有时甚至处于被遗弃或半遗弃的状态。家庭教育不力,管教不严,致使有些孩子的不良思想和行为发展到一定阶段,难免越过法律的界限,从而走上犯罪道路。

第二,表现为传媒影响。信息通路的开阔使未成年学生获得了知识的广阔资源,但同时也给未成年学生带来了负面的影响。虽然在法律、法规以及有关文件中都明确规定禁止传媒有暴力、色情内容,但在现实生活中,有的大众传媒和非法出版物所描述的暴力、凶杀、色情的情节已无形中起到了教唆未成年学生犯罪的作用。

第三,表现为不良交往的影响。随着年龄的增长,未成年学生对家庭的依赖、依附心理逐渐减弱,独立意识增强,走向社会、与他人交往、建立友情的需要越来越强烈。同时,由于许多家长对孩子的个性发展缺乏了解,平常很少与孩子进行沟通,家长与子女之间的"代沟"明显,孩子们有什么心事,不愿意向家长倾诉,而愿意让同龄朋友帮忙解决。如果孩子结交的朋友中，有人有不良行为，这些不良行为就很容易被传染，甚至在受到朋友的腐蚀、引诱下，走上犯罪的道路。

三、未成年学生犯罪的预防

根据《预防未成年人犯罪法》的规定，学校、家庭、社会对未成年学生犯罪的预防，应当紧密配合，形成合力。

(一) 预防未成年学生犯罪的教育

预防未成年学生犯罪的教育，其目的是增强未成年学生的法治观念，使未成年学生懂得违法和犯罪行为对个人、家庭、社会造成的危害，以及违法和犯罪行为应当承担的法律责任，树立起遵纪守法和对违法犯罪行为的防范意识。

(1) 教育行政部门、学校应当将预防违法犯罪的教育作为法治教育的内容纳入学校教育教学计划，结合未成年学生常见的犯罪，对不同年龄的未成年学生进行有针对性的预防犯罪的教育。

(2) 司法部门应当结合实际，组织、举办展览会、报告会、演讲会等多种形式的预防未成年学生犯罪的法治宣传活动。

(3) 未成年学生的父母或者其他监护人对未成年学生的法治教育负有直接责任。学校在对学生进行预防犯罪的教育时，应将教育计划告知未成年学生的父母或者其他监护人，未成年学生的父母或者其他监护人应当结合学校的教育计划，针对具体情况对未成年学生进行教育。

(4) 少年宫、青少年活动中心等校外活动场所应当把预防未成年学生犯罪的教育作为一项重要的工作内容，开展多种形式的宣传教育活动。

(5) 对年满16周岁不满18周岁准备就业的未成年学生，用人单位应当将法律知识和预防未成年学生犯罪纳入职业培训的内容。

(6) 城市居民委员会、农村村民委员会等社会基层组织，应当积极开展有针对性地预防未成年学生犯罪的法治宣传活动。

(二) 对未成年学生不良行为的预防

未成年学生的父母或者其他监护人和学校，应当教育未成年学生预防不良行为。这些不良行为包括吸烟、饮酒；多次旷课、逃学；无故夜不归宿、离家出走；沉迷网络；与社会上具有不良习性的人交往，组织或者参加实施不良行为的团伙；进入法律法规规定未成年人不宜进入的场所；参与赌博、变相赌博，或者参加封建迷信、邪教等活动；阅览、观看或者收听宣扬淫秽、色情、暴力、恐怖、极端等内容的读物、音像制品或者网络信息等；其他不利于未成年人身心健康成长的不良行为。

家庭对未成年学生具有监护、教育和管教的责任。未成年学生的父母或者其他监护人和学校应当教育未成年学生不得吸烟、酗酒。中小学生旷课的，学校应当及时与其父母或者其他监护人取得联系。未成年学生擅自外出夜不归宿的，父母或者其他监护人、所在的寄宿制学校应当及时查找，或者向公安机关请求帮助。

有关部门对事关未成年学生健康成长的社会生活环境具有管理责任。公安机关要加强对学校周边环境的治安管理，及时制止、处理中小学校周围发生的违法犯罪行为。广播电影电视行政管理部门、文化行政部门要加强对文化市场的管理，使广播、电影、电视、戏剧节目，不得有渲染暴力、色情、赌博、恐怖活动等危害未成年学生身心健康的内容。同时，禁止任何人教唆、胁迫、引诱未成年学生实施《预防未成年人犯罪法》规定的不良行为，或者为未成年学生实施不良行为提供条件。

(三) 对未成年学生严重不良行为的矫治

《预防未成年人犯罪法》所称的"严重不良行为"是指严重危害社会，尚不够刑事处罚的违法行为，包括结伙斗殴，追逐、拦截他人，强拿硬要或者任意损毁、占用公私财物等寻衅滋事行为；非法携带枪支、弹药或者弩、匕首等国家规定的管制器具；殴打、辱骂、恐吓，或者故意伤害他人身体；盗窃、哄抢、抢夺或者故意损毁公私财物；传播淫秽的读物、音像制品或者信息等；卖淫、嫖娼，或者进行淫秽表演；吸食、注射毒品，或者向他人提供毒品；参与赌博赌资较大；其他严重危害社会的行为。

对未成年学生的严重不良行为，应当及时予以制止。对有严重不良行为的未成年学生，父母或者其他监护人和学校应当相互配合，采取措施严加管教，也可以送工读学校进行矫治和接受教育。矫治措施除包括父母管教、送工读学校外，还包括治安处罚、训诫、收容教养、劳动教养等具体措施。

对未成年学生严重不良行为的矫治应保障未成年学生矫治过程中的合法权益。未成年学生在被收容教养期间，执行机关应当继续保证其接受文化知识、法律知识或者职业技术教育的权利；对没有完成义务教育的未成年学生，执行机关应当保证其继续接受义务教育的权利。解除收容教养、劳动教养的未成年学生，在复学、升学、就业等方面与其他未成年人享有同等权利，任何单位和个人不得歧视。

(四) 对未成年学生重新犯罪的预防

对犯罪的未成年学生追究刑事责任，实行教育、感化、挽救的方针，坚持教育为主、惩罚为辅的原则。司法机关办理未成年学生案件，应当保障未成年学生行使其诉讼权利，保障未成年学生得到法律帮助，并根据未成年学生的生理、心理特点和犯罪的情况，有针对性地进行法治教育。对于被采取刑事强制措施的未成年学生，在人民法院的判决生效之前，不得取消其学籍。由此，《预防未成年人犯罪法》关于组成少年法庭审判未成年人犯罪案件，有始有终进行法治教育，不得披露未成年人的姓名、住所、照片等；实行与成年犯分管、分押、分别进行教育；对宣告缓刑、假释的未成年学生采取帮教措施等规定，均对预防未成年学生重新犯罪起着重要的作用。

经典案例

被告人岳某，男，1985年10月20日出生，小学文化程度，自幼丧父，后其母改嫁。

2003年10月1日13时许，时年未满18岁的被告人岳某在林州市城郊乡西街村委会门前，租用被害人郭某的出租车去林州东岗村，并商定来回费用为100元。之后，被害人郭某驾车将岳某送至其在东岗镇东岗村的住处。岳某在家吃过晚饭，因无钱付车费，遂生歹意，趁被害人郭某不备之机，从立柜上拿起一把剪刀掖在腰间。当郭某驾车载被告人岳某返回林州市区，行至河顺镇风门岭隧洞内不远时，岳某突然从腰间掏出剪刀，朝正在驾车的郭某的胸前猛刺一下，郭某停车与岳某搏斗。岳某伸手拉开副驾驶室车门准备逃窜，郭某见状也从副驾驶室出来，下车拽住岳某。岳某持剪刀朝郭某颈部、面部及身上猛刺数下。尔后，沿风门岭向北逃窜。被害人郭某沿公路追出数十米后，因失血过多而死亡。

法院经审理后认为，被告人岳某因无钱支付被害人车费，竟意图行凶，在刺中了被害人胸部后，为了逃避追赶，又向其颈部和身上连捅数刀，致被害人于不顾，放弃其死亡结果的发生，其行为已构成故意杀人罪。被告人于2001年11月16日因抢劫罪被林州市人民法院判处有期徒刑2年，2003年7月30日被刑满释放。2003年10月15日因涉嫌故意杀人罪被依法逮捕。系5年内重新犯罪，属累犯，依法应予以严惩，但鉴于其犯罪时未满18周岁，依法应从轻处罚。依照《中华人民共和国刑法》的规定，以故意杀人罪判处被告人岳某无期徒刑，剥夺政治权利终身。

资料来源：华律网.未成年人犯罪案例[EB/OL].(2021-04-09)[2021-09-21].https://www.66law.cn/topic2010/wcnrfzal.

课堂讨论

岳某的悲剧是多方面原因造成的，谈谈帮助他改过自新的办法。

【小　　结】

1. 学生的法律地位是指学生以其权利能力和行为能力在具体法律关系中取得的一种主体资格。

2. 学生享有以下权利：参加教育教学计划安排的各种活动的权利；获得奖学金、贷学金、助学金的权利；获得公正评价和证书的权利；提出申诉或依法提起诉讼的权利；法律、法规规定的其他权利。

3. 学生应履行下列义务：遵守法律、法规的义务；养成良好品德的义务；努力学习的义务；遵守学校管理制度的义务。

4. 未成年学生处于生理上、心理上尚未完全发育成熟的阶段，缺乏自我保护能力，因此需要对其实施法律保护：①对身心健康权的保护；②对人格权的保护；③对隐私权的保护；④对名誉、荣誉权的保护；⑤对受教育权的保护。

5. 未成年学生的犯罪的特点：犯罪团伙化、成员低龄化、方式智能化、流失生犯罪率上升。

6. 未成年学生犯罪的成因：自身原因；学校教育的原因；社会的原因，分为家庭影响、传媒影响、不良交往的影响。

7. 学校、家庭、社会对未成年学生犯罪的预防，应当紧密配合，形成合力。

【课后练习】

一、填空题

1. 未成年学生的法律保护包括_____的保护和_____的保护。
2. 影响未成年学生犯罪的社会原因包括家庭影响、_____、_____。
3. 就学的_____首先体现在对依法接受规定年限的义务教育的未成年学生，必须按照有关规定接纳他们入学，不得以任何理由将他们拒之于校门之外。

二、选择题

1. 下列不属于学生应该履行的义务是(   )。
   A. 遵守法律、法规   B. 遵守学生行为规范，尊敬师长
   C. 努力学习，完成规定的学习任务 D. 尽力帮助老师完成工作任务
2. 未成年学生犯罪的特点有(   )。
   A. 犯罪团伙化   B. 成员低龄化
   C. 方式智能化   D. 流失生犯罪率下降
3. 身心健康权是人身权的基本权利，主要包括学生的(   )
   A. 生命健康权   B. 人身安全权
   C. 人身自由权   D. 心理健康权

三、简答题

1. 如何理解学生获得公正评价和证书的权利?
2. 未成年学生犯罪预防的措施有哪些?
3. 未成年学生的受教育权应如何保护?
4. 从学校与学生法律关系角度谈谈学生权利保护方面存在的问题及对策。

第三篇　学前教育篇

第十一章 学前教育政策法规

学习目标

1. 了解我国学前教育的性质和任务
2. 掌握我国主要学前教育政策法规的基本内容和颁布意义
3. 重点掌握《幼儿园管理条例》和《幼儿园工作规程》的主要内容
4. 了解《儿童权利公约》内容，学会保护儿童权利
5. 明确成为合格教师需具备的条件
6. 明确成为一名合格园长的标准

知识结构图

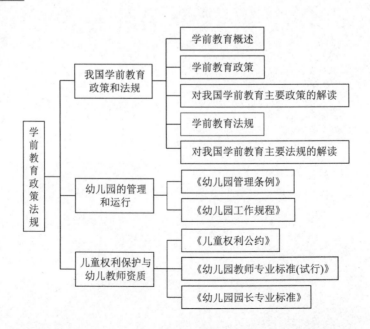

引言

"入园难，难于考公务员；入园贵，贵过大学收费。"这种说法虽然夸张，但入园难是现在幼儿家长们热议的焦点话题，这也充分说明"入园难"已成为人们反映强烈的民生问题。入园难究竟难在什么地方呢？第一，农村和偏僻地方的幼儿没有机会进入幼儿园。在偏僻的地方，幼儿园的数量少之又少，大量的幼儿无法在幼儿园中学习。第二，城市幼儿园收费高阻止了幼儿的入园。幼儿园本身的宗旨应该是为孩子服务，而部分幼儿园却为了利益，不断提高入学学费，变相收取其他费用，由此使幼儿入园变得难上加难。第三，入优质园难。伴随着经济的增长，家长对孩子的教育问题要求提高了，家长希望自己的孩子能上一个好的幼儿园，不输在起跑线上，这也是入园难的一个表现。

冰冻三尺，非一日之寒，入园难是诸多矛盾长时间积累后的集中爆发。2010年11月21日国务院正式发布了《国务院关于当前发展学前教育的若干意见》，强调把发展学前教育摆在更加重要的位置，以多种形式扩大学前教育资源，以多种途径加强幼儿教师队伍建设，多种渠道加大学前教育投入，加强幼儿园准入管理，致力于解决幼儿园现存的多种问题。

教育事业的改革与发展离不开正确的政策引导，也离不开完善的法治建设的保障。国务院对学前教育问题的应对体现了政府部门对于学前教育的构想和规划，这些构想和规划最终将以具体的形式落到实处，给人民带来实质性的福利。

第一节 我国学前教育政策和法规

一、学前教育概述

(一) 学前教育的性质和任务

1. 性质

学前教育是基础教育的组成部分，是我国学校教育和终身教育的奠基阶段。

我国《宪法》第一章第十九条规定："国家举办各种学校，普及初等义务教育，发展中等教育、职业教育和高等教育，并且发展学前教育。"这说明学前教育是我国教育体系的组成部分。

此外,《幼儿园工作规程》明确指出,幼儿教育是"基础教育的有机组成部分,是学校教育制度的基础阶段",所以学前教育是我国教育制度的重要组成部分,对于普及基础文明、提高人口素质和增强我国综合国力方面都具有不可替代的重要作用。

2. 任务

学前教育具有双重任务,即为学前儿童和家长服务,其根本任务是"为学前儿童一生的发展打好基础"。幼儿园应贯彻国家的教育方针,按照保育与教育相结合的原则,遵循幼儿身心发展特点和规律,实施德、智、体、美等方面全面发展的教育,促进幼儿身心和谐发展;同时面向幼儿家长提供科学育儿指导。由此可见,幼儿教育也是一项社会公益事业,关系到广大人民群众的根本利益。

(二) 学前教育的要素

构成学前教育的因素主要包括教育者、受教育者、教育内容、教育环境。

1. 教育者

教育者就是教师,在教育机构中对学生的身心施加特定影响的专门人员。在学前教育中,学前教育教师处于主导地位,承担保育和教育的双重责任,需经过专门的专业性训练,具有良好的专业道德与态度、掌握系统的专业知识和专业技能,对幼儿的身心发展起着举足轻重的作用。因此,要建设一支具有专业水平和良好素养的幼儿教师队伍,为学前教育的可持续发展提供保障。

2. 受教育者

我国学前教育的受教育者是指3～6周岁的幼儿,学前儿童是构成学前教育的核心要素。幼儿期是幼儿心理发展的敏感期,言语发展的重要时期以及个性开始形成的时期,幼儿生理、心理和行为都迅速发展。因此,维护幼儿合法权益,促进其身心健康发展是极为重要的。

如今,世界各国都很重视保护儿童的权利,1959年,《儿童权利宣言》正式通过,成为历史上第一个关于保护儿童权利的国际性公约;1989年,联合国第44届大会通过《儿童权利公约》,进一步保障儿童的权利。我国作为《儿童权利公约》的缔约国之一,对儿童权利的尊重及保障还在《中华人民共和国宪法》《中华人民共和国义务教育法》《中华人民共和国未成年人保护法》等相关法律中体现。

3. 教育内容

学前教育内容的划分可以有多种形式。《幼儿园教育指导纲要》把学前教育内容划分为健康领域、语言领域、社会领域、科学领域、艺术领域。在教育实践中,教师要树立正确科学的知识观,将教育内容与教育环境、教育目的、教师任务、儿童的身心发展融合在一起。

4. 教育环境

学前教育环境可分为机构、社区与家庭环境,也可分为自然环境和社会环境,还可分为内部环境和外部环境，还可分为显性环境和隐性环境。良好的学前教育环境是促进学前教育取得良好效果的重要载体，有利于激发和支持儿童的游戏和学习的兴趣，促进儿童身体、情感认知与社会性的发展。

在学前教育环境的创设中，不仅要重视物质环境的创设，对空间、设施、活动材料的设计和选用要符合幼儿年龄特点，突出教育性的特点，还要重视人际环境和精神氛围的营造，建立良好的师幼关系，同时帮助儿童建立良好的同伴关系，促进儿童社会化的发展。

二、学前教育政策

学前教育政策是国家所制定和颁发的关于学前教育的方针、法律、纲要、决定、通知、规划、规定、意见、办法、条例、规程、细则、纪要等各种文件的总称，是党和政府为完成一定历史时期的学前教育任务，实现学前教育培养目标而做出的兼具战略性、现实针对性和可操作性的规定，是党和政府为实施和发展学前教育事业而制定的行动准则。

(一) 学前教育政策的特征

学前教育政策的内容既涵盖了学前教育发展的目标，又规定了学前教育发展的促进手段，因而比较充分地体现了国家发展学前教育的意志和行动。结合我国学前教育政策的实际情况，可以将学前教育政策的特征归纳为以下几方面。

1. 政治性和原则性

政治性是学前教育政策的根本特征，直接反映学前教育政策主体的自身利益和要求，充分体现了国家发展学前教育的意志和行动。

原则性是学前教育政策的内容鲜明地体现政党和国家利益的政治意图，它规定了人们应做或不应做什么，提倡或鼓励做什么。

2. 目的性与灵活性

首先，学前教育政策是根据学前教育事业的发展需要而制定出来的，具有明确的目的性。其次，灵活性体现在两个方面：一方面，学前教育政策能够随着社会的发展变化及时做出调整；另一方面，各地、各单位在理解和贯彻学前教育政策时，可以根据本地、本单位的实际情况做出相应调整。

3. 相对的稳定性

学前教育政策经制定公布后，在其有效的时间、空间范围内相对保持不变。《国家中长期教育改革和发展规划纲要(2010—2020年)》就是在2010—2020年间指导我国教育发展的纲领性政策，10年内稳定不变。但从动态的角度看，学前教育政策由教育议题确定、政策决策、政策执行、政策监督和政策评价等阶段构成，是一个动态的过程。

4. 鲜明的系统性

学前教育政策是党和政府教育政策体系中的有机组成部分之一，所需调节的关系是繁多而复杂的。从横向看，学前教育政策包含了多方面的内容，它们之间互相配合，组成了一个学前教育政策整体，形成一个结构严谨的政策体系。从纵向看，学前教育政策的系统性表现在两个方面：一是中央与地方学前教育政策的相互关联性；二是学前教育政策的历史继承性。只有纵向一致、横向协调，形成一个系统，才能更好地发挥作用。

(二) 学前教育政策的作用

学前教育政策的作用是指教育政策所发挥的效力。概括起来，学前教育政策的作用主要有导向、协调和控制三个方面。

1. 导向作用

学前教育政策对学前教育教学活动和人们的行为具有引导作用。首先，学前教育政策提出的教育目标引导人们为之共同努力。例如，《国家中长期教育改革和发展规划纲要(2010—2020年)》提出要"重点发展农村学前教育"，明确的目标任务极大地激发了社会各界的热情，广泛地调动了社会力量来共同支持学前教育事业，进而全面推动了学前教育事业的发展。其次，学前教育政策提出的一系列教育发展措施更加具体地引导人们怎样做、如何做。例如，《国家中长期教育改革和发展规划纲要(2010—2020年)》提出发展农村学前教育的措施有"保障留守儿童入园""改建、扩建幼儿园""利用中小学布局调整后富余的校舍和教室举办幼儿园(班)"等，这些措施的提出能有效指导各部门开展工作，促进农村学前教育事业的发展。

2. 协调作用

学前教育政策的协调作用是指教育政策在社会发展过程中具有协调和平衡各种教育关系的作用。首先，学前教育政策协调学前教育系统内部的关系，如幼儿教师与幼儿的关系、园长与幼儿教师的关系等。其次，学前教育政策协调学前教育系统与其他社会系统之间的关系，如幼儿园与社区、幼儿园与小学等的关系。

3. 控制作用

任何教育政策都是为了解决一定的教育问题或者预防某些教育问题的出现而制定的，具有约束和规范人们行为的作用，即控制作用。在学前教育活动中，学前教育政策的控制作用是非常重要的。例如，关于"减轻中小学生课业负担"的政策规定就为人们应该怎样做、不应该怎样做明确了尺度，充分表明教育政策具有极强的控制作用。

三、对我国学前教育主要政策的解读

"十一五""十二五"及"十三五"时期，我国的综合国力得到迅速增强，改革已相当见成效，在社会各界、学界等多方努力下，学前教育受到了极大重视，我国学前教育在一系列政策引导下不断前进。我国现行的学前教育政策主要体现在以下几个文件中。

(一)《国家中长期教育改革和发展规划纲要(2010—2020年)》

根据党的十七大关于"优先发展教育，建设人力资源强国"的战略部署，为促进教育事业科学发展，全面提高国民素质，加快社会主义现代化进程，2010年7月，中共中央、国务院颁布了《国家中长期教育改革和发展规划纲要(2010—2020年)》(以下简称《纲要》)。《纲要》是我国教育改革发展的纲领性文件，对新时期教育发展进行了全面的规划和部署，表明了教育基本政策的重要变革与创新。《纲要》共二十二章，七十条，主要内容分为总体战略、发展任务、体制改革和保障措施四大部分。《纲要》中有关学前教育的内容解读如下所述。

1. 基本普及学前教育

我国人口众多，年龄在0~6岁的学龄前人口超过1亿，加快学前教育的普及，对于提高我国教育水平和国民整体素质具有奠基作用。近年来，我国的学前教育发展突飞猛进，取得了多方面的成就，但投入不足、资源短缺、城乡发展不平衡等问题依旧存在，从一定程度上制约着学前教育事业的进一步发展。为此，《纲要》首先肯定了学前教育对于儿童发展的重要作用："学前教育对幼儿身心健康、习惯养成、智力发展具有重要意义。"强调要"重视0~3岁婴幼儿教育"，并提出了"到2020年，普及学前一年教育，基本普及学前两年教育，有条件的地区普及学前三年教育"的战略目标。目前，我国大部分地区已基本完成学前教育的普及目标。

2. 明确政府职责

明确和落实政府职责是学前教育事业健康发展的重要保障，为此，《纲要》特别指出在学前教育发展中的政府职责，具体来说包括以下几个方面。

(1) 把发展学前教育纳入城镇、社会主义新农村建设规划。主要通过以下几项措施来保障实施：建立对贫困、偏远、民族地区等学前教育发展的专项支持与转移交付制度；支持中西部农村扩大学前教育资源；利用农村闲置校舍改、扩建幼儿园，依托农村小学富余校舍增设幼儿园；在偏远农村地区开展学前教育巡回支教试点等。

(2) 加大政府教育投入，完善成本合理分担机制。首先，加大政府的教育投入。政府的教育投入是教育事业发展的物质基础，也是支持教育长远发展的基础性、战略性投资。为了落实《纲要》精神，国家对于学前教育的财政投入举措主要包括扶持普惠性民办幼儿园，扶持城市部门、集体办园，实施幼儿教师国家级培训计划。其次，建立学前教育资助制度。各地根据学前教育普及程度和发展情况，逐步对农村家庭经济困难和城镇低保家庭子女接受学前教育予以资助。例如，政府财政可以安排专项经费用于贫困地区幼儿入园问题,向低保户适龄入园儿童、残疾儿童进行定额补贴等。同时,各地方的"学前教育三年行动计划"均明确了对学前教育的财政支持。

3. 重点发展农村学前教育

我国农村人口众多,农村学前教育一直是学前教育事业发展的重点和难点。近年来,随着农村经济的发展,广大农村家长普遍希望自己的孩子进入正规幼儿园接受更好的学前教育,农村对正规、优质幼儿园的需求日益增加;再加上随着进城务工人员增加,增加优质幼儿园能够改善农村留守儿童的生存状况和受教育环境。

为此,《纲要》强调了发展农村学前教育的重要性和必要性,提出"努力提高农村学前教育普及程度,着力保证留守儿童入园",并号召通过"采取多种形式扩大农村学前教育资源,改扩建、新建幼儿园,充分利用中小学布局调整后富余的校舍和教室举办幼儿园(班)"等具体措施增加幼儿园的数量。

(二)《国务院关于当前发展学前教育的若干意见》

为贯彻落实党的十七届五中全会、全国教育工作会议精神和《国家中长期教育改革和发展规划纲要(2010—2020年)》,积极发展学前教育,着力解决当前存在的"入园难"问题,满足适龄儿童入园需求,促进学前教育事业科学发展,国务院于2010年11月21日正式发布了《国务院关于当前发展学前教育的若干意见》,该文件提出了推动学前教育发展的十条政策措施,因此又称"国十条"。

1. 把发展学前教育摆在更加重要的位置

"国十条"用三个"是"和三个"关系"突出强调了学前教育的重要地位。

三个"是":学前教育"是终身学习的开端""是国民教育体系的重要组成部分""是重要的社会公益事业"。三个"是"表明了学前教育的性质。

三个"关系":办好学前教育"关系亿万儿童的健康成长""关系千家万户的切身利益""关系国家和民族的未来"。三个"关系"从幼儿个人、家庭和国家三个层面来说明学前教育的地位和重要性。

学前教育事业是典型的社会公益事业,因此"国十条"指出:"发展学前教育,必须坚持公益性和普惠性。"但这种"普惠性"不能因为收费低而降低质量要求,相反有质量保证的幼儿园才能真正地发挥普惠作用。

2. 多种形式扩大学前教育资源

我国现有的学前教育资源远远不能满足人民群众对学前教育的需求。完成《纲要》所设定的"基本普及学前教育"的目标还需增加许多幼儿园。为此,"国十条"描述了我国未来学前教育公共服务体系的基本格局:以普惠性幼儿园为主体,公办、民办并举,城镇以小区配套幼儿园为依托;农村以乡镇幼儿园为核心,覆盖城乡,布局合理。此外,"国十条"还提出通过以下途径有效扩大学前教育资源。

(1) 大力发展公办幼儿园。在新的形势下,大力发展公办幼儿园,不断增加公办幼儿园的数量是扩大学前教育资源的主要途径。"国十条"明确提出了发展公办幼儿园的各种途径:大力发展公办幼儿园,提供"广覆盖、保基本"的学前教育公共服务;加大政府投入,新建、改建、扩建一批安全、适用的幼儿园;不得用政府投入建设超标准、高收费的幼儿园;中小学布局调整后的富余教育资源和其他富余公共资源,优先改建成幼儿园;鼓励优质公办幼儿园举办分园或合作办园;制定优惠政策,支持街道、农村集体举办幼儿园。

(2) 鼓励社会力量以多种形式举办幼儿园。目前,民办幼儿园是我国学前教育事业的组成部分,在学前教育事业发展中发挥着重要的作用。《纲要》明确指出:"建立政府主导、社会参与、公办民办并举的办园体制。""国十条"则进一步指出:"积极扶持民办幼儿园特别是面向大众、收费较低的普惠性民办幼儿园发展。""国十条"还提出了一系列的扶持措施,例如"通过保证合理用地、减免税费等方式,支持社会力量办园""采取政府购买服务、减免租金、以奖代补、派驻公办教师等方式,引导和支持民办幼儿园提供普惠性服务""民办幼儿园在审批登记、分类定级、评估指导、教师培训、职称评定、资格认定、表彰奖励等方面与公办幼儿园具有同等地位"等。

经典案例

2019年2月,国务院联合教育部印发了《关于城镇小区配套园整治的通知》,有些自媒体对小区配套园必须为公办园或者普惠性幼儿园的解读存在偏差,认为民办幼儿园将退出历史舞台。就目前来说,民办幼儿园仍然是我国幼儿园主力军,担任着一个不可或缺的角色,一旦缺失造成的后果将是许许多多的适龄儿童没法上幼儿园,家长将为一个幼儿园学位争得"你死我活"……

民办幼儿园到底有多重要呢?通过一组教育部2018年幼儿园统计数据就能清楚看出:2018年全国共有幼儿园26.67万所,比上年增加1.17万所,增长4.6%。学前教育入园幼儿为1863.91万人;在园幼儿为4656.62万人,比上年增加56.28万人,增长1.22%。民办幼儿园为16.58万所,比上年增加5407所,增长3.37%;入园儿童为997.26万人,比上年减少2.06万人,下降0.21%;在园幼儿为2639.78万人,比上年增加67.44万人,增长2.62%。

从数据可以看出,民办幼儿园占总数的一大半,民办幼儿园在园人数也占总数的56.7%。无论是在园人数还是数量,民办幼儿园都占很大优势。

资料来源:于彩虹.教育部:去年民办幼儿园比上年增5407所,增长3.37%[EB/OL].(2019-07-27)[2021-09-22]. https://www.163.com/edu/article/EL2P9OKR00297VGM.html.

> **课堂讨论**
>
> 你从教育部2018年幼儿园统计数据中获得什么信息?短期内民办幼儿园会面临退出历史舞台的危机吗?

(3) 落实城镇小区配套幼儿园建设。"国十条"重申了《纲要》中"把发展学前教育纳入城镇、社会主义新农村建设规划"的重要指示,同时还强调了城镇幼儿园建设要充分考虑进城务工人员随迁子女接受学前教育的需求,强调补建、同步建、强制建幼儿园。补建,是指城镇小区没有配套幼儿园的,应根据居住区规划和居住人口规模,按照国家有关规定配套建设幼儿园。同步建,是指新建小区配套幼儿园要与小区建设"三同步",即同步规划、同步建设、同步交付使用;且建设用地按国家有关规定予以保障。强制建,是指未按规定安排配套幼儿园建设的小区规划不予审批。

(4) 努力扩大农村学前教育资源。扩大农村学前教育资源一直是国家发展学前教育的重点和难点,为此,"国十条"提出了4条措施。

第一,纳入规划。"国十条"指出:"各地要把发展学前教育作为社会主义新农村建设的重要内容,将幼儿园作为新农村公共服务设施统一规划,优先建设,加快发展。"这一规定事实上明确了今后的农村幼儿园是以公办、集体办为主。

第二,加大投入。国家实施推进农村学前教育项目,重点支持中西部农村地区。各地方政府安排专门资金,重点建设农村幼儿园。

第三,完善网络。通过建园、设分园、联合办园,配备专职巡回指导教师等方式,完善县、乡、村学前教育网络。

第四,改善条件。改善农村幼儿园办园条件,配备保教设施、玩教具、幼儿读物等,逐步为农村幼儿园创设良好的教育环境。

3. 多种途径加强幼儿教师队伍建设

目前,我国幼儿教师队伍的不足主要表现为以下几个方面:教师数量不足,师生比不合理;教师整体学历层次和素质偏低;教师待遇低,社会保障不能落实等。学前教育事业可持续发展要求建设一支数量充足、水平专业的幼儿教师队伍。为此,"国十条"提出:"加快建设一支师德高尚、热爱儿童、业务精良、结构合理的幼儿教师队伍。""国十条"还给出以下几条建议。

(1) 健全幼儿教师资格准入制度。2010年,国家颁布幼儿教师专业标准,要求各地据以公开招聘具备条件的毕业生充实幼儿教师队伍。此外,中小学富余教师经培训合格后可转入学前教育。这就从很大程度上扩大了幼儿教师的来源。

(2) 依法落实幼儿教师地位和待遇。不断增加幼儿教师职业的吸引力是建设幼儿教师队伍的关键。"国十条"建议通过提高幼儿教师的待遇和福利保障来吸引更多的优秀人才从事学前教育工作。"国十条"还提出:"对长期在农村基层和艰苦边远地区工作的公办幼儿教师，按国家规定实行工资倾斜政策。"这对鼓励公办教师到农村和边远地区从事学前教育有一定的促进作用。

(3) 完善学前教育师资培养培训体系。在幼儿教师的培养方面，"国十条"充分考虑到学前教育师资培养任务的艰巨性，提出中等幼儿师范学校、高等师范学校学前教育专业和幼儿师范专科学校并举建设；着重提出对面向农村的幼儿教师培养要扩大免费招生规模。这些都是幼儿教师培养方面的创新之举。

在幼儿教师的培训方面，"国十条"也提出了"国家级培训计划"等具体措施，要求各地政府投入相当的人力和财力用于幼儿教师的培训，这对于提高幼儿教师的质量、切实提升教师队伍素质、满足普及学前教育的教师需求是一大助力。

4. 多种渠道加大学前教育投入

学前教育虽然是我国国民教育体系的重要组成部分，但在财政投入上处于边缘地位，从一定程度上制约了学前教育事业的发展。为此，"国十条"规定了各级政府的新增教育经费要"向学前教育倾斜"，财政性学前教育经费要"合理比例"，要"未来三年有明显提高"。这些规定确立了将学前教育纳入各级政府公共财政中的预算会计体系，表明了中央决心建立学前教育稳定的财政经常性投入的长效机制。

从"国十条"的规定来看，学前教育经费大致用于以下几个方面：支付公办幼儿园的生均公用经费与生均教育经费；扶持和资助集体国有企事业单位、部门办幼儿园；向普惠性民办幼儿园购买服务；建立学前教育资助制度，资助家庭经济困难儿童、孤儿和残疾儿童接受普惠性学前教育，发展残疾儿童学前康复教育；中央支持中西部农村地区、少数民族地区和边疆地区发展学前教育和学前双语教育，重点支持边远贫困地区和少数民族地区发展学前教育。

"国十条"在经费的投向上，充分体现了普惠、公平的原则，有利于营造公办、民办幼儿园公平竞争、共同发展的环境，有利于农村学前教育事业的迅速推进和城乡均衡发展，有利于保护弱势群体儿童的受教育权。

5. 加强幼儿园准入管理

由于幼儿园的市场需求大，国家对于幼儿园的准入制度不健全，监管力量不足，导致社会上无证办园现象严重，使得各类幼儿园和早期教育机构参差不齐，有些未能达到规定的办园条件和标准，对幼儿的健康和安全造成了威胁。针对这一现象，"国十条"提出了两方面措施。

第一，完善法律法规，规范学前教育管理。具体方法包括严格执行幼儿园准入制度，制定各种类型幼儿园的办园标准，建立幼儿园信息管理系统，对幼儿园实行动态监管，完善和落实幼儿园年检制度，对社会各类幼儿培训机构和早期教育指导机构加强监督管理等。此外，"国十条"还明确了幼儿园的办园许可，从根本上减少无证办园现象的发生。

第二，分类治理、妥善解决无证办园问题。对于无许可证已开办的幼儿园，"国十条"给出整改建议,经整改达到相应标准的,颁发办园许可证。整改后仍未达到要求的,依法予以取缔。

6. 强化幼儿园安全监管

近年来,幼儿园安全事故频繁发生,为此,"国十条"提出强化幼儿园安全监管各项措施主要包括4个方面:加强安全设施建设,配备保安人员,健全各项安全管理制度和安全责任制;建立全覆盖的幼儿园安全防护体系,加强监督指导;提高安全防范意识,加强内部安全管理;幼儿园所在街道、社区和村民委员会要共同做好幼儿园安全管理工作。

经典案例

张某的女儿兰兰在一家幼儿园的大班就读。一天下午放学时,张某因为堵车,没有及时赶到幼儿园接兰兰。而张某的邻居贾某,在去幼儿园接了自己的孩子之后,见兰兰父母没来接,便顺路将兰兰接走。但兰兰在回家路上的一个沟渠边洗手时,不慎落水身亡。事发后,张某认为,一直都是自己和妻子接送兰兰的,他们并没有委托其他人来接孩子,并且幼儿园当天也从未接到过张某夫妇的电话或指示,要求将孩子交付他人,故认为,兰兰的死亡是幼儿园疏于管理导致的,幼儿园负有不可推卸的责任。但幼儿园认为,将兰兰接走的是张某的邻居,家长和孩子都很熟悉,让其将孩子一起接走并无不妥。双方协商无果,张某将幼儿园告上法庭。

法院在审理中认为,对未成年人依法负有教育、管理、保护义务的学校、幼儿园或其他机构,未尽职责范围内的相关义务致未成年人遭受人身损害,或者未成年人致使他人人身损害的,应当承担与其过错相应的赔偿责任。幼儿园虽然按照教育部门的规定,制定了幼儿接送制度,但其却并未严格依照执行。张某将女儿送到幼儿园,幼儿园就应当尽到相应的管理、保护职责,可幼儿园并未严格按照规定以及制度进行管理,这是此事件发生的直接原因,其应对此承担赔偿责任。即便是邻居将小孩接走,幼儿园也是在未核对张某是否委托其接送的情况下擅自将小孩交与他人,幼儿园因此应当承担赔偿责任。最终判决幼儿园承担17万元的赔偿责任。

资料来源:扬子晚报.孩子被邻居接走身亡幼儿园也要承担责任[EB/OL]. (2007-03-20)[2021-0922]. http://news.sina.com.cn/s/2007-03-20/070111450048s.shtml.

课堂讨论

针对近年来发生的幼儿园意外事件,你觉得是什么原因造成的?如何通过加强幼儿园安全监管避免这种情况的发生,谈谈你的看法。

7. 规范幼儿园收费管理

国家有关部门2011年出台了幼儿园收费管理办法，"国十条"明确规定进一步规范幼儿园收费管理的措施，提出："省级有关部门根据城乡经济社会发展水平、办园成本和群众承受能力，按照非义务教育阶段家庭合理分担教育成本的原则，制定公办幼儿园收费标准，完善备案程序，加强分类指导。"此外，"国十条"还规定幼儿园"收费公示"，使之在社会监督下，合理收费，减少乱收费现象。

8. 坚持科学保教，促进幼儿身心健康发展

我国要普及学前教育，同时对保教质量提出更高的要求。"国十条"对幼儿教育内容和教育方式的指导意见是："遵循幼儿身心发展规律，面向全体幼儿，关注个体差异，坚持以游戏为基本活动，保教结合，寓教于乐，促进幼儿健康成长。"同时，"国十条"又从幼儿园的角度指出："加强对幼儿园玩教具、幼儿图书的配备与指导，为儿童创设丰富多彩的教育环境，防止和纠正幼儿园教育'小学化'倾向。要把幼儿园教育和家庭教育紧密配合，共同为幼儿的健康成长创造良好环境。"

9. 完善工作机制，加强组织领导

各级政府要加强对学前教育的统筹协调，健全教育部门主管、有关部门分工负责的工作机制，形成推动学前教育发展的合力，主要包括开展以下措施。

(1) 教育部门要完善政策，制定标准，充实管理、教研力量，加强学前教育的监督管理和科学指导。

(2) 机构编制部门要结合实际，合理确定公办幼儿园教职工编制。

(3) 发展改革部门要把学前教育纳入当地经济社会发展规划，支持幼儿园建设发展。

(4) 财政部门要加大投入，制定支持学前教育的优惠政策。

(5) 城乡建设和国土资源部门要落实城镇小区和新农村配套幼儿园的规划、用地。

(6) 人力资源和社会保障部门要制定幼儿园教职工的人事(劳动)、工资待遇、社会保障和技术职称(职务)评聘政策。

(7) 价格、财政、教育部门要根据职责分工，加强幼儿园收费管理。综治、公安部门要加强对幼儿园安全保卫工作的监督指导，整治、净化周边环境。

(8) 卫生部门要监督指导幼儿园卫生保健工作。民政、工商、质检、安全生产监管、食品药品监管等部门要根据职能分工，加强对幼儿园的指导和管理。

(9) 妇联、残联等单位要积极开展对家庭教育、残疾儿童早期教育的宣传指导。充分发挥城市社区居委会和农村村民自治组织的作用，建立社区和家长参与幼儿园管理和监督的机制。

10. 统筹规划，实施学前教育三年行动计划

"国十条"要求各省(区、市)政府要深入调查，准确掌握当地学前教育基本状况和

存在的突出问题，结合本区域经济社会发展状况和适龄人口分布、变化趋势，科学测算入园需求和供需缺口，确定发展目标，分解年度任务，落实经费，以县为单位编制学前教育三年行动计划，有效缓解"入园难"。各省(区、市)行动计划报国家教育体制改革领导小组办公室备案。"国十条"还要求各省(区、市)要建立督促检查、考核奖惩和问责机制，确保大力发展学前教育的各项举措落到实处，取得实效。各级教育督导部门要把学前教育作为督导重点，加强对政府责任落实、教师队伍建设、经费投入、安全管理等方面的督导检查，并将结果向社会公示。

此外，"国十条"还指出教育部应会同有关部门对各地学前教育三年行动计划进展情况进行专项督查，组织宣传和推广先进经验，对发展学前教育成绩突出的地区予以表彰奖励，营造全社会关心支持学前教育的良好氛围。

(三)《国家教育事业发展"十三五"规划》

从1953年开始，我国每五年对国民经济和社会发展做一次规划。2016年是"十三五"规划的开局之年，我国制定了《国民经济和社会发展第十三个五年规划纲要》。

2017年1月10日，国务院发布了《国家教育事业发展"十三五"规划》，对2016—2020年我国的教育事业发展提出详细规划，并要求各地方根据规划内容制定出符合当地实际情况的"十三五"规划。

(四)《关于实施第三期学前教育行动计划的意见》

近年来，各地按照党中央、国务院的决策部署，以县为单位实施第一期、第二期学前教育三年行动计划。各级政府高度重视，财政投入持续增加，长期制约改革发展的一些瓶颈问题得到突破。全国学前三年毛入园率2016年达到77.4%，"入园难"进一步缓解，学前教育发展迈上新的台阶。但总体上看，学前教育仍是教育体系中最薄弱的环节，普惠性资源供给不足，教师数量短缺、工资待遇偏低，幼儿园运转困难，保教质量参差不齐等问题还普遍存在，仍处于爬坡过坎的关键期。

学前教育作为国民教育体系的重要组成部分，对人的终身学习和发展具有重要意义。实施三期行动计划，是巩固一期、二期成果，加快发展学前教育，推进教育现代化的必然要求；是基本解决"入园难""入园贵"问题，推动"二孩政策"落地，保障民生的迫切需要；是推进教育扶贫，从人生早期阻断贫困代际传递，促进全面建成小康社会的重大举措。各地要深刻认识实施三期行动计划的重要意义，保持学前教育的良好发展势头，切实履职尽责，坚定不移，持续推进学前教育改革发展，努力回应人民群众对接受良好学前教育的期盼。

1. 基本原则

第一，注重科学规划，即充分考虑人口政策调整和城镇化进程的需要，优化幼儿园布局。第二，坚持公益普惠，公办民办并举，加大财政投入，提升学前教育公共服务水平。第三，强化机制建设，即建立健全确保学前教育可持续发展的体制机制，提高综合治理能力。

2. 重点任务

(1) 增加普惠性资源供给。重点加强脱贫攻坚地区、"两孩政策"新增人口集中地区和城乡接合部幼儿园建设；大力发展公办幼儿园，提供广覆盖、保基本的学前教育公共服务。

(2) 深化体制机制改革。落实地方各级政府发展学前教育的责任；理顺机关、企事业单位、城镇街道办幼儿园办园体制；建立与公益、普惠要求相适应的学前教育成本分担机制。

(3) 提升保育、教育质量。坚持以游戏为基本活动，保教并重，养成良好的品德与行为习惯，锻炼幼儿健康的体魄，激发幼儿探究兴趣，培养积极的交往与合作能力，促进幼儿身心全面和谐发展。

3. 政策措施

(1) 发展普惠性幼儿园。
(2) 理顺学前教育管理体制和办园体制。
(3) 健全学前教育成本分担机制。
(4) 构建幼儿教师队伍建设支持体系。
(5) 加强幼儿园质量监管和业务指导。

4. 组织实施

(1) 加强组织领导。
(2) 建立投入激励机制。
(3) 建立工作推进机制。

四、学前教育法规

学前教育法规是国家教育行政机关所制定的关于学前教育的规范性文件总体，是规范学前教育活动、调整学前教育关系的法律法规的总称。学前教育法规是教育法的组成部分，学前教育法律法规的贯彻实施对于促进社会主义教育事业的发展，培养社会主义现代化建设合格人才，具有重要的意义。

(一) 学前教育法规的特点

如果将学前教育法规作为法律整体的一部分而与其他社会规范相比较,它便具有法律的一般特征,即它是一种特殊的社会规范,由国家制定或认可,具有国家意志性;它通过规定人们的权利和义务来调整社会关系;它是由国家强制力保证实施的,具有普遍的约束力。如果将学前教育法规作为一个学前教育层次法而与其他层次法相比较,对其教育特征的概括又会有所不同。学前教育法的特征可以概括为以下几个方面。

1. 原则性与灵活性相结合

第一,学前教育法规所需解决的问题包罗万象,一些重大问题必然要从长远出发,讲求原则性,至于一些具体的阶段性目标,可以具有灵活性;第二,学前教育作为一个复杂的系统,涉及面非常广泛,要协调各方利益,在某些问题上,既要讲原则又要灵活变通;第三,我国各地区学前教育发展不平衡,需要原则性与灵活性相结合。

2. 针对性与操作性相结合

学前教育法规调整教育主体关系、规范教育活动,这决定了它是针对学前教育领域的法规,有其特定的调整对象,即调整学前教育法律关系。学前教育法规调整的主要是对6周岁以下儿童的教育行为而产生的社会关系。此外,学前教育法规还必须具体明确,具有可操作性,一旦情况发生改变,应当及时废止或修改原有教育法规,确定新规则。

3. 立法自主与择优借鉴相结合

我国的学前教育法规有选择地借鉴了世界各国的教育立法经验及教育法规中的某些内容,目的是让我国的学前教育法规既符合中国实际,又能表现出较高的国际水准,反映出当代学前教育现代化的趋势。

(二) 学前教育法规的作用

学前教育法规的贯彻和实施对于促进社会主义教育事业的发展,尤其是基础教育事业的发展具有重要的意义和价值。概括来说,学前教育政策法规的作用主要包括以下几个方面。

1. 指引作用

学前教育法规是国家以条文的形式向各种社会团体和个人宣传的教育规定和指示,明确要求各有关机关、团体和个人必须执行,其内容规定了哪些是应该或鼓励做的,哪些是不应该或禁止做的。这反映了学前教育的价值取向和政策指引,体现了国家教育部门发展的目的、方向,指引人们按照国家的目的和要求开展学前教育活动。例如,《幼儿园教育指导纲要(试行)》"总则"第四条规定:"幼儿园应为幼儿提供健康、丰富的生活和活动环境,满足他们多方面发展的需要,使他们在快乐的童年生活中获得有益于身心发展的经验。"即规定了幼儿园"应该这样行为",指引幼儿园按照国家规定的培养目标培养幼儿。

2. 保障作用

学前教育法规能够保障学前儿童受教育、受尊重等权利。例如，《幼儿园教育指导纲要(试行)》第五条规定："幼儿园教育应尊重幼儿的人格和权利，尊重幼儿身心发展的规律和学习特点，以游戏为基本活动，保教并重，关注个别差异，促进每个幼儿富有个性的发展。"该条文就为幼儿的权益提供了保障。

3. 教育作用

学前教育法规颁布的实质是要教育和规范人们学习、遵守相关规定，保护幼儿权益，其教育作用主要体现在两个方面。一方面，国家把人们对教育的普遍要求凝结为稳定的教育行为规范，并向人们灌输这些规范，使其内化为人们的教育思想意识，借助于人们的教育行为得以传播。另一方面，通过学前教育法规的实施对人们产生教育作用，教育政策法规不仅对合法的教育行为进行保护和鼓励，对本人和他人有激励和示范作用，还对不合法行为的制裁发出警告，告知其再做出此类行为会受到惩罚。

4. 评价作用

学前教育法规作为一种普遍的教育行为标准，具有判断、衡量人们教育行为的作用，其评价作用具有两个显著特点。

(1) 突出的客观性。学前教育法规是针对所有人和所有机关的，任何组织和个人的学前教育活动或教育行为都是以教育法规为准绳的。

(2) 普遍的有效性。只要人们的行为在学前教育法规的范畴内，学前教育政策法规的评价对他们来说就是有效的，如果不想受到法律的制裁，他们的行为就必须与教育法规一致。

经典案例

《山东省学前教育条例出台》补齐学前教育制度短板

随着经济社会的快速发展特别是人口政策调整和城镇化进程的加快，学前教育仍然是教育链条中最突出的短板和最薄弱的环节。《山东省学前教育条例》(以下简称《条例》)于2019年9月27日经山东省十三届人大常委会第十四次会议审议通过。该《条例》是一项关于教育社会公益事业的民生领域立法，坚持问题导向，力求破除制约学前教育发展的体制机制障碍，补齐制度短板，细化保障措施。《条例》突出以下几点规定。

(1) 城镇居住区配套幼儿园优先举办为公办幼儿园。城镇居住区配套幼儿园优先举办为公办幼儿园，有利于做好复核摸排，做到覆盖全、底数清，确保将所有应该整治的城镇居住区及配套幼儿园全部纳入整治范围，解决好配套园补建慢、移交难、支持保障弱等问题。

(2) 城镇居住区配套幼儿园与居住区建设项目遵循"五同步"原则。"五同步"原则是指同步供地、同步规划设计、同步建设施工、同步竣工验收、同步交付使用。进一步强调了建设单位建设主体责任和建设标准，同时明确未按照规划条件建设配套幼儿园的法律后果。

(3) 每个乡镇应当至少举办一所公办中心幼儿园。政府在教师配备、培养培训、表彰奖励等方面给予扶持，改善办园条件，提高农村幼儿园保育教育质量。针对农村学前教育资源不足、发展不均衡的问题，《条例》加大对农村学前教育的扶持力度，缩小城乡差距，补齐农村学前教育短板；同时对弱势群体接受学前教育给予特殊保护，注重在立法上彰显人文关怀。

(4) 幼儿园不得歧视或者拒绝接收具有接受普通教育能力的残疾儿童入园。在同等条件下，残疾儿童优先进入公办幼儿园或者普惠性民办幼儿园。对孤儿、残疾儿童和符合规定条件的贫困家庭儿童免收保教费，所需经费纳入财政预算。

(5) 要求幼儿园建立健全卫生保健制度。幼儿园应当制定膳食营养、体育锻炼、健康检查、疾病预防等措施，提供用餐的幼儿园应当依法取得食品经营许可，按照规定进行食品留样，建立集中用餐陪餐制度。幼儿园应当保证儿童在园期间适当的户外活动时间，不得少于两小时。

资料来源：大众日报.山东出台《条例》补齐学前教育制度短板[EB/OL]. (2019-09-28)[2021-09-23]. http://www.gov.cn/xinwen/2019/09/28/content_5434390.htm.

课堂讨论

上述案例中《山东省学前教育条例》的出台会带给该省学前教育怎样的新气象？

五、对我国学前教育主要法规的解读

在当前国家提倡加大力量优先发展学前教育，着力保障学前教育的质量和水平的大形势下，国家先后出台了许多法规，使学前教育事业呈现良好的发展态势。

我国现行的学前教育法规主要包括下列法规文件。

(一)《儿童权利公约》

《儿童权利公约》是一项有关儿童权利的国际公约。联合国在1989年11月20日的会议上通过该有关议案，1990年9月2日该国际公约生效。《儿童权利公约》是首部具有法律约束力的国际公约，并涵盖所有人权范畴，保障儿童在公民、经济、政治、文化和社会中的权利。《儿童权利公约》的主要内容将在下一节重点介绍。

(二)《中华人民共和国未成年人保护法》

《中华人民共和国未成年人保护法》是我国为保障未满18周岁公民的合法权益而颁布的法规。该法规定了从家庭、学校、社会、司法4方面对未成年人进行保护，使我国对未成年人保护的法律体系更加完备，使未成年人这个庞大而又特殊的群体得到更好的保护。

(三)《中国儿童发展纲要(2011—2020年)》

自2001年我国国务院颁布《中国儿童发展纲要(2001—2010年)》以来，国家加快完善保护儿童权利的法律体系，强化政府责任，不断提高儿童工作的法治化和科学化水平，我国儿童生存、保护、发展的环境和条件得到明显改善，儿童权利得到进一步保护，儿童事业发展取得了巨大成就。

2011年7月30日，国务院颁布了《中国儿童发展纲要(2011—2020年)》，提出了新时期儿童发展的领域、主要目标和策略措施。

2021年9月27日，国务院颁布《中国儿童发展纲要(2021—2030年)》。纲要明确，加强新闻出版、文化等领域市场监管和执法。严格网络出版、文化市场管理与执法，及时整治网络游戏、视频、直播、社交、学习类移动应用软件传播危害未成年人身心健康的有害信息。严格管控诱导未成年人无底线追星、拜金炫富等存在价值导向问题的不良信息和行为。落实互联网企业主体责任，在产品开发、内容审核、用户管理、保护措施、举报处置等环节完善治理手段。

(四)《中华人民共和国教师法》

《中华人民共和国教师法》对于提高教师的地位，保障教师的合法权益，造就一支具有良好思想品德和业务素质的教师队伍，促进我国社会主义教育事业的发展有着重要的意义。

(五)《中华人民共和国劳动合同法》

学前教育是公益性事业，教师也应是公务员的编制，但在我国目前的国情下，学前教育不可能完全公办，因此存在大量的私立幼儿园，而保障私立幼儿园教师的合法权益，仅依靠《教师法》远远不够，因此，这里我们也有必要了解《中华人民共和国劳动合同法》，认识劳动合同制度，明确劳动合同双方当事人的权利和义务。

(六)《幼儿园教师专业标准(试行)》

《幼儿园教师专业标准(试行)》由教育部于2012年2月10日发布,是国家对合格幼儿教师专业素质的基本要求,是引领幼儿教师专业发展的基本准则,是幼儿教师培养、准入、培训、考核等工作的重要依据。《幼儿园教师专业标准(试行)》的主要内容将在下一节重点介绍。

(七)《幼儿园园长专业标准》

《幼儿园园长专业标准》由教育部于2015年1月10日发布,是对合格幼儿园园长专业素质的基本要求,是引领幼儿园园长专业发展的基本准则,是制定幼儿园园长任职资格标准、培训课程标准、考核评价标准的重要依据。《幼儿园园长专业标准》的主要内容将在下一节重点介绍。

(八)《幼儿园管理条例》

目前,我国尚未制定专门的学前教育法,而学前教育的主要办学形式是"幼儿园",因此,我国现行学前教育的法规主要是针对幼儿园的。为了加强幼儿园的管理,促进幼儿教育事业的发展,经国务院批准发布《幼儿园管理条例》。这是中华人民共和国第一个学前教育行政法规,沿用至今,仍有着不可撼动的法律地位。

(九)《幼儿园工作规程》

《幼儿园工作规程》是幼儿园工作的主要法规依据,随着时代的发展和学前教育不同时期的发展特点,《幼儿园工作规程》也经历了多次的演变。

我国现行《幼儿园工作规程》由教育部于2015年12月14日发布,自2016年3月1日起施行。

(十)《幼儿园教育指导纲要(试行)》

《幼儿园教育指导纲要(试行)》由教育部于2001年7月2日颁发,是指导广大幼儿教师将《幼儿园工作规程》的教育思想和观念转化为教育行为的指导性文件。

(十一)《3~6岁儿童学习与发展指南》

《3~6岁儿童学习与发展指南》由教育部于2012年10月15日发布,对防止和克服学前教育"小学化"现象提供了具体方法和建议。

(十二)《托儿所幼儿园卫生保健管理办法》

《托儿所幼儿园卫生保健管理办法》经卫生部部务会议审议通过,并经教育部同意于2010年3月1日，对于促进托儿所、幼儿园卫生保健管理工作具有重要作用。

(十三)《托儿所幼儿园卫生保健工作规范》

《托儿所幼儿园卫生保健工作规范》由卫生部于2012年5月9日发布，全面涵盖托儿所、幼儿园卫生保健工作管理和服务内容，强调科学性、可行性和可操作性。

(十四)《托儿所幼儿园建筑设计规范》

为了使托儿所、幼儿园的建筑设计能满足安全、卫生和使用功能等方面的基本要求，2016年4月20日，我国住房和城乡建设部发布行业标准《托儿所幼儿园建筑设计规范》(编号为JGJ39—2016)，并于2016年11月1日起施行。

(十五)《幼儿园玩教具配备目录》

《幼儿园玩教具配备目录》由教育部编制，供各地幼儿园配备玩教具时参考。随着我国经济的发展和科技的进步，原国家教育委员会在1992年对其进行了修订，2011年废止。

(十六)《幼儿园教职工配备标准(暂行)》

《幼儿园教职工配备标准(暂行)》由教育部研究制定，于2013年1月发布，旨在进一步规范各类幼儿园用人行为。

(十七)《中小学幼儿园安全管理办法》

2006年6月30日，根据教育法律法规和国务院的有关规定，教育部、公安部、司法部、建设部、交通部、文化部、卫生部、工商总局、质检总局、新闻出版总署发布了《中小学幼儿园安全管理办法》，并于2006年9月1日起施行。

(十八)《中小学幼儿园安全防范工作规范(试行)》

《中小学幼儿园安全防范工作规范(试行)》由公安部和教育部共同研究制定，于2015年3月16日发布实施，是为了规范、加强中小学、幼儿园的安全防范工作而特别制定的法规。

(十九)《学生伤害事故处理办法》

《学生伤害事故处理办法》是为了避免学生伤害事故发生，认定学生伤害事故责任，加强法制教育的重要法规。

(二十)《校车安全管理条例》

《校车安全管理条例》由国务院第197次常务会议通过，于2012年4月5日起施行，制定目的是加强校车安全管理，保障乘坐校车学生的人身安全。

(二十一)《中小学幼儿园应急疏散演练指南》

《中小学幼儿园应急疏散演练指南》由教育部于2014年2月22日发布，对于应急疏散演练的各个环节步骤提出明确的指导性意见和规范性要求，对于中小学幼儿园设计和组织应急疏散演练有重要指导作用。

> **课堂讨论**
>
> 以上各项法规文件对我国的学前教育的工作起到怎样的作用？

第二节 幼儿园的管理和运行

目前，我国尚未制定专门的学前教育法，能够约束幼儿园管理和工作的现行学前教育综合性法规主要是《幼儿园管理条例》和《幼儿园工作规程》。

一、《幼儿园管理条例》

园所规章制度，是为了实现托幼机构目标，对园内各项工作和各类人员的要求加以条理化、系统化，规定出必须遵守的行为准则和工作规程。《幼儿园管理条例》是遵循《中华人民共和国宪法》和《中华人民共和国教育法》的精神，根据党的教育方针制度，对幼儿园进行宏观管理和指导的行政法规，是举办幼儿园必须遵守和贯彻执行的行政法规。

改革开放给中国的学前教育带来了百花齐放的春天，但是幼教机构形式的多样化，以及幼儿园数量和入园儿童数量的迅速增长，在促进我国学前教育事业发展的同时，也带来了一系列问题。例如，在审批方面，有的集体或个人不经有关部门登记注册私自办园；在办园条件方面，某些幼儿园的园舍、环境、设施并不符合国家的卫生标准和安全标准；在保教工作方面，出现了重保不重教、重教不重保、忽视游戏活动以及体罚与变相体罚幼儿等现象；在师资方面，有些幼儿园教师并未经过专门的培训和考核就上岗；在行政管理上，各级行政管理部门对自己的责任不够明确；在收费问题上，某些幼儿园存在乱收费现象；在财务管理上，某些单位和个人存在克扣、挪用幼儿园经费等现象。幼儿园在管理上缺乏可以遵循的标准，迫切需要出台相关文件来规范幼儿园的管理。

《幼儿园管理条例》1989年8月20日经国务院批准，1990年2月1日起施行。《幼儿园管理条例》(以下简称《条例》)主要包括总则、举办幼儿园的基本条件和审批程序、幼儿园的保育和教育工作、幼儿园的行政事务、奖励和处罚、附则等内容。

(一) 总则

《条例》总则部分共6条，分别对条例制定的目的、适用对象、幼儿园任务、办园原则、幼儿教育事业发展方针以及管理体制进行了说明。

1. 制定目的

《条例》第一条点明了制定目的是"加强幼儿园的管理，促进幼儿教育事业的发展"。

2. 适用对象

《条例》第二条规定适用对象，指出："招收三周岁以上学龄前幼儿，对其进行保育和教育的幼儿园。"

3. 幼儿园任务

《条例》第三条说明了幼儿园保教工作的一个重要任务，即"幼儿园的保育和教育工作应促进幼儿在体、智、德、美诸方面的和谐发展。"这体现了儿童可持续发展为本的教育追求，这是幼儿园教育改革的根本目的，也是检验和评估幼儿园工作的根本标准。

4. 办园原则

《条例》第四条说明了幼儿园应遵循因地制宜的原则。我国各地区的社会经济发展状况、人口数量、师资状况以及文化风俗等都存在差异，因此地方各级人民政府应根据本地区的实际情况来制定幼儿园的发展规划和设置布局方案。此外，经济欠发达地区还可以尝试非正式化的幼教形式，如游戏小组、幼儿活动站、流动幼儿园等来解决当地幼儿的受教育问题。

5. 幼儿教育事业发展方针

《条例》第五条规定体现了我国幼教事业"坚持两条腿走路"的方针，意思是国家教育部门办园和社会多方面力量办园并举，公办与民办两条途径并行发展，我国的幼教事业必须坚持多渠道办园，才能适应社会和经济发展的多样化需求。

6. 管理体制

《条例》第六条确立了幼儿园的管理体制为"地方负责、分级管理"和"有关部门分工负责"，还明确了在幼儿园管理中国家与地方两级管理的职责。

(二) 举办幼儿园的基本条件与审批程序

1. 举办幼儿园的基本条件

(1) 必须有符合规定标准的保育教育场所及设施、设备等。《条例》第七条、第八条规定了幼儿园选址条件、园舍要求、设施要求等。这些是举办一所幼儿园的基本物质条件,也是保障幼儿健康发展的必要条件。幼儿园举办者应根据《条例》的要求,从安全、卫生、幼儿教育要求等方面来选址建房、设置环境、装修园舍、安装设备和购置用具等。

(2) 必须具有合格的教师、保育、医务人员。《条例》第九条规定了幼儿园的教师、保育员、医务保健人员及其他工作人员的基本要求和条件。该条款既规定了相关工作人员的文化素质、技能水平,也规定了相关工作人员的专业伦理(热爱幼教事业、热爱幼儿等)和健康状况。

(3) 必须具备稳定的经费来源。《条例》第十条规定:"举办幼儿园的单位或者个人必须具有进行保育、教育以及维修或扩建、改建幼儿园的园舍与设施的经费来源。"我国公办幼儿园的经费主要来源于国家政府或单位拨款、家长交纳的保教费和伙食费以及社会捐助等。而民办幼儿园的经费主要来源于举办者投入、家长交纳的保教费和伙食费以及社会捐助等。举办幼儿园的单位或个人必须确保经费用于幼儿园的保育和教育等有利于幼儿发展的各个方面。

2. 举办幼儿园的审批程序

(1) 国家实行幼儿园登记注册制度,未经登记注册,任何单位和个人不得举办幼儿园。

(2) 城市幼儿园的举办、停办由所在区、不设区的市的人民政府教育行政部门登记注册。农村幼儿园的举办、停办由所在乡、镇人民政府登记注册,并报县人民政府教育行政部门备案。

(三) 幼儿园的保育和教育工作

1. 坚持保教结合的原则

《条例》第十三条提出,幼儿园应当贯彻保育与教育相结合的原则,创设与幼儿的教育和发展相适应的和谐环境,注重幼儿个性以及德、智、体、美等方面的和谐发展。

2. 以游戏为基本活动形式

《条例》第十六条规定:"幼儿园应当以游戏为基本活动形式。"强调了游戏在幼儿园活动中的重要地位。游戏是有益于幼儿身心和主体性发展的活动。保障了幼儿的游戏权,就保障了幼儿在幼儿园中主动、愉快地学习和生活。

3. 尊重幼儿权利

《条例》第十七条规定:"严禁体罚和变相体罚幼儿。"这一规定体现出了对幼儿权利的维护和尊重。由于目前我国幼儿园教师素质良莠不齐,存在部分教师体罚、虐待幼儿的现象,对幼儿的生理和心理造成极大的伤害。为了维护幼儿的身心健康发展,幼儿园教师首先应树立正确的儿童观和教育观,维护幼儿的权益,避免其受到身心伤害;

其次应该明确体罚和惩罚的界限,在尊重幼儿的基础上,能够运用多种有效的途径和方式去教育幼儿,慎用惩罚,杜绝体罚和变相体罚。

4. 应建立卫生保健制度

《条例》第十八条至第二十条对幼儿园建立卫生保健制度、防止发生食物中毒和传染病、建立安全防护制度、严禁危险建筑物和设施、严禁有害物质、紧急救护措施、预防事故等工作进行了明确的规定。这些规定督促幼儿园认真细致地做好安全卫生保健工作,能够确保在园幼儿的安全与健康。

经典案例

韩国一幼儿园111人集体食物中毒,园方食谱曝光

韩国京畿道安山市一家幼儿园曾发生大规模食物中毒事件,截至2020年6月27日,出现腹痛、呕吐、腹泻等食物中毒症状的孩子、家人和老师共111人,部分学生还出现了溶血性尿毒症综合征的症状。溶血性尿毒症综合征,俗称"汉堡病",因1982年美国儿童食用未熟的汉堡中毒而得名。该病致病原因主要为食用被污染或者没熟透的食物,免疫力较低的孩子和老人容易感染。若病情恶化至损伤肾脏,病人只能靠透析维持生命。20世纪50年代,该病病死率一度高达50%。近年来由于改进了对急性肾衰竭的治疗,病死率已下降至5%～15%。

据悉,该幼儿园位于安山市常绿区沙洞。6月16日,已有4名学生出现腹痛症状;17日,又有10名学生出现腹痛和腹泻症状,随后人数继续增加。安山市市长尹华燮25日表示,正在与疾病管理本部和京畿道有关部门就此次中毒事故,进行进一步的感染隔离及原因分析。

为调查致病原因,安山市正在对该幼儿园内的烹饪器具、门把手、教室、卫生间、食品材料等共104件环境检测物进行检测。目前,84件物品未检出大肠杆菌。

6月26日,韩国疾病管理本部公布,202名幼儿园学生及从业人员中,102人确定食物中毒;幼儿园学生和从业人员、家庭接触者共有57人被确诊为肠出血性大肠杆菌感染患者。

韩国媒体YTN已独家获取该幼儿园近日的食谱表。其中,12日的一道牛肉小菜备受韩国舆论关注。有分析指出,肠出血性大肠杆菌可以通过未完全烹熟的牛肉传染。

资料来源:澎湃新闻.韩国一幼儿园111人集体食物中毒,园方食谱曝光[EB/OL].(2020-06-29)[2021-09-26]. https://www.thepaper.cn/newsDetail_forward_8031362.

> **课堂讨论**
>
> 近年来,食物中毒事件频发,如何规避类似的安全卫生事故?突发事件发生时,园方应以什么措施来应对?

(四) 幼儿园的园务管理

1. 园长负责制

《条例》第二十三条规定了幼儿园要实行园长负责制,并指出了幼儿园园长、教职工的聘任方式。园长负责制是指幼儿园在上级的宏观领导下,以园长全面负责为核心,与党支部监督、教职工民主管理有机结合,为实现幼儿园的工作目标,充分发挥领导职能的三位一体的管理新格局。

2. 收费及财务管理

《条例》第二十四条对幼儿园的收费和财务管理进行了规范。幼儿园收费标准是由省、自治区、直辖市或地(市)级教育行政部门会同物价、财政等有关部门,按教育成本(包括人员工资、固定资产、设备折旧等)进行核算后,分级分类确定的。这个标准既考虑不同类别、不同条件幼儿园的实际情况,又兼顾家长的经济承受能力。收费标准一经确定,幼儿园就必须严格执行,不得擅自做主乱收费。此外,幼儿园必须建立和健全财务管理制度,如各项经费入账制度、报销制度、财务和出纳制度、财产分类制度等。幼儿园还必须加强财务监督,严格管理幼儿园经费。

3. 园舍环境管理

《条例》第二十五条规定了幼儿园园舍要求。幼儿园应建立在清洁、安全、安静、无污染的地区,在选址时应考虑到影响幼儿生长发育的各种因素,一般应设在居民区,远离铁路、工厂区、交通要道等,避免噪声的干扰;基地应选择地势平坦、场地干燥、结实,易于排水的地段。幼儿园对于园舍的特殊要求决定了幼儿园的园舍一经确定,任何单位或个人不得对其进行侵占和破坏,也不得影响幼儿的身体健康,干扰幼儿园的正常工作秩序。

(五) 幼儿园的奖惩制度

对幼儿园的管理实行奖励和惩罚的方式,能有效保障幼儿在园期间身心得到和谐健康发展,促进教师积极热情地投入工作,提高教师的水平;促进幼儿园行政人员做到细致的管理,提高管理水平;促进幼儿园管理不断科学化,提高管理的质量。

1. 奖励

《条例》第二十六条规定了予以奖励的三类标准:第一,改善幼儿园的办园条件成绩显著的单位或者个人；第二，保育、教育工作成绩显著的单位或者个人；第三，幼儿园管理工作成绩显著的单位或者个人。

2. 惩罚

对应《条例》所规定的幼儿园审批、园舍要求、教育教学要求、玩教具要求等，《条例》第二十七条、第二十八条给出了违反规定的处罚措施。根据违反规定的不同性质和危害程度，处罚的方式包括行政处罚、行政处分和追究刑事责任等。

(1) 幼儿园的违法行为责任认定。根据《条例》第二十七条的规定，具有下列情形之一的幼儿园，由教育行政部门视情节轻重，给予限期整顿、停止招生、停止办园的行政处罚：未经登记注册，擅自招收幼儿的；园舍、设施不符合国家卫生标准、安全标准，妨害幼儿身体健康或者威胁幼儿生命安全的；教育内容和方法违背幼儿教育规律，损害幼儿身心健康的。

(2) 单位或个人的违法行为责任认定处理办法。根据《条例》第二十八条规定，具有下列情形之一的单位或者个人，由教育行政部门对直接责任人员给予警告、罚款的行政处罚，或者由教育行政部门建议有关部门对责任人员给予行政处分：体罚或变相体罚幼儿的；使用有毒、有害物质制作教具、玩具的；克扣、挪用幼儿园经费的；侵占、破坏幼儿园园舍、设备的；干扰幼儿园正常工作秩序的；在幼儿园周围设置有危险、有污染或者影响幼儿园采光的建设和设施的。上述所列情形，情节严重，构成犯罪的，由司法机关依法追究刑事责任。

(3) 对处罚不服的法律救济。《条例》第二十九条规定："当事人对行政处罚不服的，可以在接到处罚通知之日起15日内，向做出处罚决定的机关的上一级机关申请复议，对复议决定不服的，可在接到复议决定之日起15日内，向人民法院提起诉讼。当事人逾期不申请复议或者不向人民法院提起诉讼又不履行处罚决定的，由做出处罚决定的机关申请人民法院强制执行。"

(六) 附则

《条例》附则部分规定了《条例》的实施办法、解释方式和施行时间。

《条例》是经国务院批准颁发的第一个学前教育法规，它明确了幼儿园的任务、管理体制与原则、举办幼儿园的条件、保教工作的目标和原则以及法律责任和执法监督等，是我国举办、管理和评估幼儿园的基本依据。《条例》的发布使幼儿园在办园任务、举办条件和审批程序、保教工作、行政事务、奖励和处罚等方面都有法可依，有章可循。可以说，《条例》的发布推动了中国学前教育事业的健康发展和管理工作的科学化，促进了中国学前教育的法治化进程。

二、《幼儿园工作规程》

我国第一部有关幼儿园工作的教育部门规章是1989年的《幼儿园工作规程(试行)》，后经原国家教育委员会修订，于1996年正式发布了《幼儿园工作规程》。《幼儿园工作规程》的公布与实施推动了幼儿园的全面发展，提高了管理水平和保教质量，使幼儿园工作走上法治的轨道，对加强各级各类幼儿园的规范管理发挥了重要作用。

在推进学前教育基本普及的新形势下，2015年再次修订《幼儿园工作规程》。我国现行《幼儿园工作规程》(以下简称《规程》)共分为十一章，主要包括总则，幼儿入园和编班，幼儿园的安全，幼儿园的卫生保健，幼儿园的教育，幼儿园的园舍、设备，幼儿园的教职工，幼儿园的经费，幼儿园、家庭和社区，幼儿园的管理，以及附则等内容。

(一) 总则

1. 制定目的与依据

《规程》第一条说明了其制定目的是"加强幼儿园的科学管理，规范办园行为，提高保育和教育质量，促进幼儿身心健康"。这既体现了依法治教的方针，也体现了素质教育的要求，为幼儿园的规范办园提供了法律依据。

此外，《规程》第一条还明确了本规程的制定依据是《中华人民共和国教育法》等法律法规。

2. 幼儿园教育的性质

《规程》第二条规定："幼儿园教育是基础教育的重要组成部分，是学校教育制度的基础阶段。"强调幼儿园教育是我国学前教育、初等教育、中等教育、高等教育四级教育学制的第一级别，是基础教育的一环，是我国学校教育体系的重要组成部分。说明幼儿园教育是我国倡导的终身教育体系的开始，是公民终身学习的起点以及我国学习型社会的重要组成部分。

3. 幼儿园的招生对象

《规程》第二条规定："幼儿园是对3周岁以上学龄前幼儿实施保育和教育的机构。"第四条规定："幼儿园适龄幼儿一般为3周岁至6周岁。幼儿园一般为三年制。"可以确定，学前教育的对象是3~6周岁的儿童。这与《义务教育法》第十一条对入学年龄的规定(年满6周岁，特殊地区可推迟到7周岁)正好对应。

4. 幼儿园的任务

《规程》第三条规定："幼儿园的任务是贯彻国家的教育方针，按照保育与教育相结合的原则，遵循幼儿身心发展特点和规律，实施德、智、体、美等方面全面发展的教育，促进幼儿身心和谐发展。幼儿园同时面向幼儿家长提供科学育儿指导。"这一规定一方面体现了我国"素质教育"的总体要求，另一方面体现了幼儿教育的特殊性，即需要"保育"和"教育"两个方面相结合。

5. 幼儿园的主要目标

《规程》第五条规定幼儿园保育和教育的主要目标，具体包括以下几个目标。

第一，促进幼儿身体正常发育和机能的协调发展，增强体质，促进心理健康，培养良好的生活习惯、卫生习惯和参加体育活动的兴趣。

第二，发展幼儿智力，培养正确运用感官和运用语言交往的基本能力，增进对环境的认识，培养有益的兴趣和求知欲望，培养初步的动手探究能力。

第三，萌发幼儿爱祖国、爱家乡、爱集体、爱劳动、爱科学的情感，培养诚实、自信、友爱、勇敢、勤学、好问、爱护公物、克服困难、讲礼貌、守纪律等良好的品德行为和习惯，以及活泼开朗的性格。

第四，培养幼儿初步感受美和表现美的情趣和能力。

6. 幼儿园的主要权责

《规程》第六条规定："幼儿园教职工应当尊重、爱护幼儿，严禁虐待、歧视、体罚和变相体罚、侮辱幼儿人格等损害幼儿身心健康的行为。"这一规定直指近年来幼儿园教师虐待幼儿的一系列事件，为幼儿园教职工强制拉起了一条警戒线，全力保护幼儿权益。

经典案例

多次虐待扎伤8名幼童　一幼师被判从业禁止

2021年4月，广东省深圳市坪山区人民法院对一起幼师虐童案进行宣判，被告人罗某犯虐待被看护人罪，判处有期徒刑1年4个月，禁止被告人罗某自刑罚执行完毕之日或假释之日起5年内从事教师及看护教育工作。这是该院首次适用从业禁止规定对教育从业人员做出判决，对犯罪分子利用职业再犯罪起到积极的预防作用。

2017年8月31日，深圳市坪山区某幼儿园与被告人罗某签订了深圳市民办学校教师聘用合同书，聘用岗位为配班。2019年9月2日开学后，被告人罗某任中二班主任。教学期间，被告人罗某多次使用尖锐物品扎伤8名幼童耳朵、手指等处，其中一名被害幼童母亲偶然发现被害幼童身上的伤情，将此情况告知同班家长，继而案发。

坪山法院经审理认为，被告人罗某身为幼儿教师，本应对其看护的幼儿进行看管、照料、保护、教育，却违反职业道德和看护职责要求，使用工具伤害多名幼童，其行为严重损害了未成年人的身心健康，情节恶劣，已构成虐待被看护人罪。

根据被告人的犯罪情况和预防再犯罪的需要，依法应对其适用从业禁止。依据相

> 关法律规定,遂做出上述一审判决。一审判决后,被告人罗某不服判决提出上诉,深圳中院二审驳回上诉,维持原判。目前,该判决已生效。
>
> 资料来源:冀春雨. 多次虐待扎伤8名幼童,一幼师被判从业禁止[EB/OL]. (2021-04-09)[2021-09-27]. http://www.legaldaily.com.cn/index/content/2021-04/09/content_8476860.htmL.

课堂讨论

教师虐待幼儿事件只增不减,试分析其中的原因。谈谈虐待事件会给受害儿童带来的伤害。

6. 幼儿园的教学体制

《规程》第七条规定:"幼儿园可分为全日制、半日制、定时制、季节制和寄宿制等。上述形式可分别设置,也可混合设置。"这一规定鼓励了幼儿园的办园形式的多样化发展。

(二) 幼儿入园和编班

《规程》第二章对幼儿园招生时间、招生办法和编班标准等做了具体规定。

(1) 幼儿园每年秋季招生,平时如有缺额,可随时补招。

(2) 幼儿入园前,应当按照卫生部门制定的卫生保健制度进行健康检查,合格者方可入园。幼儿入园除进行健康检查外,禁止任何形式的考试或测查。这一规定杜绝了花样繁多的入园考试,保障幼儿公平入园。

(3) 幼儿园规模应当有利于幼儿身心健康,便于管理,一般不超过360人。

幼儿园每班幼儿人数一般为:小班(3~4周岁)25人,中班(4~5周岁)30人,大班(6周岁)35人,混合班30人。寄宿制幼儿园每班幼儿人数酌减。

对幼儿园人数的限制是从安全、教学等方面综合考虑的,能够保证教师对每个孩子的关注度,同时也可以减轻教师的压力,有利于推行素质教育。此外,《规程》规定的360人的办园规模是经实践验证的适度规模。

(4) 幼儿园可以按年龄分别编班,也可以混合编班。

(三) 幼儿园的安全

由于幼儿年龄小,活泼好动,自我保护意识差,容易发生各种危险,在新颁布的《规程》中,增加了幼儿园安全方面的相关条款,具体包括以下几个方面。

1. 幼儿园安全制度

幼儿园应当严格执行国家和地方幼儿园安全管理的相关规定，建立健全门卫、房屋、设备、消防、交通、食品、药物、幼儿接送交接、活动组织和幼儿就寝值守等安全防护和检查制度，建立安全责任制和应急预案。

2. 幼儿园设施与设备安全

幼儿园的园舍应当符合国家和地方的建设标准，以及相关安全、卫生等方面的规范，定期检查维护，保障幼儿安全。幼儿园不得设置在污染区和危险区，不得使用危房。幼儿园的设备设施、装修装饰材料、用品用具和玩教具材料等，应当符合国家相关的安全质量标准和环保要求。

3. 幼儿园食品安全

幼儿园应当严格执行国家有关食品药品安全的法律法规，保障饮食饮水卫生安全。

4. 幼儿园职工安全意识

幼儿园教职工必须具有安全意识，掌握基本急救常识，以及防范、避险、逃生、自救的基本方法，在紧急情况下应当优先保护幼儿的人身安全。

幼儿园应当把安全教育融入一日生活，并定期组织开展多种形式的安全教育和事故预防演练。

幼儿园应当结合幼儿年龄特点和接受能力开展反家庭暴力教育，发现幼儿遭受或者疑似遭受家庭暴力的，应当依法及时向公安机关报案。

此外，需要注意的是《规程》中对于"反家庭暴力教育"的规定是根据2015年颁布的《中华人民共和国反家庭暴力法》，可见国家非常注重与法律法规和有关政策的衔接。

(四) 幼儿园的卫生保健

幼儿正处在身体迅速成长发育时期，需要幼儿园提供良好的生活、活动条件和科学合理的卫生保健制度，呵护幼儿的健康成长。为此，《规程》在卫生保健方面的规定主要包括以下几项。

1. 关注幼儿健康

幼儿园应当严格执行《托儿所幼儿园卫生保健管理办法》以及其他有关卫生保健的法规、规章和制度，要关注幼儿的身体健康和心理健康。《规程》第十七条规定："幼儿园必须切实做好幼儿生理和心理卫生保健工作。"

第十九条规定："幼儿园应当建立幼儿健康检查制度和幼儿健康卡或档案。每年体检一次，每半年测身高、视力一次，每季度量体重一次；注意幼儿口腔卫生，保护幼儿视力。幼儿园对幼儿健康发展状况定期进行分析、评价，及时向家长反馈结果。幼儿园应当关注幼儿心理健康，注重满足幼儿的发展需要，保持幼儿积极的情绪状态，让幼儿感受到尊重和接纳。"

2. 合理的生活安排

幼儿园应当制定合理的幼儿一日生活作息制度。正餐间隔时间为3.5~4小时。

幼儿园应当培养幼儿良好的大小便习惯，不得限制幼儿便溺的次数、时间等。

幼儿园应当积极开展适合幼儿的体育活动，充分利用日光、空气、水等自然因素以及本地自然环境，有计划地锻炼幼儿肌体，增强身体的适应和抵抗能力。

3. 消毒隔离制度

幼儿园是集体生活，一旦发生传染病后果严重，因此《规程》第二十条规定："幼儿园应当建立卫生消毒、晨检、午检制度和病儿隔离制度，配合卫生部门做好计划免疫工作。幼儿园应当建立传染病预防和管理制度，制定突发传染病应急预案，认真做好疾病防控工作。幼儿园应当建立患病幼儿用药的委托交接制度，未经监护人委托或者同意，幼儿园不得给幼儿用药。幼儿园应当妥善管理药品，保证幼儿用药安全。"

4. 合理营养与膳食

《规程》第二十一条规定："供给膳食的幼儿园应当为幼儿提供安全卫生的食品，编制营养平衡的幼儿食谱，定期计算和分析幼儿的进食量和营养素摄取量，保证幼儿合理膳食。幼儿园应当每周向家长公示幼儿食谱，并按照相关规定进行食品留样。"第二十二条规定："幼儿园应当配备必要的设备设施，及时为幼儿提供安全卫生的饮用水。"

(五) 幼儿园的教育

1. 幼儿园教育的原则

根据《规程》中第二十五条的规定，幼儿园教育应当贯彻以下原则和要求。

(1) 德、智、体、美等方面的教育应当互相渗透，有机结合。

(2) 遵循幼儿身心发展规律，符合幼儿年龄特点，注重个体差异，因人施教，引导幼儿个性健康发展。

(3) 面向全体幼儿，热爱幼儿，坚持积极鼓励、启发引导的正面教育。

(4) 综合组织健康、语言、社会、科学、艺术各领域的教育内容，渗透于幼儿一日生活的各项活动中，充分发挥各种教育手段的交互作用。

(5) 以游戏为基本活动，寓教育于各项活动之中。

(6) 创设与教育相适应的良好环境，为幼儿提供活动和表现能力的机会与条件。

2. 日常生活中的教育

幼儿园对幼儿的教育大多是关于习惯培养、性格培养、生活常识、自理能力等方面的教育，因此对幼儿的教育要在日常生活中进行，要遵循幼儿的生长发育规律，支持幼儿的主动探索，以游戏为主要形式。《规程》中的相关规定包括以下几项。

(1) 幼儿一日活动的组织应当动静交替，注重幼儿的直接感知、实际操作和亲身体验，保证幼儿进行愉快的、有益的自由活动。

(2) 幼儿园日常生活组织，应当从实际出发，建立必要、合理的常规，坚持一贯性和灵活性相结合，培养幼儿的良好习惯和初步的生活自理能力。

(3) 幼儿园应当为幼儿提供丰富多样的教育活动。教育活动内容应当根据教育目标、幼儿的实际水平和兴趣确定，以循序渐进为原则，有计划地选择和组织。

(4) 幼儿园应当将游戏作为对幼儿进行全面发展教育的重要形式。

3. 尊重幼儿个体差异

幼儿园应当充分尊重幼儿的个体差异，根据幼儿不同的心理发展水平，研究有效的活动形式和方法，注重培养幼儿良好的个性心理品质。幼儿园应当为在园残疾儿童提供更多的帮助和指导。

4. 幼小衔接

《规程》规定："幼儿园和小学应当密切联系，互相配合，注意两个阶段教育的相互衔接。幼儿园不得提前教授小学教育内容，不得开展任何违背幼儿身心发展规律的活动。"可见，学前教育"小学化"不宜提倡。此外，教育部严格规范小学招生和起始年级教学，严禁小学以各种名义进行选拔性入学考试，一年级严格实行"零起点"教学，教学进度不得提前，解除家长后顾之忧。

(六) 幼儿园的园舍、设备

为了更好地实现幼儿园的保育与教育目标，《规程》对幼儿园的建筑规划、基本设施、场地使用、材料配备等都做了规定，具体包括以下几项。

(1) 幼儿园应当按照国家的相关规定设活动室、寝室、卫生间、保健室、综合活动室、厨房和办公用房等，并达到相应的建设标准。有条件的幼儿园应当优先扩大幼儿游戏和活动空间。

(2) 幼儿园应当有与其规模相适应的户外活动场地，配备必要的游戏和体育活动设施，创造条件开辟沙地、水池、种植园地等，并根据幼儿活动的需要绿化、美化园地。

(3) 幼儿园应当配备适合幼儿特点的桌椅、玩具架、盥洗卫生用具，以及必要的玩教具、图书和乐器等。玩教具应当具有教育意义，并符合安全、卫生要求。幼儿园应当因地制宜，就地取材，自制玩教具。

(4) 幼儿园的建筑规划面积、建筑设计和功能要求，以及设施设备、玩教具配备，按照国家和地方的相关规定执行。

(七) 幼儿园的教职工

幼儿园按照国家相关规定设园长、副园长、教师、保育员、卫生保健人员、炊事员和其他工作人员等岗位。《规程》第三十九条规定:"幼儿园教职工应当贯彻国家教育方针,具有良好品德,热爱教育事业,尊重和爱护幼儿,具有专业知识和技能以及相应的文化和专业素养,为人师表,忠于职责,身心健康。"这是对幼儿园教职工的基本要求,除此之外,他们还应具备各自岗位的任职资格和职责。

1. 园长

幼儿园园长应当具有《教师资格条例》规定的教师资格、具备大专以上学历、有3年以上幼儿园工作经历和一定的组织管理能力,并取得幼儿园园长岗位培训合格证书。

幼儿园园长负责幼儿园的全面工作,主要职责如下所述。

(1) 贯彻执行国家的有关法律、法规、方针、政策和地方的相关规定,负责建立并组织执行幼儿园的各项规章制度。

(2) 负责保育教育、卫生保健、安全保卫工作。

(3) 负责按照有关规定聘任、调配教职工,指导、检查和评估教师以及其他工作人员的工作,并给予奖惩。

(4) 负责教职工的思想工作,组织业务学习,并为他们的学习、进修、教育研究创造必要的条件。

(5) 关心教职工的身心健康,维护他们的合法权益,改善他们的工作条件。

(6) 组织管理园舍、设备和经费。

(7) 组织和指导家长工作。

(8) 负责与社区的联系和合作。

2. 教师

幼儿园教师必须具有《教师资格条例》规定的幼儿园教师资格。

教师对本班工作全面负责,主要职责如下所述。

(1) 观察了解幼儿,依据国家有关规定,结合本班幼儿的发展水平和兴趣需要,制订和执行教育工作计划,合理安排幼儿一日生活。

(2) 创设良好的教育环境,合理组织教育内容,提供丰富的玩具和游戏材料,开展适宜的教育活动。

(3) 严格执行幼儿园安全、卫生保健制度,指导并配合保育员管理本班幼儿生活,做好卫生保健工作。

(4) 与家长保持经常联系,了解幼儿家庭的教育环境,商讨符合幼儿特点的教育措施,相互配合共同完成教育任务。

(5) 参加业务学习和保育教育研究活动。

(6) 定期总结评估保教工作实效,接受园长的指导和检查。

3. 保育员

幼儿园保育员应当具备高中毕业以上学历，受过幼儿保育职业培训，主要职责如下所述。

(1) 负责本班房舍、设备、环境的清洁卫生和消毒工作。
(2) 在教师指导下，科学照料和管理幼儿生活，并配合本班教师组织教育活动。
(3) 在卫生保健人员和本班教师指导下，严格执行幼儿园安全、卫生保健制度。
(4) 妥善保管幼儿衣物和本班的设备、用具。

4. 卫生保健人员

幼儿园医师应当取得卫生行政部门颁发的《医师执业证书》；护士应当取得《护士执业证书》；保健员应当具有高中毕业以上学历，并经过当地妇幼保健机构组织的卫生保健专业知识培训。

幼儿园卫生保健人员对全园幼儿身体健康负责，主要职责如下所述。

(1) 协助园长组织实施有关卫生保健方面的法规、规章和制度，并监督执行。
(2) 负责指导调配幼儿膳食，检查食品、饮水和环境卫生。
(3) 负责晨检、午检和健康观察，做好幼儿营养、生长发育的监测和评价；定期组织幼儿健康体检，做好幼儿健康档案管理。
(4) 密切与当地卫生保健机构的联系，协助做好疾病防控和计划免疫工作。
(5) 向幼儿园教职工和家长进行卫生保健宣传和指导。
(6) 妥善管理医疗器械、消毒用具和药品。

(八) 幼儿园的经费

《规程》第四十六条第一款对幼儿园经费的来源做了规定："幼儿园的经费由举办者依法筹措，保障有必备的办园资金和稳定的经费来源。"第四十六条第二款还规定了普惠性幼儿园的财政监督方式。

《规程》第四十七条规定："幼儿园收费按照国家和地方的有关规定执行。幼儿园实行收费公示制度，收费项目和标准向家长公示，接受社会监督，不得以任何名义收取与新生入园相挂钩的赞助费。幼儿园不得以培养幼儿某种专项技能、组织或参与竞赛等为由，另外收取费用；不得以营利为目的组织幼儿表演、竞赛等活动。"

《规程》第四十八条、第四十九条、第五十条主要规定了幼儿园经费的使用，包括"坚持专款专用，不得挪作他用""一定比例用于改善办园条件和开展教职工培训""幼儿膳食费应当实行民主管理制度"等。

《规程》第五十一条除了对幼儿园经费预算与决算的监督规定外，还增加了财务制度条款："幼儿园应当依法建立资产配置、使用、处置、产权登记、信息管理等管理制度，严格执行有关财务制度。"

> **经典案例**
>
> **河北"阳光理政"平台发布幼儿园收费维权典型案例**
>
> （1）收取暖费。2020年12月3日，网民在"阳光理政"平台留言称，河北沧州市运河区卡酷七色光幼儿园向每名学生收取了取暖费，网民询问这项收费是否合理。
>
> 2020年12月14日，河北沧州市运河区市场监督管理局回复，经过调查核实，根据《河北省幼儿园收费管理暂行办法实施细则》规定，防暑取暖费应计入保教费，不得单另收取。执法人员已责成卡酷七色光幼儿园立即停止收费，并将已收取的取暖费退还。现该幼儿园已停止收费，现正在对已收取的取暖费进行退费。
>
> （2）收体温监测费。2020年9月8日，网民在"阳光理政"平台留言称，河北邢台威县金色童年幼儿园要求家长交纳疫情期间上报体温的费用，是否合理？
>
> 2020年9月14日，河北邢台威县教育局回复表示，幼儿园在疫情期间对本园幼儿开展了线上交流活动及体温监测工作，开学后收取每生50元的费用，用于教师工作量补贴。教育局对该园的收费行为进行严厉制止并责令对已收费用进行退还，该园长已认识到收费行为的错误，退费工作正在进行。
>
> （3）收监控费。2020年12月3日，网民在"阳光理政"平台留言称，邯郸市复兴区丰泽路与联防北路交叉口东北角锦玉幼儿园向每位学生收取500元监控费，但是监控三天两头不能看，不是登录不上就是一直在卡壳转圈，请问这样合理吗？
>
> 2020年12月10日，复兴区市场监督管理局回复表示，已责令该幼儿园退还费用。
>
> 资料来源：大众网. "阳光理政"平台发布幼儿园不合理收费维权典型案例[EB/OL]. (2021-03-15)[2021-09-27]. https://www.dzwww.com/xinwen/guoneixinwen/ 202103/t20210315_20228588.html.

> **课堂讨论**
>
> 幼儿园的收费标准是什么？如何杜绝幼儿园乱收费的现象？

(九) 幼儿园、家庭和社区

《规程》第九章除了对家园合作、家长联系制度、社区配合幼儿园工作的一贯规定外，还特别规定了"幼儿园为家长提供科学育儿宣传指导""幼儿园应当建立家长开放日制度""家长委员会的主要任务""开展灵活多样的公益性早期教育服务"等内容。可见，《规程》从多个角度挖掘和整合资源，促进幼儿园、家庭和社区共同开展学前教育。

(十) 幼儿园的管理

《规程》对幼儿园的管理制度也做了一些规定，主要包括以下内容。

(1) 幼儿园实行园长负责制。

(2) 幼儿园应当建立园务委员会，定期召开园务委员会。

(3) 幼儿园应当建立教职工大会制度或者教职工代表大会制度。

(4) 幼儿园应当建立教研制度，研究解决保教工作中的实际问题。

(5) 幼儿园应当接受上级教育、卫生、公安、消防等部门的检查、监督和指导，如实报告工作和反映情况。

(6) 幼儿园应当建立业务档案、财务管理、园务会议、人员奖惩、安全管理以及与家庭、小学联系等制度。

(7) 幼儿园应当建立信息管理制度，按照规定采集、更新、报送幼儿园管理信息系统的相关信息，每年向主管教育行政部门报送统计信息。

(8) 幼儿园教师依法享受寒暑假期的带薪休假。

(十一) 附则

《规程》附则部分主要规定了适用范围和时效："本规程自2016年3月1日起施行。1996年3月9日由原国家教育委员会令第25号发布的《幼儿园工作规程》同时废止。"

第三节 儿童权利保护与幼儿教师资质

一、《儿童权利公约》

儿童是国家经济社会发展和文明进步的重要组成部分，保护儿童权利是政府和人民的责任。我国是《儿童权利公约》决议草案的共同提案国之一，认可《儿童权利公约》规定的各项儿童权利，并依法予以保护。

1989年11月20日，第44届联合国大会第25号决议通过《儿童权利公约》，1990年9月2日，《儿童权利公约》在获得20个国家批准加入后正式生效。《儿童权利公约》是第一部有关保障儿童权利且具有法律约束力的国际性约定，通过确立卫生保健、教育，以及法律、公民和社会服务等多方面的标准来保护儿童的权利，为世界各国儿童创造良好的成长环境。截至2015年10月，《儿童权利公约》已获得196个国家的批准，是世界上广为接受的公约之一。

《儿童权利公约》由序言和五十四项条款构成。序言回顾了《联合国宪章》的原则以及《世界人权宣言》和《公民权利和政治权利国际公约》中有关人权的内容。条款分为三部分：第一部分是实质性条款，强调每一个儿童的人权都应该受重视和保护；第二部分是程序性条款，强调推广和施行的办法等；第三部分是缔约性条款，交代《儿童权利公约》(以下简称《公约》)的批准、加入、生效、修改和保管人等。本节主要对第一部分实质性条款进行解读。

(一) 儿童的界定

《公约》第一条规定："为本公约之目的，儿童系指18岁以下的任何人，除非对其适用之法律规定成年年龄少于18岁。"这就明确了《公约》保护的是18岁以下的任何人，这里对儿童的界定相当于我国未成年人的概念。"除非对其适用之法律规定成年年龄少于18岁"的意思是如果某些国家的有些法律规定了18周岁以下应承担的法律责任，则该儿童应承担责任，不受《公约》保护。

(二) 四大原则

《公约》确立了儿童权利的四大原则。

1. 无歧视原则

这一原则在《公约》第二条进行了规定："缔约国应遵守本公约所载列的权利，并确保其管辖范围内的每一儿童均享受此种权利，不因儿童或其父母或法定监护人的种族、肤色、性别、语言、宗教、政治或其他见解、民族、族裔或社会出身、财产、伤残、出生或其他身份而有任何差别。""缔约国应采取一切适当措施确保儿童得到保护，不受基于儿童父母、法定监护人或家庭成员的身份、活动、所表达的观点或信仰而加诸的一切形式的歧视或惩罚。"意思是不管儿童的社会文化背景、出身、贫富如何，都应该得到平等对待，不受歧视和忽视。

2. 儿童最大利益原则

这一原则在《公约》第三条进行了规定："关于儿童的一切行动，不论是由公私社会福利机构、法院、行政当局或立法机构执行，均应以儿童的最大利益为一种首要考虑。""缔约国承担确保儿童享有其幸福所必需的保护和照料，考虑到其父母、法定监护人，或任何对其负有法律责任的个人的权利和义务，并为此采取一切适当的立法和行政措施。""缔约国应确保负责照料或保护儿童的结构、服务部门及设施符合主管当局规定的标准，尤其是安全、卫生、工作人员数目和资格以及有效监督方面的标准。"意思是任何时候、任何事情、任何人，凡是涉及儿童的，必须以儿童权利为重。

3. 尊重儿童基本权利原则

这一原则在《公约》第六条进行了规定："缔约国确认每个儿童均有固有的生命

权。缔约国应最大限度地确保儿童的存活与发展。"意思是尊重儿童各项基本权利，如生存权、发展权等。

4. 尊重儿童观点原则

这一原则在《公约》第十二条进行了规定："缔约国应确保有主见能力的儿童有权对影响到其本人的一切事项自由发表自己的意见，对儿童的意见应按照其年龄和成熟程度给以适当的看待。""为此目的，儿童特别应有机会在影响到儿童的任何司法和行政诉讼中，以符合国家法律的诉讼规则的方式，直接或通过代表或适当机构陈述意见。"意思是任何事情只要涉及儿童，应当听取儿童的意见。

(三) 四大权利

儿童是一个完整的个体，是权利的主体，享有一个人的全部权利。《公约》中提到的儿童权利涉及经济、政治、社会和文化各方面，多达几十种，概括起来主要包括生存权、受保护权、发展权和参与权四大类。

1. 生存权

生存权是指每个儿童都有其生命权和健康权。《公约》对儿童这一固有权利的规定包括了很多方面。

第六条规定："缔约国确认每个儿童均有固有的生命权。"

第七条规定："儿童出生后应立即登记，并有自出生起获得姓名的权利，有获得国籍的权利，以及尽可能知道谁是其父母并受其父母照料的权利。"

第二十四条第一款规定："儿童有权享有可达到的最高标准的健康，并享有医疗和康复设施；缔约国应努力确保没有任何儿童被剥夺获得这种保健服务的权利。"第二十四条第二款规定，缔约国应致力充分实现这一权利，特别是应采取适当措施，以"降低婴幼儿死亡率""消除疾病和营养不良现象""确保母亲得到适当的产前和产后保健""开展预防保健、对父母的指导以及计划生育教育和服务"等。

第三十二条规定："缔约国确认儿童有权受到保护，以免受经济剥削和从事任何可能妨碍或影响儿童教育或有害儿童健康或身体、心理、精神、道德或社会发展的工作。"

2. 受保护权

受保护权是指防止儿童受到歧视、虐待及疏忽照顾，尤其是那些失去家庭的儿童和难民儿童。《公约》对儿童受保护权的规定包括保护儿童的隐私、荣誉、名誉、教养、监管、用药、福利等诸多方面。

第十六条规定："儿童的隐私、家庭、住宅或通信不受任意或非法干涉，其荣誉和名誉不受非法攻击。"

第十七条规定，"确保儿童能够从多种的国家和国际来源获得信息和资料""鼓励儿童读物的著作和普及""注意属于少数群体或土著居民的儿童在语言方面的需要"等。

第十九条规定:"缔约国应采取一切适当的立法、行政、社会和教育措施,保护儿童在受父母、法定监护人或其他任何负责照管儿童的人的照料时,不致受到任何形式的身心摧残、伤害或凌辱,忽视或照料不周,虐待或剥削,包括性侵犯。"

第三十三条规定:"缔约国应采取一切适当措施,包括立法、行政、社会和教育措施,保护儿童不致非法使用有关国际条约中界定的麻醉药品和精神药物,并防止利用儿童从事非法生产和贩运此类药物。"

第三十四条规定:"缔约国承担保护儿童免遭一切形式的色情剥削和性侵犯之害。"

第三十五条规定:"缔约国应采取一切适当的国家、双边和多边措施,以防止为任何目的或以任何形式诱拐、买卖或贩运儿童。"

第三十六条规定:"缔约国应保护儿童免遭有损儿童福利的任何方面的一切其他形式的剥削之害。"

第三十七条规定:"任何儿童不受酷刑或其他形式的残忍、不人道或有辱人格的待遇或处罚。"

第三十八条规定:"缔约国承担尊重并确保尊重在武装冲突中对其适用的国际人道主义法律中有关儿童的规则。""缔约国应采取一切可行措施确保未满15岁的人不直接参加敌对行动。"

3. 发展权

发展权是指每位儿童都有权接受一切形式的教育,以此培育儿童的身体、心理、精神、道德及社交发展。《公约》对于儿童发展体能和智能的规定涉及多个方面。

第十八条规定:"缔约国应尽其最大努力,确保父母双方对儿童的养育和发展负有共同责任的原则得到确认。父母或视具体情况而定的法定监护人对儿童的养育和发展负有首要责任。儿童的最大利益将是他们主要关心的事。"

第二十七条规定:"每个儿童均有权享有足以促进其生理、心理、精神、道德和社会发展的生活水平。"

第二十八条规定:"儿童有受教育的权利,为在机会均等的基础上逐步实现此项权利缔约国应实现全面的免费义务小学教育""确保学校执行纪律的方式符合儿童的人格尊严及本公约的规定"等。

第二十九条规定:"教育儿童的目的应是最充分地发展儿童的个性、才智和身心能力;培养对人权和基本自由的尊重;培养对儿童的父母、儿童自身的文化认同、语言和价值观、儿童所居住国家的民族价值观、其原籍国以及不同于其本国的文明的尊重;培养儿童本着各国人民、族裔、民族和宗教群体以及原为土著居民的人之间谅解、和平、宽容、男女平等和友好的精神，在自由社会里过有责任感的生活；培养对自然环境的尊重。"

4. 参与权

参与权是指儿童有参与家庭、文化和社会生活的权利，并有权对影响他们的任何事情发表意见。参与权是保障儿童有获得参与社会活动的权利。儿童的社会性参与不仅是他们基本的权利，还是他们成长和发展的基本需要。《公约》对这一权利的规定主要体现在以下条款中。

第十三条规定："儿童应有自由发表言论的权利；此项权利应包括通过口头、书面或印刷、艺术形式或儿童所选择的任何其他媒介，寻求、接受和传递各种信息和思想的自由，而不论国界。"

第二十三条规定："身心有残疾的儿童应能在确保其尊严、促进其自立、有利于其积极参与社会生活的条件下享有充实而适当的生活。"

经典案例

萌萌和飞飞是某幼儿园大班的同班小朋友。一日，教师王某带领幼儿到户外活动，在排队时，王老师一再交待："小朋友排队下楼梯时，不要拥挤、打闹。"下楼梯时，飞飞站在萌萌的背后，两人均在队尾，趁队伍行走拉开距离时，两人嬉戏打闹过程中飞飞摔倒，导致飞飞的左股骨中段发生斜形闭合性骨折。

事故发生后，幼儿园及时送飞飞到医院治疗，飞飞住院两个月后临床愈合。飞飞住院期间共花去医疗费5680元，飞飞的父母误工费、住宿费、医院伙食费、护理费、交通费及必要的营养费等4450元。飞飞的父母与幼儿园及萌萌的父母就医疗费和赔偿问题多次进行协商，要求幼儿园和萌萌的父母赔偿上述费用共计10130元。

萌萌的父母认为，萌萌入园意味着自己已经将萌萌及对其的监护责任托付给了幼儿园；萌萌在幼儿园时，自己作为法定监护人不可能直接行使监护人责任，只有幼儿园才能监护孩子，因此，自己不应承担任何赔偿责任。幼儿园则提出，在孩子下楼之前老师已经一再强调"不要拥挤、打闹"，且事故发生之后幼儿园及时送飞飞到医院治疗，幼儿园主观和客观上都不存在过错，不应独自承担如此巨额的赔偿费用。协议未果，飞飞的父母作为代理人，以幼儿园及萌萌的父母为被告，提起诉讼，要求幼儿园及萌萌的父母赔偿医疗费、误工费等共计10130元。

资料来源：华律网.幼儿园意外事故案例及分析[EB/OL].(2021-01-29)[2021-10-01]. https://m.66law.cn/laws/110419.aspx.

> **课堂讨论**
>
> 上述案例中萌萌的什么权益受到了侵害？幼小的孩子无法保护自己，谈谈应该由谁来保护他们？该如何保护呢？

二、《幼儿园教师专业标准(试行)》

幼儿园教师是履行幼儿园教育工作职责的专业人员，需要经过严格的培养与培训，要求具有良好的职业道德，掌握系统的专业知识和专业技能，才能胜任幼教工作，才能助力我国学前教育事业的发展。为此，我国教育部2012年颁布出台了《幼儿园教师专业标准(试行)》(以下简称《教师标准》)。

《教师标准》是国家对合格幼儿园教师专业素质的基本要求，是幼儿园教师开展保教活动的基本规范，是引领幼儿园教师专业发展的基本准则，是幼儿园教师培养、准入、培训、考核等工作的重要依据。

(一) 制定背景

《教师标准》的制定和发布是我国学前教育事业发展的迫切需要，同时也有以下两方面的现实需要。

1. 解决当前我国幼儿园教师队伍建设的问题

(1) 城乡幼儿园专任教师数量与师幼比差距仍然显著。

(2) 城乡幼儿园教师学历差距日益严峻。

(3) 城乡幼儿园教师职称差距持续加大。

(4) 幼儿园教师队伍中存在问题，主要表现为教学内容小学化现象仍然存在；幼儿园教师知识存在缺陷；幼儿园教师个人道德素养参差不齐。

2. 落实规划纲要政策的重要任务

制定和发布《教师标准》是我国现时期教育发展政策的明确要求和重要任务。《国家中长期教育改革和发展规划纲要(2010—2020年)》指出："教育大计，教师为本。有好的教师，才有好的教育。提高教师地位，维护教师权益，改善教师待遇，使教师成为受人尊重的职业。"还指出："严格执行幼儿园教师资格标准，切实加强幼儿园教师培养培训，提高幼儿园教师队伍整体素质，依法落实幼儿园教师地位和待遇。"《国务院关于当前发展学前教育的若干意见》(又称"国十条")也明确提出："国家颁布幼儿园教师专业标准。"

(二) 基本理念

《教师标准》提出了"幼儿为本、师德为先、能力为重、终身学习"的基本理念。

1. 幼儿为本

"幼儿为本"是对幼儿园教师的儿童观要求，即幼儿园教师应坚持以"学生为主体，幼儿为本"指引自己的教育行为，通过培养身心协调、全面发展的幼儿，既体现幼儿教育的人本取向，又体现幼儿教育自身的社会价值。

幼儿园教师坚持"幼儿为本"主要表现为以下几个方面。

(1) 在理念上，坚持以幼儿为本，尊重幼儿作为人的尊严和权利，作为个体的独立性、主动性、特殊性，对其进行适宜的教育。

(2) 在对待幼儿的态度上，要关爱、尊重、信任幼儿，不可歧视幼儿，以正确的态度看待，摒弃"小大人观"等不重视或不能正确认识儿童的观点。

(3) 对幼儿的教育教学上，应掌握幼儿不同发展阶段的身心特点及规律，了解幼儿个体的一般特点及差异性，不断去探索、发现并遵循保教规律，通过创设良好的教育环境让幼儿在游戏中、生活中健康成长。

2. 师德为先

"师德为先"是对幼儿园教师的教师观要求。教师的教师观直接决定教师在教学过程中的教学方法、评价模式以及师生的交往模式，因此作为幼儿园教师专业发展的标准及依据，《教师标准》借鉴人本主义教师观的理念，对教师的教育行为提出明确要求。

幼儿园教师坚持"师德为先"主要表现为以下几个方面。

(1) 热爱学前教育事业，具有崇高的职业理想，始终牢记自己的神圣职责，履行教师职业道德规范，把自身的成长、个人的进步同社会主义事业和祖国的繁荣富强联系在一起。

(2) 富有爱心，责任心和耐心，关爱幼儿，尊重每一个幼儿的人格，保障他们在幼儿园里快乐而有尊严地生活。

(3) 为人师表，时刻注意自己的一言一行；教书育人，促进幼儿全面、健康地发展；自尊自律，名副其实地担任起幼儿健康成长的启蒙者和引路人。

经典案例

对于安徽歙县汪某某和徐某某夫妇而言，2020年11月6日是个"分界点"。

"3岁半的孩子，大拇指骨裂、骨折、骨骺移位，经历全身麻醉的手术……"11月14日，徐某某在当地论坛发帖，反映儿子11月6日在当地"聪明屋幼儿园"遭老师摔打受伤，引起外界关注。

随后，歙县公安局通报称，伤者左手确为该机构老师致伤，将根据伤情鉴定情况和案件事实依法处理。

2020年9月，内蒙古呼和浩特鼎奇昭君幼儿园多名孩子身上发现不明针眼。9月29日，呼和浩特市公安局通报，该园3名老师涉嫌虐待被看护人罪，被刑事拘留。11月4日，呼和浩特市新城区人民检察院依法对幼儿园教师白某某、石某某、樊某某以涉嫌虐待被看护人罪批准逮捕。

不同的地点，相同的伤害。近年来，幼儿园里的虐童事件频频发生，戳痛社会神经。这些事件给当事人及其家庭造成怎样的影响？在一次次警钟背后，还有哪些需要堵住的漏洞？

资料来源：中国青年报.幼师虐童事件背后还有哪些漏洞[EB/OL]. (2020-11-23)[2021-10-02]. http://edu.people.com.cn/n1/2020/1123/c1053-31940755.html.

课堂讨论

教师师德失范事件层出不穷，试讨论如何对幼儿教师的师德进行考核。

3. 能力为重

"能力为重"是对幼儿园教师的发展要求。《国家中长期教育改革和发展规划纲要(2010—2020年)》以幼儿为本的理念和促进每一个幼儿全面而富有个性地发展的教育价值观推动了我国幼儿园课程的范式变革——从科学中心主义课程向社会建构中心课程的变化，从以教为中心的课程向以学为中心的课程变化，对幼儿园教师能力的要求更为突出。

幼儿园教师坚持"能力为重"主要表现在教学过程及专业理念、能力等方面。例如，在"专业能力"上要求幼儿园教师"合理利用资源，为幼儿提供、制作合适的玩教具和学习材料，引发和支持幼儿的主动学习""鼓励幼儿自主选择游戏内容、伙伴和材料，支持幼儿主动地、创造性地开展游戏，充分体验游戏的快乐和满足。"我们可以发现，在《教师标准》中"鼓励""引导""支持""主体性""主动性"等字眼出现频率极高，可见，现代学前教育发展对幼儿园教师的能力要求是多方面的。

4. 终身学习

"终身学习"是对幼儿园教师的学习观的要求。

(1) 终身学习是当前国际教师专业发展和教育改革的趋势。美国早在1976年就颁布了终身学习法，日本于1988年颁布《日本文教政策：终身学习最新发展》的白皮书；瑞典、法国也颁布了以终身学习为指导的系列教育改革法案。我国于2010年《国家中长期教育改革和发展规划纲要(2010—2020年)》中特别提出："到2020年，基本实现教育现代化，基本形成学习型社会，进入人力资源强国。""教师是终身学习者，教师专业发展是一个不断完善的过程，需要教师进行终身的专业学习。"

(2) 终身学习符合幼儿园教师职业特点，是幼儿园教师职业发展的需要。幼儿园教师职业的对象是具有主动性和独特性的幼儿个体，教师的任务之一是激发幼儿的学习兴趣，强化学习动机，让幼儿在未来社会中具有持续发展的可能性。由此，教师自身必须具备终身学习的理念。同时，教师的专业化是一个动态的，没有止境的发展过程，是教师在整个教学生涯中不断提高自我的漫长过程，因此，树立终身学习理念是必不可少的前提。

(3) 幼儿园教师需要具有终身学习和持续发展的意识和能力。具有终身学习的意识是教师终身学习的前提，而具有终身学习的能力，除了需要教师拓宽职业视野、优化知识结构和提高自身教育教学能力之外，还需要不断提高自我发展能力，了解教师专业素养的核心内容，明确自身专业发展的重点、方向，不断进行反思与自我调控，有效促进自身的专业发展。

(三) 基本内容

《教师标准》从专业理念与师德、专业知识、专业能力三个维度提出了对幼儿园教师的要求，同时分出14个不同领域的基本要求，每个领域下又有不同的细致要求，如图11-1所示。

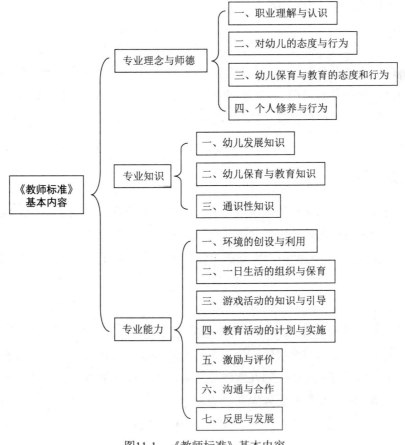

图11-1 《教师标准》基本内容

综观《教师标准》的基本内容，我们可以发现其特点即是"综合全面"，表现为以下几点：第一，能力与师德兼备；第二，教育理论与教育实践能力、保育与教育能力两全；第三，学习能力与反思能力不可或缺；第四，兼具专业知识与一般知识。

(四) 实施建议

《教师标准》在实施建议部分从各级教育行政部门、幼儿园教师教育的院校、幼儿园和幼儿园教师四个方面说明了如何运用《教师标准》开展工作，大体要求如下所述。

(1) 各级教育行政部门要将《教师标准》作为幼儿园教师队伍建设的基本依据，制定幼儿园教师准入标准，制定幼儿园教师聘任(聘用)、考核、退出等管理制度等。

(2) 开展幼儿园教师教育的院校要将《教师标准》作为幼儿园教师培养培训的主要依据，完善幼儿园教师培养培训方案，科学设置教师教育课程，改革教育教学方式。

(3) 幼儿园要将《教师标准》作为教师管理的重要依据，制定幼儿园教师专业发展规划，开展园本研修，促进教师专业发展；完善教师岗位职责和考核评价制度等。

(4) 幼儿园教师要将《教师标准》作为自身专业发展的基本依据，制定自我专业发展规划，大胆开展保教实践，不断创新，逐步提升专业发展水平。

三、《幼儿园园长专业标准》

园长是履行幼儿园领导与管理工作职责的专业人员，是幼儿园改革发展的带头人，在社会主义学前教育事业发展中，需要幼儿园园长具备较强的专业素质，领导幼儿园教师队伍。为此，2015年1月10日，我国教育部发布了《幼儿园园长专业标准》。该标准为各级教育行政部门建设和管理幼儿园园长队伍，以及幼儿园园长培训机构培训园长提供了重要依据。

(一) 制定依据

《幼儿园园长专业标准》的研制对幼儿园园长的专业化发展来说，是一项奠基性与开创性的工作。研制小组除了根据《宪法》《教育法》《教师法》《国家中长期教育改革和发展规划纲要(2010—2020年)》等政策法规外，还参考了一些先进理论和实际调研成果。

1. 理论依据

借鉴《义务学校校长专业标准》文件的研制经验，并结合幼儿园的学段特点，标准的研制工作主要依据了园长角色定位、教师专业发展、教育管理学、学前教育学等相关理论。具体来讲，园长是履行幼儿园领导与管理工作职责的专业人员，合格的园长是复合型人才。园长的专业性主要体现在"规划幼儿园发展、营造育人文化、领导保育教育、引领教师成长、优化内部管理和调适外部环境"这六大模块；在专业性本体构成上，其专业性体现为专业理解与认识、专业知识与方法、专业能力与行为三大维度，其逻辑关系是从宏观理念到微观行为，从整体认识到具体能力。

2. 实践调研

园长标准框架的确定来源于调研。2013年9月，教育部幼儿园园长培训中心组织幼儿园园长访谈调研，采用关键事件访谈法，对106份访谈记录进行编码、整理，并将园长专业标准与校长专业标准进行比较、分析，印证了《幼儿园园长专业标准》的六大模块的合理性，也印证了三大维度的合理性。

《幼儿园园长专业标准》是对幼儿园合格园长专业素质的基本要求，是引领幼儿园园长专业发展的基本准则，是制订幼儿园园长任职资格标准、培训课程标准、考核评价标准的重要依据，对于明确合格幼儿园园长专业素质的基本要求，提升幼儿园园长队伍的整体素质和管理水平具有重要意义，必将对全面提高幼儿园办学水平，深入推进学前教育改革发展，努力办好人民满意教育，产生重要的推动作用。

(二) 办学理念

《幼儿园园长专业标准》着力体现幼儿园教育改革发展的总体要求，按照党的"十八大"精神和《国家中长期教育改革和发展规划纲要(2010—2020年)》要求，提出了五大办学理念。

第一，"以德为先"，这是园长的道德使命，也是坚持正确办园方向的必然要求。

第二，"幼儿为本"，这是园长的办园宗旨，也是幼儿园教育工作的根本要求。特别强调园长要"把促进幼儿快乐健康成长作为幼儿园工作的出发点和落脚点，让幼儿度过快乐而有意义的童年"，体现幼儿园教育的独特价值；特别强调园长要"树立科学的儿童观与教育观，使每个幼儿都能接受有质量的教育"，体现提高幼儿教育质量的要求。

第三，"引领发展"，这是园长的角色定位，也是推动幼儿园和教师发展的有效途径。

第四，"能力为重"，这是园长专业发展的实践导向，也是提高幼儿园管理水平和教育质量的基本要求。

第五，"终身学习"，这是对园长的个人素养要求，也是形成全民学习、终身学习的学习型社会的迫切要求。

(三) 专业要求

《幼儿园园长专业标准》着力体现促进园长专业化和倡导育家办学的导向，结合幼儿园的学段特点，从园长工作的三大范畴出发，确定六大核心工作领域(六项专业职责)。每个领域包含三个维度——专业理解与认识、专业知识与方法、专业能力与行为，共计60个指标组成。

1. 价值领导

价值领导是园长开展各项工作的灵魂。价值领导要求幼儿园的组织成员对幼儿园教育工作产生强烈的认同感与参与意识，拥有共同的愿景和价值观。价值领导包括规划幼儿园发展和营造育人文化两个领域的内容。

(1) 规划幼儿园发展。幼儿园发展需要有一个蓝图，而园长就是这个蓝图的顶层设计师。园长应该坚持正确的办园方向，科学认识学前教育的价值与功能，准确把握国家相关的政策法规，在分析幼儿园发展的历史传统、发展机遇(社会背景)以及诊断幼儿园发展现状的基础上，凝聚多方智慧，合理制定幼儿园发展规划，并采取有效措施保障与监测规划的有效落实。

(2) 营造育人文化。人创造了文化，文化也在塑造着人。文化对人有潜移默化的教育力量，优秀文化能够丰富人的精神世界。园长应该重视幼儿园文化在价值引领、情感陶冶和行为规范等方面的教育功能，将社会主义核心价值观以及中华优秀文化传统融入幼儿园的文化建设，综合运用环境陶冶、思想宣传、制度规范、活动渗透等方式，构建育人文化，营造精神家园。

2. 教学领导

教学领导是园长工作的重心所在。园长首先应该是一位优秀的教师，不仅对幼儿园的保育教育有深刻的理解与把握，还能够引领全体教师的专业化成长。教学领导包括领导保育教育和引领教师成长两个领域的内容。

(1) 领导保育教育。领导保育教育是幼儿园园长的中心工作，园长应该坚持保教结合的基本原则，珍视游戏与生活的独特价值，熟悉环境创设、一日生活、游戏活动和教育活动组织与实施的知识和方法，科学指导实施遵循幼儿身心发展规律与幼儿教育规律的保教活动，积极推进幼儿园教科研活动的有效开展，不断深化幼儿园的教育改革，以促进幼儿身心健康和谐地发展。

(2) 引领教师成长。引领教师成长是办好幼儿园的重要环节，是提高保教质量的关键。园长应重视立德树人，培养优良的师德师风。在此基础上依据教师专业成长的基本规律以及不同水平教师专业发展的不同需求，采取不同方式与不同层次的扶助措施以及相应的激励机制，有效促进教师的专业化发展。学习型组织建设与学习共同体的建立是园长引领教师成长的重要平台。

3. 组织领导

组织领导是实施价值领导与教学领导的重要保障。为保障幼儿园发展规划的有效落实，保育教育活动以及各项事务的正常运转，园长不仅要做好内部组织管理，还要协调好外部关系。组织领导包括优化内部管理和调适外部环境两个领域的内容。

(1) 优化内部管理。幼儿园是一个具有内在运行机制的组织系统，园长作为这个组织系统的管理者与第一责任人，应依法办园，实施民主管理与科学管理，建立健全幼儿园的各项规章制度，优化配置人力、物力和财力等多种资源，采取有力措施激发与协调幼儿园内部各方面的力量，使大家能够齐心协力地做好各项工作，最大限度地发挥幼儿园组织系统的效能，不断提高管理的水平。

(2) 调适外部环境。幼儿园不是一个孤立的存在，作为一个社会性组织，它是一个开放的系统，存在于一定的场域之中。幼儿园的发展与运作必将受到家庭、社区及其他外部环境的影响，园长应积极与社会各个方面进行有效的沟通，力争获得上级部门的支持以及家长对幼儿园工作的理解与配合。园长还应引领教师做好幼小衔接工作，加强各幼儿园之间的交流与互助，充分挖掘、整合、利用园外的各种教育资源，同时还要热心服务于社区(社会)和家长。

综上所述，《幼儿园园长专业标准》明确了园长专业发展的主要方向，体现了倡导教育家办学的要求，得到了理论界和实践界的广泛认同。

(三) 实施建议

《幼儿园园长专业标准》在实施建议部分从各级教育行政部门、幼儿园园长培训机构、幼儿园园长三个方面说明了如何运用本标准开展工作，大体要求如下所述。

(1) 各级教育行政部门要将本标准作为幼儿园园长队伍建设和管理的重要依据。根据学前教育改革发展的需要，各园所制订幼儿园园长队伍建设规划，完善幼儿园园长选拔任用制度，建立幼儿园园长培养培训质量保障体系等。

(2) 幼儿园园长培训机构要将本标准作为园长培训的主要依据。各园所重视园长职业特点，加强相关学科和专业建设，根据园长专业发展需求完善培训方案，加强园长培训的师资队伍建设，开展园长专业成长的科学研究，促进园长专业发展。

(3) 幼儿园园长要将本标准作为自身专业发展的基本准则。各园所制订自我专业发展规划，爱岗敬业，增强专业发展自觉性。主动参加园长培训和自主研修，不断提升专业发展水平，努力成为学前教育和幼儿园管理专家。

经典案例

佛山市吴桂优名园长工作室

2019年3月22日，吴桂优名园长工作室揭牌仪式暨《幼儿园优质特色发展与课程建设》专题讲座在广东省佛山市禅城区明珠幼儿园隆重举行。广东省佛山市禅城区教育局教师发展指导室邹武林主任、佛山科学技术学院学前教育系钟媚博士、工作室成员，以及明珠共同体的园长、骨干教师近100人出席了本次活动。

活动在工作室主持人吴桂优园长就工作室的理念和未来发展规划的发言中拉开帷幕。吴园长认为："园长是幼儿园的灵魂。园长的治学水平决定着幼儿园发展的水平。名园长工作室可以成为园长自我发展、协同发展的平台。"同时，吴园长还介绍了工作室的发展目标和规划。她表示，未来她将秉承"共融、共享、共研、共进"的理念，通过理论学习、外出考察、课题驱动、互动研讨等多种形式带动工作室成员的发展，提高其治园水平，做有思想、有情怀的园长，办有温度、有文化的幼儿园。

资料来源：搜狐新闻.信念筑梦，共创未来：吴桂优名园长工作室揭牌仪式暨《幼儿园优质特色发展与课程建设》专题讲座[EB/OL]. (2019-03-23)[2021-10-03]. https://www.sohu.com/a/303249784_355902.

课堂讨论

试谈谈一名优秀的园长会给幼儿园带来的正向影响。

【小　　结】

1. 学前教育是基础教育的组成部分，是我国学校教育和终身教育的奠基阶段。学前教育的根本任务是"为学前儿童一生的发展打好基础"，同时面向幼儿家长提供科学育儿指导。

2. 构成学前教育的因素主要包括教育者、受教育者、教育内容、教育环境。

3. 学前教育政策的作用主要有导向、协调和控制三个方面。我国学前教育法规的作用主要包括指引作用、保障作用、教育作用和评价作用。

4. 《幼儿园管理条例》是遵循我国《宪法》和《教育法》的精神，根据党的教育方针制度，对幼儿园进行宏观管理和指导的行政法规，主要包括总则、举办幼儿园的基本条件和审批程序、幼儿园的保育和教育工作、幼儿园的园务管理、幼儿园的奖罚制度、附则等内容。

5. 我国现行《幼儿园工作规程》主要包括总则，幼儿入园和编班，幼儿园的安全，幼儿园的卫生保健，幼儿园的教育，幼儿园的园舍、设备，幼儿园的教职工，幼儿园的经费，幼儿园、家庭和社区，幼儿园的管理以及附则等内容。

6. 《儿童权利公约》是第一部有关保障儿童权利且具有法律约束力的国际性约定，通过确立卫生保健、教育，以及法律、公民和社会服务等多方面的标准来保护儿童的权利，为世界各国儿童创造良好的成长环境。

7. 《幼儿园教师专业标准(试行)》是国家对合格幼儿园教师专业素质的基本要求，是幼儿园教师开展保教活动的基本规范，是引领幼儿园教师专业发展的基本准则，是幼儿园教师培养、准入、培训、考核等工作的重要依据。

8. 《幼儿园园长专业标准》为各级教育行政部门建设和管理幼儿园园长队伍，以及幼儿园园长培训机构培训园长提供了重要依据。

【课后练习】

一、选择题

1. 联合国《儿童权利公约》规定，对儿童的养育与发展负有首要责任的是(   )。
   A. 联合国儿童权利委员会　　　B. 父母或法定监护人
   C. 国家　　　　　　　　　　　D. 幼儿园

2. 下列不属于联合国《儿童权利公约》中确认和保护的儿童权利是(   )。
   A. 信仰和宗教自由权利　　　　B. 受益于社会保障的权利
   C. 自由发表议论的权利　　　　D. 选举和被选举的权利

3. 下列不属于园长工作的三大范畴是(   )。
   A. 价值领导　　B. 教学领导　　C. 组织领导　　D. 理念领导

4. 《幼儿园管理条例》规定："幼儿园应以(   )为基本形式。"
   A. 体育　　　　B. 艺术　　　　C. 游戏　　　　D. 礼仪

5. 幼儿园应贯彻(   )原则，创造条件，注重幼儿个性以及德、智、体、美等方面的和谐发展。
   A. 公办与民办并举　　　　　　B. 保育与教育相结合
   C. 因地制宜　　　　　　　　　D. 以素质教育为宗旨

6. 《幼儿园工作规程》的制定目的是(   )。
   A. 加强幼儿园的科学管理　　　B. 规范办园行为
   C. 提高保育和教育质量　　　　D. 促进幼儿身心健康

7. 由于幼儿年龄小，活泼好动，自我保护意识差，容易发生各种危险在2015年颁布的《幼儿园工作规程》中，增加了(   )相关条款。
   A. 幼儿园的卫生保健　　　　　B. 幼儿园的教育
   C. 幼儿园的安全　　　　　　　D. 幼儿园的经费

8. 学前教育的主要要素不包括(   )。
   A. 教育者　　　B. 受教育者　　C. 教育环境　　D. 教育影响

9. 学前教育政策的(   )作用是指教育政策在社会发展过程中具有协调和平衡各种教育关系的作用。
   A. 导向　　　　B. 协调　　　　C. 控制　　　　D. 保障

二、填空题

1. 《儿童权利公约》对儿童受保护权的规定包括保护儿童的荣誉、名誉、_____、监管、用药、福利等诸多方面。

2. 《幼儿园教师专业标准(试行)》提出了"_____为先、_____为本、能力为重、终身学习"的基本理念。

3. _____是园长开展各项工作的灵魂。

4. 《国务院关于当前发展学前教育的若干意见》由国务院于_____正式发布。

5. _____是指政党和国家为实现一定历史时期的教育发展目标和任务，依据党和国家在一定历史时期的基本任务、基本方针而制定的关于教育的行动依据和准则。

6. 学前教育法规是指国家教育行政机关所制定的关于学前教育的规范性文件总体，是规范学前教育活动、调整_____的法律法规的总称。

7. 《幼儿园管理条例》的制定目的是："加强_____的管理，促进的发展。"

8. 园长负责制是指幼儿园在上级的宏观领导下，以_____为核心，与党支部监督、教职工民主管理有机结合，为实现幼儿园的工作目标，充分发挥领导职能的三位一体的管理新格局。

9. 《幼儿园工作规程》规定，幼儿园和小学应当密切联系，互相配合，注意两个阶段教育的_____。

三、简答题

1. 简述《儿童权利公约》规定的儿童四大权利。
2. 简述《幼儿园教师专业标准(试行)》的价值与意义。
3. 简述《幼儿园园长专业标准》提出的办学理念。
4. 简述学前教育法规的作用。
5. 简述我国主要学前教育政策和法规。
6. 为预防安全事故的发生，幼儿园应该在哪些方面进行改变？
7. 简述《幼儿园管理条例》中规定的单位或个人的违法行为责任认定与处理办法。
8. 简述《幼儿园工作规程》中规定的幼儿园教育的原则。
9. 简述《幼儿园工作规程》中规定的幼儿园的管理制度。

参考文献

[1] 杨颖秀. 教育管理学[M]. 长春：东北师范大学出版社，2002.

[2] 褚宏启. 教育法制基础[M]. 北京：北京师范大学出版社，2002.

[3] 王悦群. 教育法制基础[M]. 北京：中央广播电视大学出版社，2001.

[4] 孙葆森. 教育法学基础[M]. 长春：吉林教育出版社，2000.

[5] 劳凯声，蒋建华. 教育政策与法律概论[M]. 北京：北京师范大学出版社，2015.

[6] 劳凯声. 教育法导读[M]. 北京：北京师范大学出版社，1996.

[7] 国家教委政策法规司. 中华人民共和国教育法释义[M]. 北京：科学普及出版社，1995.

[8] 张维平，石连海. 教育法学[M]. 北京：人民教育出版社，2008.

[9] 李连宁，孙葆森. 学校教育法制基础[M]. 北京：教育科学出版社，1997.

[10] 杨颖秀. 教育法学[M]. 4版. 北京：人民大学出版社，2019.

[11] 冯云翔，娄鸿雁. 未成年人犯罪及预防[M]. 哈尔滨：哈尔滨工业大学出版社，2003.

[12] 褚宏启. 教育法制基础[M]. 北京：北京师范大学出版社，2002.

[13] 黄崴. 教育法学[M]. 北京：高等教育出版社，2007.

[14] 陈谊军，张鲤庭. 中学生违法犯罪的预防与治理研究[M]. 北京：高等教育出版社，2001.

[15] 杨颖秀. 教育政策法规专题[M]. 长春：东北师范大学出版社，2005.

[16] 郑良信. 教育法学通论[M]. 南宁：广西教育出版社，2000.

[17] 劳凯声. 教育法导读[M]. 北京：北京师范大学出版社，1996.

[18] 张维平. 平衡与制约——20世纪的教育法[M]. 济南：山东教育出版社，1995.

[19] 李广海，马焕灵，陈亮. 学前教育政策与法规[M]. 南京：东南大学出版社，2016.

[20] 华东师范大学教育学编写组. 基于教师资格考试的教育学[M]. 上海：华东师范大学出版社，2015.

[21] 张乐天. 教育法规导读[M]. 上海：华东师范大学出版社，2000.

[22] 张乐天. 教育政策法规的理论与实践[M]. 上海：华东师范大学出版社，2009.

[23] 黄明友. 教育法学[M]. 成都：西南交通大学出版社，2017.

[24] 喻长志. 教育法律基础[M]. 合肥：安徽大学出版社，2012.

[25] 徐建平，茅锐，江雪梅. 教育政策与法规[M]. 重庆：重庆大学出版社，2013.

[26] 余雅风. 新编教育法[M]. 上海：华东师范大学出版社，2008.

[27] 杨颖秀，王智超. 新世纪教育政策与法律解读[M]. 北京：中国出版集团，2009.

[28] 宋丽博，刘翠萍，李长伟. 学前教育政策法规[M]. 北京：航空工业出版社，2018.

[29] 周小虎. 学前教育政策与法规[M]. 上海：华东师范大学出版社，2017.

[30] 杨颖秀. 教育法学[M]. 北京：中央广播电视大学出版社，2007.

[31] 张文显. 法理学[M]. 3版. 北京：高等教育出版社，2007.

[32] 公丕祥. 法理学[M]. 上海：复旦大学出版社，2002.

[33] 刘作翔，龚向和. 法律责任的概念分析[J]. 法学，1997(10)：11.

[34] 王利明. 民法[M]. 北京：中国人民大学出版社，2002.

[35] 王利明. 侵权行为法归责原则研究[M]. 北京：中国政法大学出版社，2003.

[36] 江伟，肖建国. 民事诉讼法[M]. 8版. 北京：中国人民大学出版社，2018.

[37] 国家教委教育经费研讨组. 教育经费与教师工资[M]. 北京：教育科学出版社，1988.

[38] 钟华. 教育法学[M]. 长沙：中南大学出版社，2020.

[39] 李晓燕. 教育法学[M]. 2版. 北京：高等教育出版社，2006.